KB029997

만리장정
중국

일러두기

1. 본문에서 중국 인명, 지명은 중국어 외래어표기법에 따라 표기했습니다.
   다만 행정구역, 강, 호수, 거리 이름 등은 이해하기 쉽게 한글로 적었습니다.
   (예: 쑤저우시市, 웨이수이강江, 펑칭가街 등)
2. 일부 대화나 입말에서는 중국어 느낌을 전달하기 위해 한국 독자에게 익숙한 표현에 따랐습니다.

만리장정
중국

홍은택 지음

문학동네

프롤로그

만리장정萬里長程의 출사표

더이상 앉아 있을 수 없었다. 그동안 일어서려다 주저앉은 게 벌써 몇 번째다. 이제는 움직일 때다. 마치 먹이 주위를 맴돌다가 느릿느릿, 그러다 쏜살같이 먹이를 향해 돌진하는 사자처럼.

나도 모르는 일이다. 아내의 질문처럼 왜 하필이면 자전거를 타고 가야 하는지. 남들처럼 차 타고 다니면 안 되는 건지. 왜 중국인지. 그 이전에 직장을 왜 관둬야 하는지. 지금부터 차근차근 따져보자.

인류는 앉아서 다른 사람한테 일을 시키면서(노예사회), 기계에 일을 시키면서(산업사회) 그리고 돈에 일을 시키면서(자본사회) 걷거나 달리거나 날아다니는 동물과 다른 길을 걸어왔다. 앉아서 일을 시킨다는 것은 머리로 일을 한다는 뜻이다. 수백만 년 동안 걷거나 달리는

데 최적화돼 있는 인간의 유전자에 없던 일이다. 앉아 있는 것은, 머리만 돌리는 것은 그래서 필연적으로 몸과 머리의 불균형을 낳는다.

물론 인간이 앉아만 있는 것은 아니다. 헬스클럽이나 수영장을 다니고 주말에는 등산과 마라톤을 하면서 심신의 조화를 이룰 수 있다. 하지만 그것은 사육된 움직임이다. 바람에 묻어나는 냄새를 느끼면서, 바스락거리는 풀잎에 스치면서 지평선을 넘어가는 것과는 다른 움직임이다. 그것은 움직임의 모사이지, 움직임이 아니다. 움직임은 공간에 대한 오감을 가동하는 행위이며 공간에 대한 지각을 넓히는 일이다. 그런 움직임을 통해 인류는 먹을 수 있는 사과를 찾아냈고 파푸아뉴기니까지 이동했다. 움직임은 발견과 같은 뜻이기도 하다. A라는 지점에서 본 풍경과 B라는 지점에서 본 풍경은 같을 수 없다. 그래서 A에서 B로 이동하는 것은 발견하는 행위다.

줄여 말한다면 러닝머신에서 달리기를 복제하기보다는 그냥 벌판을 달리고 싶은 것이다. 박차고 일어나 가보지 못한 세계로 뛰어들고 싶다. 그게 오랜 주입식 교육과 좌식 노동을 통해 순치돼버린 일상에서 벗어나는 일이자 DNA의 명령에 따르는 일이라고 생각한다. 규격화되지 않는 삶의 추구야말로 좀더 본성적이지 않을까.

중국 여행은 오래전부터 생각한 일이다. 대학교 2학년에 올라가면서 동양사학과를 선택할 때 중국을 염두에 뒀다. 그러나 그때는 대학생에게 해외여행이 허용되지 않았다. 허용됐어도 돈이 없어서 가지는 못했겠지만. 중국은 그때부터 뭔가 옆구리를 간질이는 나라였다. 한반도 바로 옆에 우리보다 훨씬 많은 사람들이 모여서 살고 있는데 어떻게 사는지 궁금해 죽겠다. 학창 시절 다른 동네에 학생 수가 10만 명쯤 되는 학교가 있다고 하면 그 학교가 어떤지 한번 가보고 싶지 않을까? 더구나 그 학교 학생들이 예전에 월담해서 우리 학교 친구들을 혼내준 적이 있거나 지역의 명문고교라고 한다면?

7년 전 미국 대륙 횡단을 마치자마자 중국 여행 준비에 들어갔다. 중국 여행의 주제도 생각해놓았다. '레드 차이나를 찾아서'. 이것은 2005년 펴낸『블루 아메리카를 찾아서』에 이은 연작이 될 것이다. 블루 아메리카는 대통령선거에서 민주당 후보가 이긴 주를 파란색으로 표시하는 데서 유래해 노동자·농민의 아메리카를 상징한다. 공화당 후보가 이긴 주는 반대로 붉은색으로 표시한다. 미국은 희한하게 노동자·농민이 밀집한 곳에서 부자 정당이라고 하는 공화당 후보가 우세한 곳이 많다.『블루 아메리카를 찾아서』는 실제는 블루 아메리카이지만 정치적으로는 레드 아메리카인 곳들을 다니면서 미국의 문화와 역사에 대해 쓴 책이다. 중국에서 붉은색은 사회주의를 뜻한다. 시장경제를 도입한 이후 붉은색이 퇴색했다는 얘기가 서방 언론을 통해 들려오는데, 사회주의적 평등의 문화와 가치가 과연 얼마나 남아 있는지 내 눈으로 확인하고 싶었다.

21세기 양대 강대국을 같은 관점으로 꿰뚫어보자는 생각을 해내다니…… 스스로 대견해하면서 중국어부터 배우기 시작했다. 다니던 미국 대학에서 중국어를 청강하는 동시에 앞집에 사는 중국인 아주머니한테 발음을 익히기 시작하는 등 부산을 떨 무렵 아내로부터 한 소리를 들었다. 아이가 학교를 다니는 동안에는 아버지가 직업이 있는 사람이었으면 좋겠다는……

미주리 주 컬럼비아 시 스미스턴 중학교의 아이 담임교사는 학부모와의 면담시간에 찾아간 나를 보고 "한국에서 언제 왔느냐"고 물었다. 내내 같이 살아왔는데 무슨 뚱딴지 같은 소리람. 아이는 가정환경 조사서의 학부형란에 엄마하고만 산다고 적었던 것. 친한 친구들의 아버지는 교수, 변호사, 의사와 같은 직업이 다 있는데 자신의 아버지는 무직이라고 쓰기 싫었던 것일까. 사십대의 나이에 유학 와서 석사과정을 끝내고 집에서 뒹굴거리는 아버지는 사실 어느 아이라 해도 떳떳하게 내세울 아버지의 모습은 아니다. 그렇다고 경제 형편이 받쳐주는 것 같지도 않고. 그래서 귀국해 다시 직장을 다니기 시작했고, 중학교 2학년이던 아이는 지난해 대학에 진학했다. 야호!

그사이 7년이 흘렀다. 중국행에 대해서 대학생 아이는 적극적인 지지자로 바뀌었다. 아내는 용인하면서도 꼭 자전거를 타야 하느냐는 질문을 되풀이했다. 나도 자전거에 미친 사람은 아니다. 여행이라는 움직임의 수단으로 제격이기 때문에 자전거를 선택했을 뿐이다. 물론 걸어서 할 수도 있다. 걷기야말로 공간에서 발신하는 신호들을 충분히 음미할 수 있는 행위일 뿐 아니라 움직임의 기동성에서 최고다. 전후좌우 마음대로 회전할 수 있으며 진퇴 역시 자유롭다. 이것은 어떤 동력수단도 아직 따라갈 수 없는 경지다. 다만 느리다.

걷는 것은 말하는 것과 같다. 같은 말을 쓴다고 해서 모든 사람이 하는 말이 같지는 않다. 문법이라는 언어의 내재적 규칙에 따르지만 음색도, 성량도 다르며 문법에 벗어난 말을 하기도 하고 처음에는 생소하지만 새로운 단어를 만들어내기도 한다. 걷는 것도 그렇다. 길이라는 문법에 따라 걷지만 사람마다 보속도, 보폭도 다 다르다. 어느 한 걸음 같은 걸음이 없다. 그리고 때로는 길을 벗어나기도 하고 그 구간이 나중에 길이 되기도 한다. 그만큼 걷는 것은 말하기처럼 인간의 보편적 행위이면서 특수한 경험인 것이다.

여기서 나는 걷기를 살짝 페달링으로 바꿨을 뿐이다. 페달링 역시 어느 한 사람 같지 않다. 속도도 다르고 돌리는 운율RPM(분당 회전수)도 다르다. 걷기의 의미를 대부분 계승하면서 걷기의 무료함만 덜어낼 수 있다. 비유하자면 페달링은 말하는 게 아니라 노래를 부르는 것과 같다. 사실 자전거를 타고 가다보면 잊혔던 노래가 절로 나오곤 한다. 페달의 운율이 마치 노래방의 전주 부분 같기 때문인지도 모른다. 맞바람이 불 때는 리듬앤드블루스, 등바람이 불 때는 랩이 나올 수 있다. 물론 풍경을 스쳐지나간다는 느낌은 있을 것이다. 많은 것을 흘려보내겠지만 길의 굴곡과 파동을 더 뼈저리게 느낄 수 있다. 바람의 방향과 세기 역시 온몸으로 느낄 수 있으며, 스스로 바람을 일으키기도 한다는 점에서 주체적이다. 페달링은 문신하는 것처럼 낯선 곳을 근육에 새기는 좋은 방법이다.

아내의 얘기는 자동차나 기차로도 여행할 수 있지 않느냐는 것일텐데 자신의 두 다리 외의 동력장치에 실려 움직이는 것은 이동이지, 여행이 아닐 거라는 생각이 든다. 집 밖을 나설 때부터 돌아올 때까지 모든 순간순간을 온전한 여행의 시간으로 만들고 싶다. 때로는 고통스럽겠지만 끝내는 웃을 수 있는 그런 여행을 하고 싶다.

중국 만리장정 지도

- **기간** 60일
- **총 주행거리** 4,873km
- **여정** 중국에서 가장 번성한 도시 상하이에서 출발해 8대 고도古都(난징, 시안, 뤄양, 정저우, 카이펑, 안양, 베이징, 항저우)를 연결하는 코스. 크게 봐서 중원을 안에 품고 상하이와 시안, 베이징을 세 꼭짓점으로 삼각형을 그리는 노선이다.

베이징
톈진
지난
산둥
태평양
화이안
장쑤
양저우
전장
난징
우시
쑤저우
출발
상하이
허페이
저장
도착
항저우

차례

프롤로그 만리장정萬里長程의 출사표

01 벚꽃눈 흩날리던 날, 중원 '삼각코스'로 떠나다 • 18

02 과연 공항에서 빠져나갈 수 있을까 • 25

03 아무도 양보하지 않을 거라는 예측 가능성 • 32

04 상하이는 1930년대를 그리워하네 • 39

05 여행은 로路를 잃어도 도道는 얻는 과정 • 46

06 쑤저우의 인간천당 이튼 빌리지 • 54

07 바깥 일로 기뻐하지 말고 스스로의 일로 슬퍼하지 말라 • 62

08 박물관에서 기려지는 자본가 • 69

★ 길 위에서 본 중국의 오늘 I • 76

09 중국의 휴대전화 그리고 괴담 • 78

10 인민의 친구, 펄 벅의 옛집에 가다 • 85

11 프랜차이즈화되는 중국 • 94

12 죽어서 신이 된 사나이, 쑨원 • 101

13 정화가 계속 서진했더라면 • 110

14 지갑 잃고 길 잃고 그러고도 웃음이 나오다니 • 118

15 중국 농민들과의 첫 조우 • 126

★ 자전거를 타고 만난 중국의 초상Ⅰ • 134

16 중국 사람들은 약도를 그리지 않는다 • 136

17 계절풍보다 탁하고 변덕스러운 중국의 정치 풍향 • 143

18 화물차 뒤꽁무니를 따라 달리는 고속도로 무단주행기 • 151

19 시市 안에 또 시가 있다고? • 159

20 허난에 퍼지는 붉은 십자가 • 166

21 중국 창세신화의 건설현장으로 • 174

22 시간을 통일한 공산당과 남수북조南水北調 • 183

23 지진은 용이 뱉은 구슬을 청동두꺼비가 받아먹는 것 • 189

24 그녀의 오토바이 뒷자리를 타고 가는 밤 • 196

25 누들로드 : 312번 국도 • 203

★ 누들로드를 따라 만난 중국의 국수 • 210

26 시안까지 3일 레이스에 모든 걸 걸다 • 212

27 시골 장례식에서 만난 고양이귀국수 • 219

28 삼각코스 한 변 완성, 이제 동쪽으로! • 226

29 호텔 직원 조회에서 만난 중국의 집체문화 • 232

30 일보일생一步一生 한 발 한 발의 분투 • 241

31 도교 본산지에서 인생 앞길을 묻다 • 247

32 동굴집, 야오둥에서 들여다본 농부의 일상 • 253

33 출입금지 성벽도 열리게 하는 '따꺼' • 260

34 라오바이싱老百姓의 발견 • 268

★ 자전거를 타고 만난 중국의 초상Ⅱ • 274

35 '양떼의 길'에서 농민공을 생각하다 • 276

36 카이펑의 유대인들은 모두 어디로 갔을까 • 283

37 꺾이고 휘돌지만 점점 넓어지는 황허… 난, 그런가? • 290

38 신성불가침의 한자? 나라 망해먹을 한자! • 298

39 권력자는 당대를, 시인은 천 년을 사는 구나 • 305

40 황당하고도 요상한 베이징 단체관광단 체험 • 312

★ 길 위에서 본 중국의 오늘Ⅱ • 322

41 위안스카이 옛 저택에서 역사의 평가를 마주하다 • 324

42 중국의 수능시험, 가오카오高考 보는 날 • 332

43 들어나봤나, 개구멍으로 태산 오른 이야기 • 339

44 맥도널드 맞먹을 '홍샤오빙' 제국을 꿈꾸다 • 346

★ 중화반점에는 없는 중국의 맛 • 352

45 삼각노선의 마지막 꼭짓점을 향하여 • 354

46 이곳에선 일어날 수 없는 일은 없다 • 361

에필로그 여행의 보이지 않는 수많은 동반자에게 감사를 보낸다

01

벚꽃눈 흩날리던 날,
중원 '삼각코스'로 떠나다

중국 지도를 펼쳐놓고 가상의 선을 그어보려고 한다. 선뜻 손이 가지 않는다. 어디서부터 어디까지 가야 횡단하는 셈이지? 어디가 중심일까? 통 감이 잡히지 않는다. 대충 보면 시안西安이 대륙의 중심 같아 보인다. 만약 내가 중국의 창세신화를 쓴다면, 하늘에서 시안에 먹물 한 방울이 떨어져 습자지에 물들 듯이 비대칭적으로 퍼져나간 나라라고 할 만큼 부정형적이다. 그 먹물이 퍼진 외연, 즉 육지의 외곽선이 2만 2800킬로미터나 된다.

중국에서는 중국 대륙이 닭을 닮았다고 보는 모양이다. 그 닭의 심장이 베이징北京이라고 하니까 아마 입 부분이 한반도, 그러니까 토끼를 물고 있는 형국이다. 매우 살찐 닭임에 틀림없다. 그 정도의 유사성만으로 닭을 닮았다고 주장한다면 내 눈에는 두꺼비가 보인다.

만약 서쪽에서부터 본다면 말이다. 인도와의 국경 쪽, 그러니까 쿤룬산맥崑崙山脈과 히말라야산맥 사이의 부분이 주둥이인 것 같고. 여러분의 눈에는? 하여간 선을 그리기가 쉽지 않다.

중국은 국토 면적에서 세계 3, 4위를 다투는 나라다. 모호하게 얘기할 수밖에 없다. 러시아와 캐나다가 1, 2위인 것은 확실하지만 3, 4위는 미국과 엎치락뒤치락한다. 중국 정부에서 펴낸 자료에 따르면 960만 제곱킬로미터 대 936만 제곱킬로미터로 중국이 미국보다 24만 제곱킬로미터가 더 넓다. 영국의 브리태니커 사전에서도 957만 대 952만으로 중국이 더 넓은 것으로 나와 있다. 반면 미국 중앙정보국CIA이 펴내는 『월드 팩트북World Factbook』에서는 959만 대 982만으로 미국이 '살짝slightly' 앞선다고 나와 있다. 그 '살짝'이 엄청 마음에 걸린다. 23만 제곱킬로미터의 차이라면 정확히 남북한을 합친 한반도 면적(22만 2300제곱킬로미터)보다 넓다. 통계에 따라 한반도의 면적이 왔다갔다하니 땅부자들의 셈법은 과연 다르다.

그런데 누구의 말을 믿어야 할까. 2008년 유엔 자료에 따르면 959만 대 962만으로 미국이 진짜 살짝 더 넓다. 이처럼 변동이 심한 이유는 우리가 고정불변으로 알고 있는 국토 자체가 유동적이기 때문이다. 그것은 쉽게 증발되는 물 때문이다. 국토 안에는 내수면이 포함된다. 호수나 강과 같은 내륙의 수역을 포함시키는데, 측량이 쉽지 않다. 특히 현대과학의 첨단을 달리는 미국조차 계속 검산해서 국토를 늘리는 중이다. 미국도 1990년대 중반까지만 해도 930만 제곱킬로미터대라고 발표해왔으나 오대호의 수역을 계산에 포함시키면서 980만 제곱킬로미터대까지 국토를 늘렸다. 이걸 지도상의 간척사업이라고 해야 할까?

물을 다 빼고 진짜 땅 면적만 갖고 보면 중국이 러시아 다음으로 세계에서 가장 넓은 나라라는 데는 어느 국가나 기관이든 이의가 없는 것 같다. 세계지도를 보면 분명히 미국이 알래스카까지 있어서 훨씬 더 넓어 보이는데 실제는 그렇지 않다. 바둑에서 맨눈으로 보면 이긴 것 같은데 실제 계가計家를 해보면 집이 적은 것과 같다. 미국이 세로보다 가로가 길어서 공간감이 있는데다 알래스카라는 사석捨石도 있으니 커 보이는 듯하다.

그런 지리적 특징 때문에 미국을 횡단할 때는 고민이 적었다. 구글 검색창에 '미국 횡단 자전거 여행'이라고 치면 바로 검색 결과에 아메리카 횡단노선Trans America Trail이 나왔다. 버지니아 주 요크타운과 오리건 주의 플로렌스 또는 아스토리아를 잇는 6400~6800킬로미터의 이 길은 구간별로 공략하는 세부 자전거 지도까지 나와 있어 고민을 덜어준다.

중국을 횡단하는 개념에 가장 가까운 노선은 상하이上海와 카자흐스탄과의 국경도시 이닝伊寧을 연결하는, 총 길이 4967킬로미터의 312번 국도다. 그런데 중국은 역시 눈에 보이는 것과 다르게 가로보다 세로가 더 길다. 동단과 서단을 연결하는 횡단선은 5200킬로미터인 반면, 남단과 북단을 연결하는 종단선은 5500킬로미터다. 종단선은 헤이룽장성黑龍江省의 헤이허시黑河市와 윈난성雲南省의 텅충현騰沖縣을 잇지만 실제 그런 길이 있는 것은 아니다. 어느 선을 갈 것인가?

좋기는 종횡무진하는 것일 텐데…… 고민하다 여행의 목적을 다시 생각해봤다. 미국을 횡단한 데 이어 중국도 횡단했다는 '훈장'을 하나 더 달기 위한 것인가.

결론은 이번 여행의 목적은 중국이라는 과목을 학습한다는 것이었다. 미국에서는 워싱턴 특파원과 유학생으로 각각 3년 6개월과 2년 6개월 모두 6년을 보냈다. 미국에 대해 조금은 이해하고 있었기 때문에 자전거 횡단은 가시적인 목표를 추구하면서 동시에 미국에 대한 이해의 깊이를 더해줄 수 있었다. 하지만 중국에서는 한 번도 생활해본 적이 없었다. 미리 제목까지 생각해놓은 책『레드 차이나를 찾아서』를 쓰려면 이전과 이후를 비교할 정도는 돼야 할 텐데, 내가 중국에 대해서 아는 게 없다는 생각이 들었다. 그게 나만의 문제는 아닐 것이다. 일본은 '가깝고도 먼 나라'라고 하지만 중국은 '잘 아는 것 같은데도 아는 게 없는' 그런 나라가 아닐까. 그러면 이번 여행은 중국 입문이어야 한다.

자, 가긴 가는데 어디를 가지? 그리고 이번에도 혼자?

중국 최대 자전거사이트인 바이크투biketo에서 쓰촨성四川省의 청두成都에서 티베트의 라싸拉薩까지 가는 촨짱선川藏線 동반자를 구하는 포스팅을 봤다. 눈이 번쩍 뜨였다. 혼자 가지 않아도 되는 것이다. 미국 횡단도 사실 동반자를 구하다 구하다 못 구해 어쩔 수 없이 혼자 한 것이었다. 난 그렇게 용감하지 않다. 중국 여행에서는 꼭 누군가와 같이 가고 싶었다. 그런데 현지인들과 함께 여행할 수 있는 기회가 생긴 것이다. 마흔여덟 명이나 지원한 상태여서 자리가 없었지만 모집인에게 쪽지를 보내 승낙을 받았다.

더구나 중국 잡지 『중국국가여행中國國家旅遊』에서 선정한 자전거 10대 노선 중 1위를 차지한 촨짱선 아닌가. 촨짱선은 해발고도 360미터에서 출발해 4000미터가 넘는 산 14좌를 넘어야 하는 최고 난이도 코스다. 14좌 중 5000미터급 산도 두 개나 된다. 육체적인 한계까지 치밀고 올라가는 대가로 아름다운 경치를 보상받는 코스다. 중국 각지에서 온 현지인들과 여정을 함께하면서 현대 중국인의 살아 있는 얘기를 들을 수 있을 것으로 기대했다. 부족한 중국어도 연습하면서.

하지만 티베트로 가는 길은 행정적으로 멀고 험했다. 외국인은 입경허가서를 받아야 했는데 조건이 까다로웠다. 첫째, 외국인은 중국인과 함께 가지 못하고 외국인끼리 단체를 이뤄서 가야 한다. 둘째, 외국인은 안내원과 운전기사를 데리고 가야 하며 지정된 호텔에 묵어야 한다. 중국 정부가 외국인의 티베트 입경에 대해 엄격한 이유는 티베트의 생태환경과 전통문화를 보존하기 위한 것이라고 하지만 그걸 믿는 사람은 없다. 최근에도 라싸에서는 중국과의 분리 독립을 요구하며 티베트인이 분신자살했다는 소식이 들려왔다. 여러 경로를 통해 가능성을 타진했지만 결국 그 조건을 바꿀 수는 없었다. 그럼 그 조건에 따라 안내원과 운전기사가 탄 차를 뒤에 달고 자전거를 끌고 열네 개의 봉우리를 오르내려야 한다는 말인데……

할 수 없이 이번에도 혼자 갈 수밖에 없었다. 다시 지도를 놓고 고민에 빠졌다. 중국에 입문하기 위한 가장 좋은 코스는 어디일까? 정공법을 쓰기로 했다. 중국에서 가장 번성한 도시 상하이에서 출발해 중국의 8대 고도古都를 연결하는 코스를 그리기 시작했다. 중국의 8대 고도는 왕도기간순으로 장안長安 즉 시안(왕도기간 1200년), 베이징(903년), 뤄양洛陽(885년), 난징南京(450년), 정저우鄭州(381년), 카이펑開封(366년), 안양安陽(351년), 항저우杭州(310년)이다. 8대 고도를 넣은 코스는 삼각노선으로 탄생했다. 상하이에서 난징을 찍고 시안으로 간 뒤 시안에서 뤄양, 정저우, 카이펑, 안양을 찍고 베이징까지 간 다음, 다시 베이징에서 1500년이 넘는 역사가 살아 있는 징항京杭 대운하를 따라 남하해 항저우까지 간 뒤 상하이로 귀환하는 코스다. 크게 봐서 중원을 안에 품고 상하이와 시안, 베이징을 세 꼭짓점으로 삼각형을 그리는 노선이다.

베이징에서 교육사업을 하는 중국인 친구에게 이메일로 삼각노선을 보내줬더니 그는 "좋긴 한데 윈난, 구이저우貴州, 쓰촨의 서남권은 어쩌고? 광둥광시廣東廣西, 푸젠福建의 링난嶺南권도 놓치게 되잖아?" 하고 아픈 곳을 찔렀다. 하지만 첫술에 배부를 수는 없지 않은가. 중국은 인생의 후반기를 다 걸어도 배우기 어려운 과목일 것이다.

반대로 중국문학 교수인 타이완 친구는 "중국 역사상 중요한 정치경제문화권을 섭렵하게 될 것"이라면서 "중국문화 발원지인 허난河南의 중원문화, 허베이河北의 호방한 연조燕趙문화, 장쑤江蘇, 저장浙江의 섬세하고 화려한 오월吳越문화, 공맹孔孟을 낳은 산둥山東의 제노齊

魯문화, 유목민과의 혼혈인 시안의 관중關中문화가 다 삼각노선에 포함된다"고 격려했다. 그렇게 보면 춘추전국시대의 중국이 다 들어온다. 자신의 뜻을 펼치기 위해 춘추전국을 방랑하던 제가諸家의 이미지가 떠올랐다. 이 다양한 문화를 자전거 여행 한 번으로 꿰어낼 자신은 없지만 몸으로 느끼는 뭔가가 있기를 고대했다.

벚꽃잎이 싸리눈처럼 내리던 4월의 어느 날 한국을 떠났다.

02

과연 공항에서 **빠져나갈 수 있을까**

"좋은 자전거인가봐요?"

탑승수속 카운터에 자전거 상자를 올려놓자 의외의 말을 들었다. 일반석의 짐은 20킬로그램까지 허용된다. 초과해도 추가요금을 내면 되지만 중량은 여행의 자세와 관계가 있기 때문에 민감한 문제다. 상자 속에 있는 자전거를 어떻게 품평할 수 있지? 속으로 생각했는데 그가 덧붙였다.

"21킬로그램이네요. 그 정도면 추가요금 안 내셔도 돼요. 다른 짐도 같이 부치시죠?"

좋은 자전거여서 무게가 덜 나가지 않느냐는 뜻. 계체량을 통과한 복서처럼 흥분됐다. 이 자전거를 준 김정호씨한테는 미안한 얘기지만 산악자전거여서 그렇게 가볍지는 않다. 자전거 무게보다 지난 여행에서 교훈을 얻어 욕심 감량에 성공한 것이다. 의식주를 해결해야 하기 때문에 장기여행은 이사와 다를 바 없다. 여행이 좋은 것은 불가피하게 필수품들을 간추려낸다는 점이다. 그러지 않으면 그 무게의 고통을 고스란히 짊어져야 한다. 미국 여행에서는 짐만 40킬로그램이 넘었다. 이번 여행에서는 노트북과 카메라 등등을 얹어도 자전거를 포함해 25킬로그램이 넘지는 않을 것이다.

짐이 적어서 겪는 고충도 있다. 예컨대 '뽕'이라고 불리는 패드 달린 자전거팬츠를 두 벌밖에 안 쌌다. 매일 저녁 고된 주행을 마치면 쉴 틈 없이 그날 입은 옷부터 세탁해야 한다. 아니면 며칠 동안 더러움을 견디거나. 그게 꼭 나쁘지만은 않다. 좀더 규칙적인 생활을 하거나 청결 기대치를 낮춰 웬만하면 만족하게 된다. 어쨌든 미리 환전해놓은 중국 위안화를 집에 놔두고 와서 아내에게 잔소리 들은 것을 상쇄하고도 남을 기분 좋은 출발이었다.

여행을 준비하는 동안 오만 생각이 오갔지만 막판에는 한 가지에 집중했다. 공항에서 자전거를 타고 빠져나갈 수 있을까? "처음에는 그냥 숙소까지 차에 싣고 가서 편안하게 시작하지 그래?" 여러 사람들이 만류했지만 나는 고집했다. 공항에서부터 어디든 내 마음대로 갈 수 있다는 걸 확인하고 싶었다.

공항도 푸둥浦東공항 대신 시내 근처 훙차오虹橋공항을 선택했다. 그런데 구글의 위성사진으로 공항의 진출입 도로를 샅샅이 살펴봤지만 어떻게 빠져나가야 할지 알 수 없었다. 네이버 카페 '자전거로 여행하는 사람들'에 질문을 올렸더니 득달같이 댓글이 달렸다. '참외아빠'

님은 주차장부터, '산돌'님은 20~30미터 떨어진 지하철역 근처에서부터 타면 된다고 조언했다. 중국 전역을 자전거로 누빈 '탱이'님한테 쪽지를 보냈더니 "중국은 자전거로 못 가는 곳이 없다"는 호호탕탕한 회신이 왔다. 그러나 정작 문제는 조립이었다. 내 솜씨로 자전거를 제대로 조립할 수 있을까? 분해도 자전거가게에서 대신 해줬다.

홍차오 국제공항은 생각보다 작았다. 짐을 찾아 카트에 싣고 일대를 돌면서 장소를 물색하다가 도착장 출구가 한산해 보여 판을 벌였다. 청소 아주머니가 쳐다보는데 자전거 상자를 어디다 버리는지 감시하는 것 같다. 가지고 가라면 싣고 갈 수도 없고 난감했다. 눈빛을 외면하고 일단 상자의 테이프를 뜯자 아주머니가 금세 다가와 소리를 질렀다. 다행히 "렁댜오扔掉"라는 말을 알아들었다. 버리는 거냐는 뜻. 그렇다고 했더니 상자를 잡아주며 자전거를 뽑아낼 수 있도록 도와줬다. 그것만도 고마운 일인데 자전거를 일으켜세우면서 도우미로 나섰다. 차체에 바퀴를 묶어둔 플라스틱 끈을 풀지 못하자 가위를 가져와 잘라줬다. 청소 아주머니는 물론 쿤산昆山행 버스표를 팔던 아주머니도, 지나가던 행인들도 모두 "진짜 비행기로 싣고 온 거야? 그리고 여기서부터 자전거를 타?" 하고 물었다.

정작 문제는 조립…이었다

대수로운 일이 아니라는 듯 공구를 꺼냈다. 푸둥공항과 홍차오 제

2공항에 밀려 동네 공항으로 쭈그러든 홍차오 국제공항에 모처럼 장이 섰다. 한국인 여행자가 금속들을 순식간에 연결해서 자전거로 소생시키는 신공에 찬탄할 준비를 갖췄다. 앞바퀴를 결합하고 안장을 꽂을 때까지는 순조로웠다. 하지만 간단한 작업인 페달 끼워넣기가 늘 애를 먹인다. 페달을 홈에 넣고 자전거 진행 방향과 반대로 돌리기만 하면 쑥 들어갈 것을, 왼쪽 페달을 넣어보려다 안 되면 오른쪽 페달을 시도하고, 또 그 반대로 해보고…… 마치 오디션 무대에 선 것처럼 긴장됐다. 잘할 수 있는 것부터 해보자.

가방 거치대부터 달기로 순서를 바꿨다. 구경꾼 일부는 창틀에 걸터앉았고 일부는 기적을 기다리지 못하고 떠났다. 아이와 함께 구경하던 한 삼십대 남성은 아이스크림을 사왔다. 내가 거치대의 너트를 끼워넣기 위해 안간힘을 쓰는 동안 청소 아주머니가 빗자루를 기둥에 세웠다. 한마디 하시는데 "지쓰러急死了(조바심나 죽겠어)" 그러더니 바닥에 있는 왼쪽 페달을 주워들었다. 버스 매표소 아주머니도 질세라 오른쪽 페달을 쥐었다.

기계치인 나는 나사의 진행 방향을 외우지 못한다. 평상시에는 양쪽으로 다 돌려보면 수수께끼가 풀리지만 너트를 넣다가 중간에 멈출 때가 문제였다. 더이상 안 들어가는 걸 보면 반대 방향으로 돌려야 하나? 그런데 이미 너트는 꿈쩍도 하지 않는다. 다시 빼내는 데 성공하는가 싶으면 헛돌고, 반대로 죄면 더이상 들어가지 않고. 이 자전거를 분해해서 상자에 넣어준 누리 바이크의 염규태씨는 8밀리미터 스패너를 넣어주면서 이걸로 돌리면 된다고 했는데 안 된다.

그사이 청소 아주머니와 매표소 아주머니는 나란히 페달을 끼웠다. 고맙기도, 무참하기도 했지만 대인배처럼 웃었다. 내가 할 수도 있는데 기회를 준 것처럼. 그 자존심을 유지하려면 이 너트를 죄어야 하는데…… 갑자기 볼트와 너트를 발명한 사람이 누군지 원망스러워지기 시작한다. 나사를 발명한 사람은 그리스의 아르키메데스로 알려져 있지만 실제 너트와 볼트를 발명한 사람이 누군지는 분명치 않은 것 같다. 미국 야후의 앤서스answers에 믿고 싶은 그럴듯한 속설이 나와 있기는 하다. 런던에 살던 너트가 1736년 너트를 발명했지만 쓰임새를 찾지 못하고 죽었는데 1861년에 볼트가 볼트를 발명하자 너트의 후손들이 찾아가 볼트와 너트가 한 쌍을 이루게 됐다는…… 사실 여부는 모르겠지만 볼트와 너트의 결합에 125년이 걸렸다는 말이 나한테는 그럴싸해 보인다.

아저씨들도 달려들어서 핸들 바의 조향장치를 조정하고, 핸들 바를 일직선으로 정렬한 뒤 안장의 높이를 맞추면서 구경꾼들은 어느새 한중 공동프로젝트 멤버가 됐다. 너트를 넣기 어려웠던 이유는 너트가 손힘으로 풀기 어려운 풀림방지용이었기 때문이다. 너트가 아니라 볼트를 돌려야 한다. 풀림방지 너트를 8밀리미터 스패너로 잡고 볼트의 헤드를 일자드라이버로 돌려야 풀거나 죌 수 있다. 나는 반대로 볼트의 헤드를 스패너에 걸고 풀림방지 너트를 손으로 죄었으니…… 이 사실은 이튿날 국제전화로 염씨한테 물어봐서 알게 됐다.

벌써 오후 3시가 넘었다. 오후 4시까지 호텔에 가야 예약이 풀리지 않는다. 서두르니 더 생각이 나지 않는다. 모르겠다. 대충 얼기설기 조립한 뒤 다 됐다고 선언했다. 그리고 시험주행을 한 번 했고 매표소 아주머니도 시승을 했는데, 중간에 거치대가 떨어져나갈까봐 조마조마했다. 어쨌든 모두 프로젝트 성공을 축하하며 박수를 쳤다. 중국의 첫인상이 좋다. 예전 일본 우쓰노미야宇都宮 버스 대합실의 청소 아주머니가 생각났다. 승객이 담뱃재를 떨면 아무 말 없이 와서 쓸어가고, 바닥에 먼지 한 티끌 남아날 새가 없었다. 그럴 수만 있다면 담뱃재가 땅에 떨어지기도 전에 채갔을 것이다. 한국에서는 비질에 다소 불만스러운 기색이 느껴지고…… 중국에서는 청소하는 중년여성의 표정이나 어조에 위축된 기색이 없다. 승객과의 대거리도 자연스럽다.

그러고 보면 중국 기업 사장과의 만찬 석상에 운전기사도 항상 동석했던 게 기억난다. 따로 밥 먹으라고 돈을 쥐여 보내지 않는다. 후에 쑤저우蘇州의 호화 아파트에 간 일이 있는데 경비원과 주민의 관계도 외면적으로는 서로 편안해 보였다. 어쨌든 여기는 노농勞農동맹을 기초로 한 사회주의국가 아닌가. 불과 30여 년 전만 해도 다른 성분을 압도하던 그들이었다. 위아래가 한두 번씩 뒤집힌 나라에서는 직업에 따라 사람을 달리 대하기 어려울 것이다. 여행 초반이어서 단정적으로 말하기는 조심스럽다. 또 한 가지 말의 특징도 영향이 있는 것 같다. 호칭에는 존칭이 있지만 말 자체

에 높임말이 없는 중국어가 사람들과의 관계를 자연스럽게 만든다.

자전거는 비록 삐걱대지만 공항을 자전거로 빠져나가는 기분은 삼삼했다. 이제 나는 하늘을 나는 새처럼 자유롭다.

03

아무도 양보하지 않을 거라는 **예측 가능성**

이 정도일 줄은 몰랐다. 한국도 교통법규를 잘 지키는 것으로 알려진 나라는 아니어서 서울 시내 주행에 익숙한 내가 웬만해선 동요하기 쉽지 않은데 상하이는 예상을 뛰어넘었다. 공항 내부도로를 빠져나와 훙차오로路로 접어드는 첫 교차로에서 선뜻 페달을 밟지 못했다. 버스, 승용차, 삼륜차, 오토바이, 자전거, 리어카, 보행자 들이 엉켜서 혼돈의 소용돌이를 이루고 있었다.

높이 468미터의 TV 송신탑인 둥팡밍주東方明珠에서 내려다보거나 와이탄外灘 일대를 촬영한 원경 속의 상하이와 지면에서 걷거나 자전거를 몰면서 전후좌우로 보는 상하이는 다른 세계다. 상하이에서의 운전방법에는 정주행 외에 좌우 양쪽에서의 추월, 급정거, 예측 출발과 부정 출발, 인도 침범, 무단 정차, 맨 가장자리 차선에서 좌회전 그리고 역주행이 포함된다. 사람을 치거나 갖다 박지 않는 범위 안에서 모든 행위가 관습적으로 벌어진다. 이러다 중국 여행을 공항 내부 도로까지만 하고 귀국하는 것은 아닌지 실소가 나왔다. 저 혼란의 도가니에 뛰어들어보기로 했다. 다 사람 사는 세상인데 뭐.

상하이는 모르겠는데 1970년대 말까지 베이징에서는 야간에 전조등 사용이 금지됐다고 한다. 중국에 관한 빼어난 책들을 쓴 피터 헤슬러Peter Hessler의 『컨트리 드라이빙Country Driving』에 따르면 1983년 천시퉁陳希同 베이징 시장이 뉴욕을 방문해 맨해튼에서 차들이 밤에 헤드라이트를 켜는 것을 보고 깜짝 놀랐다고 한다. 중국에서도 밤에 불을 밝혀야 한다고 생각한 그는 귀국한 뒤 베이징에서 야간 전조등 사용을 의무화했다. 헤슬러는 "지금도 중국인들은 우천시나 안개가 끼었을 때, 석양 무렵에도 전조등을 잘 켜지 않으며, 켜면 예의 없는 것으로 간주한다"고 썼다. 중국이 자동차, 마천루 빌딩과 같은 하드웨어는 수입했지만 하드웨어를 운영하는 소프트웨어를 따라오려면 멀었다는 뉘앙스가 읽힌다. 하지만 전조등을 켜지 않으면 속도를 낼 수 없기 때문에 더 안전할 수 있지 않을까.

그런 태평한 소리를 할 계제는 아니다. 런민人民광장 근처 호텔까지 가는 도중 몇 번이나 사고위험을 겪었는지 모른다. 인도변에 있다가 푸른 신호등이 켜져서 횡단보도를 건너려는 찰나, 차도와 인도 사이에 난 자전거도로로 조금 전까지 보이지 않던 일군의 오토바이와 전기자전거, 일반 자전거 들이 쏜살같이 나타났다. 그 무리에 깔려버리기 직전 핸들을 틀고 급제동한 덕에 사고를 모면했다. 이들은 뒤도 안

돌아보고 빠져나갔다. 무섭다. 중국의 논밭을 습격하는 메뚜기떼 같다. 분명 푸른 신호등이었는데……

다 사람 사는 세상인데 뭐… 했다가!

상하이에서의 푸른 신호등은 가도 된다는 신호가 아니라는 걸 뒤늦게 알게 됐다. 한번 가보는 게 어때? 아니면 가는 것도 한번 생각해 볼 만한 일이야 하는 정도의 제안일 뿐이다. 그 제안을 받아들이고 말고는 건너는 사람에게 달려 있다. 만약 중국인이 법을 잘 지켰다면 농민반란이나 혁명도 일어나지 않았을 것이고, 이민족의 침입만 없었다면 지금도 하夏나라 시대에 살고 있을 것이다. 중국은 같은 영토에서 같은 문화권을 유지해온, 세계에서 가장 오래된 나라다. 다만 왕조만 계속 바뀌고 새로 생겼는데, 대부분 학정을 견디지 못한 농민의 반란이 원인이었다. 중화인민공화국의 건국도 농민의 궐기로 가능한 것이었다. 법대로 하면 반란을 일으켜서는 안 된다. 하지만 법은 왕조와 부패한 관리를 위해 존재했다. 평소에 무력해 보이는 농민들이 일순간 들고 일어나면 왕조가 바뀌었다.

길도 그렇게 건너는 것이다. 푸른 신호등이 켜졌다고 해서 무작정 건너는 게 아니라 주위를 살펴봐야 한다. 주동자가 먼저 길을 건너는 시늉을 하며 신경전을 벌여본다. 간을 본다는 표현이 더 맞는지도 모르겠다. 그래서 자동차가 속도를 늦추는 기미를 보이면(다시 말해 약세를 보이면) 발걸음을 천천히 떼면서 보행자들을 견인한다. 주위 사람들이 동조하면 순간적으로 무리가 형성된다. 그 무리에 끼어들면 설혹 빨간 신호등이라고 해도 무사히 건널 수 있다. 그 대세를 누구도 막을 수 없으면 혁명에 성공하는 것이다. 하지만 실패한 농민반란의 수많은 주모자들처럼 대세가 형성되기 전에 먼저 횡단보도를 건너버리려다가는 금방 자동차와 오토바이, 자전거에 의해 고립되고 만다.

나만 그렇게 느끼는 게 아니다. 『중국 생존 가이드China Survival Guide』라는 영어판 관광안내서에 따르면 "중국 도시에서 걷는다는 것은 매 순간 생명을 위험에 빠뜨리는 일이다. 길을 걷는 행위는 독수리의 눈매와 사자의 민첩성, 여우의 교활함 그리고 네잎클로버의 행운이 따라야 가능한 일"이다. 물론 법은 현실을 못 따라갈 때가 많지만 근본 취지는 무법천지를 막아서 약자를 보호하기 위한 것이다. 사회의 질서가 무너질 경우 가장 피해보는 사람은 약자이기 때문이다. 법 없이도 살 사람이라는 표현이 있지만 법이 있어서 지켜주기 때문에 법을 의식하지 않고 살 수 있는 것이다. 사회질서가 무너져도 더이상 잃을 게 없는 사람이 많은 사회에서 반란이 일어난다.

상하이에서 교통법규가 지켜지지 않기 때문에 가장 피해보는 사람도 보행자다. 그들에게 길의 권리는 없다. 도시라는 정글에서 사자나 호랑이는 화물차나 버스 같은 대형차들이다. 그리고 관리들이 많이 타는 아우디 검정 승용차. 그들은 경적의 데시벨로 권력을 표시한다. 유리창이라는 방음벽이 없이 차도로 다니는 자전거에는 바로 귀에 대고 경적을 울리는 것 같다. 상하이에서 경적은 꼭 필요할 때 울리는 장치가 아니다. 아니, 오히려 운전자들이 경적을 누르지 않을 때야말로 위험한 상황이다. 졸고 있거나 동승자와 수다를 떨다가 한눈을 팔아서 미처 경적을 누를 때를 놓친 경우이기 때문이다.

보통 그들은 "옆으로 지나간다"고 꼭 '말'을 하고 간다. 그들은 자동차가 원래 말하는 기계라고 생각하고 있는 게 틀림없다. 다만 표현 방법이 세 살짜리 아이처럼 단순하고 서투를 뿐이다. 중국 차에는 경적 대신 마이크를 달아줘야 한다고 생각한다. 적어도 고막을 찢는 소리는 아닐 뿐 아니라 경적의 고저장단보다는 훨씬 다양한 표현이 가능할 것이다. "나 오늘 바쁘니까 먼저 갈게" "왼쪽에 차가 있으니까 오른쪽으로 추월할게" "매연 좀 맡아봐. 냄새가 어때?" 등등.

중국 사람들이 평소에도 큰 소리로 싸우는 것처럼 말한다고 느껴질 때가 많은데, 그 이유도 일상적으로 경적에 노출돼 청력에 손상을 입었기 때문이라고 추측해본다. 거기다 생활 속에 녹아 있는 폭죽의 폭음도 중국인의 집단적 소음성 난청에 기여를 했을 것이다. 그런데 중국 보행자들은 큰 불만이 없어 보인다. 보행자들의 무단횡단과 신호 위반도 다반사다. 서양인들도 예외가 아니다. 서로 조금이라도 틈이 보이면 파고들어서 길의 공간효율을 극대화한다. 특히 교차로에서 신호가 바뀌는 3초간은 해방구다. 어느 방향에서든 충돌이나 추돌의 위험만 없다면 치고 들어올 수 있다.

무법천지치고는 교통사고가 적은 편인 듯하다. 중국 정부는 2010년 교통사고 사망자 수가 6만 5525명이라고 발표했다. 2001년에는 10만 명이 넘는 것으로 집계됐으니까 차량 대수가 급증하는 데 비해 사망자 수는 급감하고 있는 셈이다. 2011년 상반기에는 2만 5864명이 사망한 것으로 발표돼 하반기까지 합쳐도 더 내려간 것으로 추측된다. 한국이 2011년에 4500명 정도가 사망한 것으로 집계됐으니까 인구 비례로 보면 중국의 사망자 수가 훨씬 적은 편이다. 중국 정부의 통계에 대한 신뢰 여부는 알아서 판단하시고.

실제 상하이에서 주행하면서 교통사고 현장은 거의 보지 못했다. 원인이 두 가지라고 생각한다. 하나는 사주경계四周警戒. 사람들은 사각에서 뭔가가 매복해 있다가 덮칠 수 있다는 개연성을 늘 염두에 두고 있는 것 같다. 그렇지 않고는 당황할 만한 상황에서도 그렇게 태연할 수 없다. 상하이 도로에서 기습공격은 불가능하다. 이런 태연함은 역사성을 갖고 있는 게 아닐까. 이 나라의 굴곡진 근현대사를 보면 세상에 일어날 수 없는 일은 없는 것 같다. 중국인들의 태연함은 상황에 따라 무심함, 냉정함, 태평스러움, 꿋꿋함, 참을성 등으로 나타나는 것 같다. 다른 하나는 '만만쩌우慢慢走'. 중국 사람들이 헤어질 때 꼭 하는 말이다. 천천히 가라. 천천히 주행하거나 보행하기 때문에 급제동과 같은 유연한 대응이 가능하고 사고를 피할 수 있다.

희한하게 무질서 중에도 질서가 있다는 걸 느낀다. 그건 다른 의미에서의 예측 가능성이다. 교통질서를 잘 준수하는 나라에서는 법규대로 하면 사고가 나지 않는다고 생각한다. 하지만 종종 이를 지키지 않는 사람이 있어서 사고가 난다. 상하이에서는 교통법규를 지키지 않을 거라는 예측 가능성이 있다. 아무도 길을 양보하지 않으리라는 걸 알기 때문에 쉽게 충돌하지 않는다. 내륙으로 여행을 떠나기 전 상하이에서의 중국 교통에 대한 전지훈련은 효과적이었다. 금세 상하이의 교통문화가 내 몸에도 맞는다는 걸 느끼기 시작했다.

04

상하이는 1930년대를 그리워하네

상하이의 런민광장을 만리장정의 출발점으로 삼은 것은 이곳이 시안까지 가는 312번 국도의 시발점이기 때문만은 아니다. 런민광장의 변천은 중국 근현대사의 굴곡 그 자체다. 아편전쟁에서 승리한 영국은 1842년 난징조약을 통해 상하이를 조차하면서 멀리까지 와서 고생(?)하는 자국민의 오락을 위해 이곳에 경마장을 설치했다. 1930년대에는 분위기 살벌한 군대 막사로 바뀌는데 서울의 용산처럼 중국을 침략한 일본군이 주둔했다. 1945년에는 항일전쟁에서 중국을 도운 미군이 상하이에 진주해 이곳에 클럽을 만들면서 다시 노는 곳으로 돌아갔다. 1949년 건국 후 비로소 이름이 생겨 런민광장으로 명명됐다.

“지금 당신이 서 있는 데가 런민광장인데 왜 물어?”

런민광장 지하철역에서 빠져나와 드넓은 공지를 찾는 내게 경비원

아저씨는 "녹화사업을 해서 숲이 들어섰고 분수대와 대극장, 박물관, 지하상가, 주차장 등으로 나뉘어 개발됐다"며 "이제는 톈안먼天安門광장같이 넓은 곳을 연상해서는 안 된다"고 말했다.

만약 런민광장의 변천사를 이십대 젊은이의 경우로 표현한다면, 19세기 말 젊은이들은 이곳에서 경마장 표를 팔았을 테고 1930년대에는 일본군 헌병의 군화를 닦거나 항일투쟁에 뛰어들었을 것이다. 그리고 1945년에는 미군 클럽에서 웨이터로 술병을 날랐을 것이며, 1949년에는 사회주의 혁명의 열정으로 이 광장에서 함성을 질렀을 것이다. 이때가 아마 유일하게 인민의 광장이었을 것이다. 그뒤로 원하든 원치 않든, 인민들은 자주 런민광장에 불려나가 대규모 정치 집회에 참여해야 했다. 1960년대 말 문화대혁명 당시에는 '조반파造反派(반관료주의 운동의 중심 주체)' 젊은이들이 상하이 시장과 당서기를 군중 앞으로 끌어내 공개 비판했으며, 무장 민병대원들은 하늘을 향해 총을 쏘며 의기양양하게 행진했다.

문혁의 깊고 어두운 골짜기를 통과한 런민광장은 한동안 용도가 불분명한 채 있다가 1989년 베이징 톈안먼광장에서처럼 상하이와 인근 대학생들이 이곳에 모이면서 활기를 되찾았다. 격렬한 정치 토론이 오갔고 다시 인민의 품으로 돌아올 것 같았던 런민광장은, 그러나 시위가 무력 진압되면서 광장으로서의 운도 다했다. 각종 문화 편의시설로 쪼개져 군중이 모일 수 없는 곳이 돼버렸다. 인민의 힘으로 정권을 쟁취한 중국 정부가 이제는 인민이 모이는 것을 두려워하는 시대가 된 것일까. 아니면 인민들은 정치 참여를 강요받지 않는 것만으로

도 감지덕지해야 할 시대가 된 것일까.

지금은 런민광장에서 젊은이들이 데이트를 한다. 상하이에 도착한 첫날, 밤 9시쯤 런민광장의 분수대에는 밀어를 나누는 연인들이 눈에 띄었다. 인민은 없고 개인만이 있었다. 그리고 광장 지하로 들어가자 1930년대의 풍물을 복원한 펑칭가風情街가 긴 통로를 따라 이어졌고 소비자들로 붐볐다. 중국의 미래라고 불리는 상하이는 뜻밖에 1930년대를 그리워한다.

“황금시대였다. 이 시대는 자유, 개방, 선진이라는 세 가지 키워드로 압축된다. 서방의 새로운 문화와 과학기술을 받아들이려는 개방적인 기운이 넘쳐흘렀다.”

비가 부슬부슬 오는 둘째 날 자전거를 타고 상하이 우쑹강吳淞江변 광푸로光復路에 있는 ‘양우기념관’에 들렀을 때 기념관의 편집자인 친링秦嶺은 이렇게 말했다. 1926년에 창간된 『양우良友』는 1945년까지 20년 동안 상하이 문화계를 대표하는 잡지였다. 당시 10만 부씩 팔려나갔다. 이 기념관은 『양우』를 보존하고 그 정신을 퍼뜨리기 위해 옛 공장 창고를 개조해 만든 아담하고 정취 있는 건물이다.

내 머릿속에서 1930년대의 상하이는 서구 저급문화가 침투하고 아편과 범죄 등으로 혼란스럽고 그것을 어쩔 수 없이 지켜봐야 했던 무력한 중국의 이미지로 떠오르는데, 상하이 사람들은 그렇지 않은 모양이다. 양우기념관을 돌다가 벽에 붙여놓은 역대 표지 중에서 지적이면서도 세련된 여성의 사진을 발견했다. 영화 〈색, 계〉에서 탕웨이가 연기한 정핑루鄭蘋如였다. 영화의 모티프가 된 여성의 실물사진을 직접 보게 된 것이다. 탕웨이가 외려 1930년대의 상하이 여성처럼 생겼다고 할 만큼 정핑루의 외모는 현대적이다.

널리 알려진 대로 영화 〈색, 계〉는 장아이링張愛玲이 쓴 소설을 각색한 것이고 소설 「색, 계」는 정핑루의 짧은 생애를 소재로 한 것인데 여기서 극적인 '왜곡'이 일어난다. 정핑루는 1937년 12월 왕징웨이汪精衛 친일정부의 정보기관 책임자 딩모춘丁默邨을 암살하려다 붙잡혀 죽음을 당했다. 그녀는 거사에 실패하기 5개월 전인 7월 환하게 웃는 얼굴로 『양우』의 표지에 등장한다. 내 친구 타이완 중문학자 류이링劉怡伶 박사는 타이완에서 발행되는 『전기문학』 2007년 11월호에 "정핑루가 『양우』를 활용해 지명도를 높인 뒤 미인계를 쓰려고 『양우』에 사진을 보냈을 것"이라고 분석한 글을 실었다. 당시에는 독자들이 『양우』에 사진을 보내면 그중에 좋은 사진을 골라 표지 모델로 쓰는 관행이 있었는데, 정핑루는 그만큼 용모에 자신이 있었던 것 같다.

정핑루는 국민당 정부의 검사였던 정웨위안鄭越原과 일본인 여성 사이에서 태어났다. 그는 대학 시절 국민당 정보국의 첩보원으로 가입했고 첩보원 신분을 감추고 『양우』에 사진을 보낸 것이다. 당시에는 '정여사'라고만 알려졌다. 중국에서 여사는 미스Miss라는 뜻이다. 류박사는 "정핑루의 일본 혼혈 혈통과 일어 구사력은 왕징웨이 정권에 접근하는 데 유리한 배경으로 작용했을 것"이라고 썼다.

각색할 필요 없이 그의 인생이 영화다. 이 드라마틱한 여성을 거칠게 말해서 친일분자와 바람난 여자로 묘사했으니 장아이링이 작품을 쓰고도 30년 가까운 세월을 기다렸다가 1979년에야 발표한 이유를 알 수 있을 것 같다. 장아이링 본인도 왕징웨이 정부의 홍보책임자 후란청胡蘭成과 결혼한 이력이 있다고 하니……

상하이가 가장 행복할 때 중국은 가장 고통스러웠다

공개적으로는 반일정서가 강한 중국에서 민감할 수 있는 이 영화는 2007년 11월 1일 상하이에서 개봉하는 날 의외로 폭발적인 반향을 불러일으켰다. 영화표 한 장 값이 150위안(2만 6000원가량)이었고 개봉 시사회에서 사진기자들이 자리를 차지하려고 몸싸움을 벌여 공안이 출동했다. 성공 요인에는 리안李安 감독과 량차오웨이, 왕리훙 같은 스타들이 참여한 점도 있겠지만 내가 굳이 읽어내고자 하는 점은 '올드 상하이'에 대한 향수다.

1930년대 중국은 근현대사에서 가장 고통스러운 시기였다. 그때 유일하게 환락에 취해 흥청망청했던 곳이 상하이였다. 〈색, 계〉의 흥행 성공이나 1930년대 풍물거리의 성행은 상하이가 민족이나 혁명과 같은 큰 담론보다는 개인의 행복과 본능의 추구가 더 중요한 시대에 들어섰다는 것을 시사한다. (여담이지만 중국에서는 이 영화의 야한 대목은 삭제된 채 개봉됐다고 한다.)

자전거를 타고 북상해 다음으로 간 곳은 루쉰魯迅공원 근처, 옛 프랑스 조계에 있는 루쉰의 옛집이다. 정확히 말해서는 루쉰 옛집의 앞집이다. 1916년에 지어진 앞집에는 사전에 알게 된 젊은 예비부부가 산다. 장자밍張佳銘과 펑사오이馮少儀. 그들은 상하이에서 대학을 갓 졸업했고 상하이를 떠나 마카오와 광둥으로 귀향할 예정이다. 루쉰 선생은 그들의 앞집에서 1936년 임종할 때까지 중국을 비판하고 중국인을 일깨우는 글을 썼는데 지금의 상하이는 1930년대를 그리워하는 역설적인 상황. 만약 루쉰 선생이 앞집에 살아 있다면 뭐라고 하실까? 내가 이 예비부부에게 던진 질문이다.

"사람들이 먹을 수 없는 식품을 팔고 뇌물과 특혜가 횡행하며, 특히 다른 사람들이 재난을 당해도 모른 척하는 사람들을 통렬히 비판할 것이다."

장자밍은 "사회의 투명도를 높여 정부관리들이 하는 일을 다 알 수 있도록 하는 게 가장 중요한 일"이라고 덧붙였다. 하지만 그것을 어떻게 해야 할지에 대해서는 특별한 의견이 없었다. 그들은 모두 "정치지도자를 선출하는 문제는 나중에 해도 되는 일"이라고 말했다. 아마 언론의 자유가 조금씩 늘어나고 인터넷에서 여론이 형성되면 사회의 투명도가 높아지게 될지도 모른다. 중국 중앙방송CCTV을 보면 원자바오溫家寶 총리와의 대화 같은 코너가 있기도 하다. 하지만 중국 정부의 검열은 아직도 강력하다.

6월 이집트와 터키로 신혼여행을 떠날 예정이라는 이들은 정치에는 관심이 없다고 말했다. 루쉰 선생이 설혹 사회문제에 대해 그런 비판을 하더라도 중국이 이전보다 나은 방향으로 가고 있다고 생각하겠느냐고 물었더니 그들은 고개를 끄덕였다.

1930년대의 상하이는 국가권력이 가장 약했을 때이다. 상하이 사람들은 국가 간섭 없이 개인의 행복을 최대화하는 꿈에 젖어 있다. '상하이를 따라서 중국 전체가 현대화의 길로 나아가자依靠上海, 帶動全國'. 개혁개방 이후 중국 사회가 추구하는 가치다. 과거에는 상하이가 가장 행복할 때 중국은 가장 큰 고통을 겪었다. 지금은 어떨까? 이번 여행에서 확인해보고 싶은 점이다.

05

여행은 로路를 잃어도 도道는 얻는 과정

도로道路는 도와 로가 결합된 단어인데 도로명을 표기할 때 도는 쓰지 않는다. 세종도, 강남대도는 없다. 국도처럼 특정한 길이 아니라 길의 체계를 뜻할 때만 도를 쓴다. 도는 구체적인 길이 아니라 추상적인 길이다. 도道를 뜯어보면 머리 수首와 달릴 주走가 보인다. 머리가 달린다. 그래서 생각이 달려서 궁극의 이치에 다다를 때 도를 깨쳤다고 하나보다. 도의 어원에 대해서는 여러 학설이 있겠지만 그럴듯하다고 생각하는 학설은 이것이다. 옛날 전쟁에서 이기면 적장의 머리를 베어서 말에 매달아 가져갔다. 그렇게 머리를 매달아 가져가는 과정을 도라고 불렀고 그게 길을 뜻하게 됐다는 것이다.

노자는『도덕경』에서 "도를 도라고 부를 수 있다면 그건 도가 아니다道可道 非常道"라고 썼다. 우주의 원리를 말로 표현할 수 없다는 뜻이겠지만 도의 어원을 알고 있었기 때문에 그런 피비린내나는 '도'로 도를 표현할 수 없다고 한 게 아닐까. 어쨌든 도는 우주의 운행원리라는 뜻과 함께 길의 의미로도 쓰이는데, 길의 의미로 쓸 때는 중국에서도 로와 다르게 쓴다. 예컨대 '인민대도'는 길 이름일 뿐 아니라 인민을 위한 길이라는 가치가 들어 있다. 왕복 10차선을 넘지 않는 한 함부로 도를 붙이지 않는다. 우리말로 하면 길 한 글자이지만 길은 이동경로와 함께 정신적인 가치를 추구하는 과정을 뜻한다. 나 역시 로를 따라가지만 그냥 풍경을 완상玩賞하는 게 아닌, 뭔가를 얻고 싶은 것이다. 그걸 편의상 도라고 해두자.

내륙으로 떠난 첫날 길을 잃었다. 상하이 안에서 빙빙 돌았고 상하이를 벗어나서는 312번 국도를 여러 번 놓쳤다. 특히 312번을 따라 주행하는 것은 마치 기다란 용의 등에 올라탄 것 같았다. 같이 신나게 달리다 그가 한번 용틀임을 하면 나는 나가떨어졌다. 그가 지나간 흔적을 더듬더듬 찾아서 올라타면 또 떨어지고……

분명 312번 국도의 기점이 런민광장이라고 알고 있었다. 그래서 런민광장 근처에서 312번의 기점을 찾았지만 보이지 않았다. 구글 지도를 보니 런민광장에서 서쪽으로 가다보면 우닝로武寧路를 마주치고 우닝로를 따라 북서쪽으로 가면 차오안공로曹安公路를 만나서 312번으로 연결되는 것으로 나와 있다. 우닝로를 찾지 못해 헤맸는데 그것은 나사 조임의 방향을 잊어버리듯 동서남북의 방향감각을 헷갈려서가 아니었다. 더 심각한 문제는 머리는 서쪽을 지향하지만 눈은 동으로 가고 있다는 점. 처음 훙차오공항에서 시내로 들어올 때 무조건 동으로 가야 했던 관성이 남아 있었던 것이다. 빗줄기가 점점 굵어지는 가운데 두 시간을 달렸는데, 전날 상하이에 사는 '산돌'님과 만나 눈에 익은 옌핑로延平路와 창핑로昌平路의 사거리를 벌써 두 번 지나치고 있다는 걸 깨닫고는 불길한 느낌에 사로잡혔다.

길을 잃는다는 것은 새로운 길을 찾을 수 있다는 희망이라도 있지만 같은 장소를 돈다는 것은 달아나야 하는데 계속 제자리걸음하는, 가위눌린 꿈과 같다. 서쪽으로 한참 가다가 다른 길의 동쪽 방향 표지판이 보이면 동쪽으로 가고, 아닌 것 같아서 휴대전화 속 구글 지도를 보고 다시 서쪽으로 가고, 이런 과정을 되풀이하고 있었던 것. 그래서 한 살이라도 더 젊을 때 여행을 해야 하고, 나이들면 관성에 의해 살고 있는지 항상 확인해봐야 한다. 그 덕분에 미처 못 본 상하이를 많이 봤다. 자전거 여행의 좋은 점은 과정이 여행의 일부분이라는 것이다.

마침내 312번 국도를 찾았을 때 이제 고생은 끝났다고 생각했다. 여행을 출발하기 전에 나는 이 국도를 찾아내고 환호했다. 중국의 교통지도는 숫자와 알파벳이 덩어리져 있는 난수표 같다. 지도를 펼치자마자 바로 덮어버리고 싶은 충동을 이겨내고 찬찬히 살펴보면 G, S, X의 알파벳이 숫자와 결합돼 있는 규칙성이 보인다. 최근 급속히 늘어나고 있는 고속공로高速公路 때문에 헷갈리기는 하지만 G는 국도國道의 중국어 발음guodao의 두음을 딴 것. 마찬가지로 S는 성도省道Shengdao, X는 현도縣道xiandao의 두음을 딴 것이다. 중국의 행정구역에는 성 또는 직할시, 그다음으로 시 또는 현, 그다음으로는 진鎭, 향鄕, 촌村 등이 있지만 오늘은 현까지만 기억하자.

96킬로미터 주행에 아홉 시간이라니…

다음은 숫자풀이. 제일 앞 숫자가 중요하다. 국도의 경우 1로 시작한다면 베이징을 중심으로 한 방사형 도로라는 걸 의미한다. 2는 남북 종단, 3은 동서 횡단로를 뜻한다. 성도도 기본적으로 마찬가지. 1로 시작한다면 성의 수도를 중심으로 한 방사형 도로이고, 2는 남북 종단, 3은 동서 횡단로이다. 예를 들어 G109는 베이징에서 티베트의 라싸까지 가는 3901킬로미터의 국도여서 1로 시작하고, G205는 산하이관山海關에서 광저우廣州까지 남북으로 오가는 3160킬로미터의 길이어서 2, 그리고 우리의 312번 국도는 상하이에서 카자흐스탄과의 국경 도시 이닝까지 4967킬로미터를 횡단하기 때문에 3으로 시작한다. 한 가지 더, 방향이 동서 또는 남북으로 분명치 않고 이리저리 튀는 국도는 0으로 시작한다.

내게 중요한 것은 동서 횡단은 홀수인 3, 남북 종단은 짝수인 2로 시작한다는 점이다. 그래야 최소한 방향이라도 헷갈리지 않을 수 있다. 이것은 미국과는 반대다. 미국은 동부 해안을 따라 남북으로 종단하는 I-95가 홀수이듯 종단길이 홀수다. 대표적인 짝수 횡단길은 루트 66이다. 시카고와 로스앤젤레스를 연결하는 3940킬로미터의 이 길은 미국의 메인 스트리트라는 별명을 갖고 있다. 이 길의 이름을 딴 노래도, TV 연속극도 있어서 미국인들에게 친숙하다.

미국 공영라디오방송NPR의 베이징 주재 기자였던 랍 기포드Rob Gifford는 312번 국도를 따라 자동차 여행을 한 뒤 펴낸 『차이나 로드』라는 책에서 312번 국도를 중국의 루트 66이라고 소개했다. 둘 다 동서를 횡단한다는 점에서는 비슷하다. 그러나 루트 66이 미국에서 차지하는 비중만큼의 도로를 찾는다면 중국에서는 312번 대신 310번 국도여야 할 것 같다. 310번 국도는 진시황이 중국을 통일한 뒤 시안을 중심으로 방사형으로 건설한 9대 대로 중 역대 왕조의 수도였던 뤄양, 정저우를 잇는 도로와 중첩된다. 이렇게 역사를 놓고 보면 중국의 루트 66이라는 말이 어색하다. 길은 중국에서 먼저 생겼기 때문이다.

근대에 자동차가 들어오면서 도로체계를 서양식으로 바꿨지만 중국도 도로의 역사와 체계가 있었다. 이전에는 남북 종단로는 경經, 동서 횡단로는 위緯로 불렀다. 경도와 위도의 그 경위다. 그리고 성을 도는 도로는 환環, 성 밖을 나가는 도로는 야野라고 불렀다. 312번 국도를 옛날식으로 표현하면 G312 대신 경으로 시작해야 한다. 하지만 예전에 상하이는 이름 없는 어촌이었을 뿐이다. 312번 국도는 오늘의 목적지 쑤저우와 난징, 허페이合肥, 난양, 시안을 지나가니까 과거에는 난징과 시안을 연결하는 길이었을 것이다. 나는 312번 국도를 따라 북서 방향으로 시안까지 간 뒤 거기서 기수를 동북으로 돌려 310번 국도를 따라 베이징으로 향하게 된다. 얼마나 간단한가. 312번 국도만 따라가면 된다는 게……

하지만 그건 먼 훗날의 일이고 오늘 쑤저우까지 가지 못하면 생각할 수 없는 일이다. 쑤저우에서는 지인의 소개로 알게 된 샹신위안項新元 씨 가족이 기다리고 있다. 쑤저우로 가는 길에서는 어떤 도시계획의 흔적도 읽히지 않는다. 상하이의 주거지역이 끝나고 농산물 도

매시장이 나오고 그다음에는 허름한 공장지대가 나오다가 다시 미국의 교외주택단지 같은 중산층 주거지역이 나오고 다시 공장이 시작되고 논밭이 나오고 다시 공장이 나오고 대학이 나오고…… 그리고 쿤산昆山에 이르면 초고층 빌딩이 줄을 잇고…… 이것은 대륙 전체에서 펼쳐지고 있는 난개발의 시작이었다. 어쨌든 대체로 양쯔강揚子江의 삼각주 공업지대를 통과하고 있다고 말할 수 있다. 여기에서 중국 국내총생산의 20퍼센트를 차지하는 재화가 생산된다.

312번 국도는 강을 만나 고가도로를 건너야 하는 지점에서 나를 외면했다. 나는 이제 잊어버릴 수 없는 서진西進을 하고 있다고 생각했지만 312번 국도를 한참 벗어나 있었다. 샹신위안 씨 가족한테 전화는 걸려오고 갈 길은 아직 한참 남았다. 그리고 날이 어두워지고 있었다. 출발 전 밤에는 주행하지 않는 것을 원칙으로 정했다. 사고 위험도 있고 밤에는 주위를 볼 수 없기 때문이다. 중국은 국도에도 가로등이 없다. 첫날부터 원칙이 깨질 줄이야. 경적을 울려대는 화물차들의 행렬 속에 나라는 존재를 알리는 자전거의 전조등은 초라했다. 하지만 해 저물 무렵 지평선 끝의 광활한 교차로에서 입간판들이 하나둘 불을 켜고 있는 모습을 바라보면서 드디어 낯선 곳에 왔다는 느낌이 들었다. 유랑하는 자의 꿈 같은 것이다. 나를 기억하는 사람이 아무도 없는 광활한 벌판에 서서 바람을 맞고 싶은……

마지막에는 오토바이를 탄 청년이 나타나 길을 인도해주지 않았으면 얼마나 더 헤맸을지 모른다. 그는 샹신위안 씨 가족이 기다리고 있는 호텔 앞까지 선도했다. 이미 저녁 8시 반이 넘었다. 96킬로미터를 주행하는 데 아홉 시간이 걸렸다. 첫날의 호된 통과제의였다. 비록 로路는 잃었지만 도道에는 조금 더 가까워졌다고 자위해본다. 여행은 도와 로를 따라가는 과정이다.

06

쑤저우의 인간천당
이튼 빌리지

쑤저우의 구시가를 종단하는 런민로人民路는 원래 그냥 큰길大街이었다. 표현이 심심했던지 길이 꼬불꼬불하다는 점에 착안해 오랫동안 누운 용이라는 뜻의 와룡가라고 불렸다. 이후 항일전쟁에서 승리했을 때 잠시 중정로中正路라는 이름표를 붙이고 있다가 1949년 중화인민공화국 건국 이후 런민로가 됐다. 쑤저우에는 이름난 명소와 유적지가 많지만 쑤저우를 가장 잘 표현하는 것은 구시가의 거리 자체이고, 길을 걷거나 자전거로 주행하는 것만으로도 역사의 숨결을 느낄 수 있다.

런민로를 쑤저우고등학교에서 출발해 남쪽으로 내려가보자. 스취안가十全街를 만난다. 예전에 열 개의 샘泉이 있어서 십천가였으나 중국어로 같은 발음의 다른 한자인 취안全을 써서 스취안가로 불린다. 이 거리는 문화대혁명 시기 유이로友誼路로 개명됐다가 1980년 복권됐다. 스취안가로 우회전해 가다보면 수위안가書院街로 바뀐다. 송대 학산서원이 있어서 그렇게 명명됐다. 송宋나라에 접어든 것이다. 이 길을 따라가면 쉐스가學士街를 만나 명청明清시대로 진입한다. 명대의 대학사 왕반이 살던 곳이다. 이 길은 다오첸가道前街를 가로지른다. 명청시대 관아가 집중돼 있던 곳이다. 문화대혁명 당시 훙치로紅旗路로 개명됐다가 복권됐다.

여기서 새지 말고 직진하면 간장로干將路를 만난다. 간장은 부인 모예莫邪의 지극정성을 더해 명검 두 자루를 만들었다는 춘추전국시대 오나라의 칼 주조 장인. 원래는 간장로만 있었으나 부인의 공을 소홀히 할 수 없다고 해서 모예로라는 길 이름도 생겨났는데, 이 간장로를 따라가다보면 모예로를 만나 부부가 상봉한다. 길모퉁이를 돌 때마다 중첩되고 융합되고 분기된 역사의 흔적이 나타난다. 길 자체가 2500여 년의 연대표이다. 쑤저우는 그동안 한 번도 단절된 적 없이 지속돼온 도시이기 때문이다. 중국에서도 유례를 찾기 어렵다. 잘 알려진 시안만 해도 진나라를 비롯해 각 왕조가 전 왕조의 성벽을 부수고 그 일대의 다른 곳에서 성을 쌓았다.

쑤저우의 문제는 시가는 그대로인데 인구가 계속 늘어났다는 점. 언제 터질지 모르고 계속 풍선을 불어대는 것과 다를 바 없다. 그런데 진짜 터져버렸다. 성벽이 허물어지고 인구가 팽창해나간다. 쑤저우를 위성지도로 보면 구시가를 중심으로 무정형으로 도시가 퍼져 있는 것을 알 수 있다. 그래서 좀더 계획적이고 현대적인 도시개발을 위해 새로운 풍선을 만들었다.

간장로에서 멈추지 않고 동진하면 공예위안구工業園區로 이어진다. 우리말로 하면 공원 같은 공업단지라는 뜻. 중국에 온 이후 공예위안구에 와서 새소리를 처음 들었다. 도로는 광장처럼 넓고 도로 양쪽으로 숲이 우거져 있으며 넓은 호반에 아파트들이 자리하고 있다. 미국의 페리가 1924년에 처음 주창하고 한국의 1970년대 아파트 건설에서 본격적으로 구현된 근린주구Neighborhood Unit의 개념이 적용됐음을 한눈에 알 수 있다. 단지 내에 학교와 공원이 있으며 상가 건물은 주거지역과 분리돼 반경 3킬로미터마다 하나씩 떨어져 있다. 아이들은 큰 도로를 건너지 않고 통학할 수 있고 단지 안에서 레크리에이션과 쇼핑을 모두 해결할 수 있다. "여기가 중국이야?" 할 정도로 쾌적하고 안정된 이 구가 중앙정부가 싱가포르와 합작해서 개발한 새로운 풍선이다. 면적만 해도 서울시의 절반 정도 된다. 외국 기업들도 줄지어 입주하고 있는데, 길가에 삼성반도체의 공장도 눈에 띄었다.

상하이에서 자동차로 한 시간 걸리는 거리에 있으면서 '인간 세상의 천국人間天堂'이라고 불려왔던 쑤저우의 별칭대로 기후도 좋고 물도 좋다. 부대끼며 사는 구시가와 완전 다른 세계다. 굳이 비교하자면 한국의 판교 같은 곳인데, 규모와 쾌적성에서 월등하다. 공예위안구의 큰길 이름도 셴다이現代대도다. 이곳에 나를 환대해준 샹신위안 씨 가족이 산다.

샹신위안 씨는 딸 샹원項雯을 통해 알게 됐다. 샹원은 내 중국어 선생인 주저원朱哲聞의 친구다. 주저원은 샹원이 최근 공무원시험에 합격해 집안 분위기가 좋아서 잘해줄 것이라고 귀띔해줬다. 영어가 유창한 딸 샹원은 다국적기업을 다니다 최근 수백 대 일의 경쟁을 뚫고 공무원시험에 합격했다. 중국 젊은이들이 선호하는 직장은 다국적기업인데, 그보다 더 좋은 직장이 공무원인가보다. 샹원은 보수나 향후 발전 가능성 모두 보고 공무원의 길을 선택했다고 말했다.

예순한 살의 샹신위안 씨는 의류 중소기업을 경영하다 얼마 전 퇴직했고 부인은 의류디자이너로 일하고 있다. 샹원에게 쌍둥이 남동생이 있어 전형적인 중산층 4인 가족이다. 샹신위안 씨의 가족들은 그가 "퇴직 후 수다를 떠는 게 취미"라고 입을 모았다. 그로서는 하루종일 얘기할 상대를 만났으니 나를 오래전부터 기다렸다는 말이 이해가 됐다. 그는 바로 무보수 '일일 다오유導游(관광안내원)'가 되겠다고 선언했다.

이 지역 사정에 밝은 '다오유'이기는 한데 문제는 그가 쑤저우 방언을 쓴다는 점. 표준어인 푸퉁화普通話도 능숙하지 않은 내게 자전거 열 시간 타는 것 이상의 집중력을 요구하는 다오유였다. 반대로 그의 처지에서도 나는 편한 손님이 아니다. 개그맨 양상국에게 하루종일 서울말을 쓰라고 하는 것처럼 피곤하고 남사스러운 일일 것이다. 만나자마자 그는 대화 욕구를 주체하지 못했다. 한국식당에서 거하게 저녁을 산 뒤 차나 한잔하자고 자신의 집으로 초대했다. 길에서 체력을 소진한 상태였지만 호의를 거절하기 어려웠고 무엇보다 중국 중산층의 집 내부가 궁금했다.

한국이 경제적 성취를 가늠하는 척도?

단지의 이름은 '이튼 빌리지Eton Village'. 상하이에서도 유럽풍의 건축양식과 전원 풍경, 안락한 실내공간을 강조하는 아파트 광고를 많이 보았는데 그 꿈을 실현한 단지인 모양이다. 이름부터 영국의 사립 중고등학교 이름인 이튼이다. 한국에도 학원 이름부터 치과, 아파트 단지 이름까지 다양한 이튼이 있다. 나라는 다르지만 지향점은 같은가? 모두 이튼이 되는? 이름으로 뻥튀기는 데는 한국이 한 수 위다. 맨션에서 시작해 빌라를 거쳐 지금은 팰리스까지. 팰리스에서 사는 아이가 미국대학에 장학금을 신청했다가 비웃음을 샀다는 우스갯소리도 들린다.

그의 집은 아파트 단지 안에서 3층 연립주택의 꼭대기층이었는데 복층이었다. 들어서자 정면으로 보이는 벽에 예수의 그림이 걸려 있고 그 벽을 가운데 두고 왼쪽이 주방, 오른쪽이 응접실이다. 방 다섯 개, 화장실 다섯 개. 주방과 응접실을 연결하는 통로는 회랑처럼 꾸몄다. 중국에서는 같은 아파트라고 해도 가격이 같지 않다. 아파트를 분양할 때 집만 지어주고 내부는 전부 집주인이 알아서 해야 하기 때문에 인테리어를 어떻게 하느냐에 따라 가격이 천차만별이다. 그의 집은 소파와 가구, 커튼 모두 흰색으로 통일하고 약간의 파스텔톤을 곁들여 고급스러운 분위기를 연출하고 있었다.

샹 씨는 "바닥은 한국식 온돌을 깔았다"며 "이 정도 아파트라면 한국에서 얼마나 하느냐"고 물었다. 이 집은 2년 전 1제곱미터당

1만 5000위안(약 280만 원)을 주고 샀다고 한다. 180제곱미터는 돼 보이니까 5억 400만 원 안팎이다. 물론 내부공사와 인테리어 비용은 제외한 액수다. 그는 계속 한국과 비교했다. 이 정도 살면 한국에서 어느 수준에 해당되느냐, 식당에서는 이 정도 먹으려면 한국에서는 얼마 줘야 하느냐…… 한국이 그의 경제적 성취를 가늠하는 척도였다. 그 정도는 괜찮았는데 그의 호기심은 "한국에서 너 진짜 유명해?" "여기 삼성공장의 임원들도 네 이름 대면 알아?" "방송국에 전화할게, 인터뷰하라고" 등등으로 이어졌다. 아마 그에게 소개하는 과정에서 나에 대한 비약과 왜곡이 있었음에 틀림없다. "나 사실 회사 관두고 놀고 있어"라고 진실을 얘기하면 그를 실망시킬 테고 "알 만한 사람은 알지 뭐" 얼버무릴 수밖에.

집 밖으로 나가니 단지가 곧 공원이다. 단지 안 호수에서 낚시하는 사람도 보이고 일반 아파트와는 달리 빨래 한 점 보이지 않는다. 조용한 데는 다른 이유가 있었다. 집을 사놓고 살지 않는 사람이 많아서다. 사업한다고 은행에서 대출받은 돈으로 몇 채씩 아파트를 사놓고 값이 오르길 기다린다. 예전 아파트 투기 붐이 불던 한국의 상황과 같다. 그리고 집주인 중에는 공무원이 많다면서 그는 공무원들의 부패를 개탄했다. 교통경찰을 가리키며 한 달 수입이 3만 위안(약 540만 원)은 될 거라고 했다. 그는 일반 중국인은 이런 아파트를 평생 가질 수 없을 것이라고 했지만 그 역시 일반 중국인이 아니다. 이미 아들 명의의 아파트도 한 채 장만해놓았다.

그는 기독교 신자다. 일요일마다 신자 집을 돌아가며 가정예배를

본다. 그래서 집에 예수 초상화도 붙여놓았다. 술 담배도 일절 하지 않는다. 길을 건널 때 나는 상하이에서 익힌 습관대로 신호를 무시하고 건너려다 그의 제지를 받았다. 그는 구시가로 나를 안내하면서 지저분한 길거리를 가리키며 혀를 찼다.

"우리가 사는 동네는 저렇지 않아."

쑤저우에 가면 꼭 들르라고 하는 데가 위안린園林이다. 더 오래된 것들도 있지만 주로 명청대 상인들이 살던 집과 정원이 있는 곳이다. 자연을 차경借景해서 정원을 꾸미고 중국적인 사상과 철학을 반영해 집과 정자를 지어놓았다. 관광객이 많아서 당시의 정취를 느낄 수는 없지만 이 위안린이 명청대에는 공예위안구 같은 곳이었을 것이다. 인구 밀집한 성내를 벗어나 성 외곽에 지은 신도시 같은…… 물론 입주자는 큰돈을 번 상인 가족들에 불과했을 테지만.

위안린을 보면 중국 건축문화의 정수가 느껴지지만 공예위안구를 보면 중국 같지 않다. 한국은 서구적 생활양식을 지향한 지 오래됐지만 중국마저 그렇게 된다면 세상이 너무 똑같아서 재미없지 않을까. 어딜 가나 아파트 단지로 가득차 있다면 말이다. 나는 중국이 한국보다 경제개발이 20년쯤 늦은 나라가 아닌, 늦었더라도 우리와 다른 길을 걷는 나라이기를 기대하는 모양이다. 하지만 그것은 과욕일지도 모른다. 후대의 여행자들은 '중국의 길'에서 더 중국을 찾아 헤맬지도 모른다. 중국은 이제 거대한 아파트 건설현장이 되고 있었다.

07

바깥 일로 기뻐하지 말고
스스로의 일로 슬퍼하지 말라

쑤저우에 가면 쑤저우고교에 들러보고 싶었다. 장쑤江蘇성 최고의 명문고교인데 1000년의 역사가 있다고 해서 귀가 솔깃했다. 내 중국어 선생 주저원과 그의 친구 샹원이 이 학교를 나왔다는 개인적 인연도 있다. 사전에 연락하지 않아 학교에 들어갈 수 없을 거라는 얘기를 들었지만 내게는 쑤저우 토박이인 '다오유' 샹신위안 씨가 있다.

정문이 열려 있어 교정을 촬영하려고 하자 수위가 가로막았다. 내가 뭐라고 하기도 전에 샹이 나섰다.

"한국에서 온 유명한 작가인데……"

대충 그런 요지로 얘기하는 것 같아 약간 권위 있는 표정을 지었다. 곧바로 교내 진입은 물론 선생님과의 인터뷰까지 성사됐다. 교정으로 들어가자 오래된 교사를 배경으로 범중엄范仲淹이 서 있다. 북송

시대의 학자이자 정치가. 그는 황실 내 외척의 발호와 탐관오리들의 부패를 척결하고 민생고를 덜어주는 신정新政을 실시하다 모함을 받아 조정에서 쫓겨난 인물이다.

교무실에서 인터뷰에 응해준 이는 국어교사인 장펑張峰. 그는 1035년 범중엄이 '소주주학蘇州州學'을 세운 데서부터 학교의 역사가 시작됐기 때문에 그의 동상이 세워진 것이라고 말했다. 같은 터이고 역사가 중단되지 않았고 공립학교라는 점에서 공통점이 있다는 것. 신교육의 측면에서는 1904년 세워진 장쑤사범학교의 후신이다.

그래서 '부학천년 신학백년府學千年 新學百年', 즉 공립학교로는 1000년의 역사, 신식교육으로는 100년의 역사다. 갑골문 해석을 비롯한 중국 고고학의 창시자이자 농학의 개척자인 뤄전위羅振玉가 신식학교의 초대 교장을 맡았고 역시 갑골문 연구를 비롯해 여러 방면에서 석학이었던 왕궈웨이王國維, 저명한 역사학자 첸무錢穆 등 걸출한 스승이 교편을 잡았다. 이런 역사와 전통 속에서 재계, 문화계, 과학기술계에 숱한 인물이 배출됐고 지금도 내 중국어 선생인 주저원을 비롯한 많은 인재가 배출되고 있다.

장펑 선생은 푸통화를 잘 쓰기 때문에 의외로 대화가 잘됐다. 낯선 인물명이나 지명은 필담을 해서 지장이 없는데 샹이 통역을 자처했다. 내가 하는 푸통화를 쑤저우화로 바꿔 장선생한테 전달하고 장선생이 푸통화로 대답을 하면 샹신위안식 푸통화로 바꿔서 전달하는데 샹이 하는 말을 더 알아듣기 힘들었다. 그래도 일인다역을 마다하지 않은 샹이 고마웠다.

장선생은 "입시 위주의 주입교육을 배제하고 학생들의 잠재능력을 배양하고 있다"고 학풍을 소개하면서 "예컨대 동아리만 예순일곱 개가 있다"고 말했다. 그래서 "당장 좋은 대학엔 가지 못하더라도 점점 더 잠재력을 실현하는 사람이 되도록 하는 데 역점을 두고 있다"고 강조했다. 그의 표정에서는 자부심과 동시에 겸손이 읽힌다.

교정 곳곳에는 역사가 묻어 있다. 음악교실은 언덕 위에 있었는데 중국의 전통 강당이었다. 내려오면 1000년 동안 그 자리에 있었을 것 같은 연못가에 수양버들이 심어져 있고, 넓은 운동장의 그늘에서 아이들이 춤을 배우고 있었다. 무엇보다 학생 수는 1800여 명인데 교사가 260명이어서 교사 대 학생 비율이 1대 7이라는 게 인상적이었다.

쑤저우고교와 인접한 곳이 공자의 사당인 문묘. 중국의 큰 도시에 가면 문묘는 하나씩 다 있다. 공자 동상이 세워져 있고 문묘 안에 있는 별도의 사당에는 당대의 스승이라는 뜻의 '일세지사一世之師' 현액과 함께 범중엄의 좌상도 자리하고 있다. 쑤저우에 다른 명소가 많아선지 문묘에는 발길이 뜸하다. 한가로이 범중엄이 지은 『악양루기岳陽樓記』를 읽었다.

그는 후난성湖南省에 있는 악양루를 보수한 친구의 청으로 이 글을 지었다. 『악양루기』에서 자주 인용되는 구절은 "세상에 앞서서 근심하고 세상이 다 누린 뒤에 누린다先天下之憂而憂, 後天下之樂而樂"이다. 사대부의 자세를 말하고 있다. 그보다 마음에 와닿은 구절은 "바깥의 일로 기뻐하지 말고 스스로의 일로 슬퍼하지 말라不以物喜 不以己悲"이다. 모함에 빠져 뜻을 이루지 못하고 낙향해야 했지만 자기연민에 빠지지 않는 의연함이 느껴지는 구절이다. 자전거 여행의 문맥에 맞춰 해석하면 길이 내리막이거나 순풍이 분다고 즐거워하지 말고 반대로 길을 못 찾고 헤매는 스스로에 대해서도 '자책하기 없기'로 읽힌다. 자전거 여행뿐이 아니다. 일희일비하지 않고 자기의 길道을 가고 있는가를 묻고 있다.

중국의 5대 발명품 중 하나가 과거제도?

사당 앞에는 옛 과거 고사장이 있다. 고시생당 한 평쯤 되는 공간을 지금은 흰 페인트로 구획해놓았다. 내게는 마치 감옥의 창살을 연상케 했다. 과거를 보기 위해 경전의 '노예'가 돼 달달 외우는 데 일생을 바쳐야 했던…… 605년 수양제가 도입한 과거는 시기에 따라 다르지만 대개 동시童試 또는 원시院試라고 부르는 1차 시험 다음에 향시鄕試, 회시會試를 거쳐 황제 앞에서 보는 전시殿試까지 네 단계를 거쳤다. 동시에 합격하면 생원生員이 되고, 향시는 거인擧人, 회시는 공사貢士, 마지막으로 전시에서 합격하면 진사進士가 된다.

피식 웃음이 나왔다. 우리는 '최진사댁 셋째 딸'이라는 노래에서처럼 진사를 쉽게 생각하는데, 중국에서 '진사 되기'란 하늘의 별 따기였다. 반면 조선시대에 생원과와 진사과는 대과라는 최종 시험을 치르기 위한 소과였다. 만약 명나라에 가서 조선에서 온 진사라는 명함을 내밀고 '같은 진사끼리' 이런 말을 했다가는 뺨을 얻어맞았을 것이다.

쑤저우시는 과거가 시행된 1300년 동안 10만 명의 진사 중 3000명을 배출했다는 자부심이 있다. 그중에서 전시를 일등으로 합격한 장원만 해도 신원 확인이 가능한 600명 중 쑤저우 출신이 60명이라는 것. 그래서 문묘에선 과거제도는 종이, 나침반, 활판인쇄술, 화약에 이어 중국의 5대 발명품이라는, 처음 들어보는 개념과 함께 과거제도에 관한 각종 자료를 전시하고 있다.

흥미로운 것은 1905년 과거제도를 폐지한 뒤 일본을 본받아 시행한 계묘학제癸卯學制의 수학기간이다. 소학 9년, 중학 5년, 고등교육 11~12년, 도합 25년 이상이다. 지금도 이대로 시행하고 있다면 서른이 넘어야 겨우 사회에 나갈 수 있다. 그래도 과거를 준비하는 기간보다는 짧았을 것이다. 동시(원시)는 3년에 두 번, 향시는 3년에 한 번씩 있었다. 만약 향시에서 한 번 떨어지면 3년을 다시 외워야 한다. 시험에만 합격하면 한국의 예전 사법고시처럼 팔자를 고칠 수 있기 때문에 결코 포기할 수 없다.

중국의 중학교 교과서에 나오는 루쉰의 「쿵이지孔乙己」는 바로 이런 '과거 폐인'을 비판한 단편소설이다. 쿵이지는 과거를 보다 보다 계속 실패하고 좀도둑질이나 하고 다니면서도 체면은 중시하는 폐인. 술집에 와서 술집 종업원인 작중화자에게 "한자를 쓸 줄 아느냐"고 묻는다. 작중화자는 "그걸 알아서 무슨 소용 있느냐"고 하는데 루쉰은 아무짝에도 쓸모없는 지식을 외우고 쓰도록 한 과거제도가 중국을 낙후하게 만든 원인이라고 풍자하고 있는 것이다.

위진남북조시대를 거쳐 중국을 통일한 수나라는 귀족들과 권력을 나눠 갖기 싫어서 과거제도를 개시했다. 그 덕분에 평민에게도 관직에 오를 수 있는 기회가 주어졌고 중국에서 귀족 명문가가 사라지는 계기가 된다. 문제는 출제 범위였다. 무려 대학, 논어, 중용, 맹자의 사서와 시경, 서경, 예기, 춘추, 역경의 오경을 망라했다. 주희가 사서를 해설한 『사서집주四書集註』를 펴낸 이후에는 사서가 『수학의 정석』이나 『성문종합영어』 같은 텍스트가 됐다. 1300년 동안 같은 문제집을 풀고 있으니 발전할 리가 없다. 온고溫故만 있었고 지신知新은 없었다. 명청시대 팔고문八股文으로 시험을 볼 때는 경전보다는 문장의 형식을 짜맞추는 시합으로 변질됐다.

최근 샹원이 합격한 공무원시험 과목과 비교해보자. 1차는 행정능력시험으로 법률상식과 어문(중문), 수학, 추리, 정치 등 다섯 과목과 예문을 주고 글을 쓰도록 하는 논술을 치른다. 필기를 통과하면 면접을 치르는데, 문제를 주고 이에 대한 의견과 관점을 구술한다. 문제해결 능력을 중시하는 것이다.

한국도 마찬가지지만 새로운 임용고시는 『악양루기』에 나오는 '세상에 앞서 고민하고 가장 늦게 누리는' 그런 공무원을 가리는 제도는 아니다. 시험으로 도덕성을 매기는 것에 무리가 있지만 과거제도는 전문가보다는 문사철文史哲에 정통한 인덕 있는 인재를 뽑으려는 데 목적이 있었고 범중엄을 비롯해 청사에 빛나는 사대부가 나왔다.

반면에 서양의 제도는 믿지 못한다는 걸 전제로 한다. 서로 감시하게 만들었다. 그 체제의 작동 정도는 나라마다 다르겠지만 행정, 입법, 사법 3부에다 언론의 독립이 그것이다. 중국은 공산당 일당체제다. 당을 믿으라는 것이다. 그러나 관리들은 세상에 앞서 누린다는 눈총을 받고 있다. 과거를 부활시킬 수도 없고, '중국만의 길'을 가려면 중국은 앞으로도 많은 고민을 피할 수 없을 것이다.

08

박물관에서 기려지는 **자본가**

쑤저우에서 우시無錫는 60킬로미터밖에 떨어져 있지 않다. 312번 국도를 따라가는 길도 널찍하다. 제갈량의 동남풍까지 등을 밀어줘서 상쾌하게 달렸다. 7년 전 미국에서 자전거를 타고 6400킬로미터의 길을 조사(?)한 적이 있는데, 아직 많이 달리지는 않았지만 자전거의 관점에서는 중국의 길이 훨씬 낫다. 중국은 오기 전 블로그에서 본 사진대로 넓은 길어깨가 받쳐줄 뿐 아니라 자전거도로라는 개념이 있다. 그 이전에 길은 누구나 다닐 수 있다는 공존의 개념이 있다고 할 수 있다. 중국에선 왕복 5차로와 같은 큰길을 마루馬路라고 한다. 예전에 말이 지나다니던 길이 커서 그런 말이 생겨났는데 실제 지금도 마루에는 말이 다닌다. 소도, 당나귀도, 리어카도, 경운기도, 삼륜차도 마루를 누빈다. 그러니 자전거가 마루를 다니는 건 당연하다.

미국을 횡단할 때에는 눈치가 보였다. 도로는 자동차의 것으로 간주되고 있어서 끼어들었다는 자의식을 끊임없이 느끼게 했다. 먼 길을 가는 화물차 운전자에게는 좋은 노리개였다. 갓길에 붙어서 가는 내게 일부러 차를 바짝 붙이거나, 앞질러가면서 내가 가는 방향으로 핸들을 꺾곤 했다. 갈 길이 바쁜 운전자에게는 파리처럼 성가신 존재이기도 했다. 그들의 경적에는 불쾌감이 느껴졌다.

미국의 운전자들도 차에서 내리면 친절하고 상냥한 이웃으로 바뀐다. 자동차 대 자전거의 대결이 사람과 사람, 즉 인간의 관계로 정상화된다. 미국에서는 단지 도로 위의 자전거가 낯선 것이다. 미국은 자전거 시대를 거쳐 오지 않고 스쳐 지나왔다. 헨리 포드가 노동자도 자동차를 탈 수 있는 시대를 앞당기면서 기차나 마차를 타다가 바로 자동차 시대로 직진한 것이다.

중국의 길은 힘들다. 다 끌고 가야 한다. 지금 마루를 다니는 수레는 3500년 전 상商나라에서 쓰던 디자인 그대로다. 길이 모든 교통수단을 포용하는 것을 전제하듯이 중국은 14억 인구와 수천 년의 역사를 끌고 가야 한다. 그래서 역사는 때로 그들에게 자산이라기보다는 부채였다.

우시로 들어가자 차도와 자전거도로 사이에 분리대가 있는 구간도 나왔다. 그런데 특별히 자전거가 배려받는다는 느낌은 없다. 차도에 자전거가 가듯 자전거도로에도 자동차가 다닌다. 경적을 울리며 비키라고 한다. 이면도로로 쓰이는 것 같다. 어떤 구간에서는 자전거도로가 실종된다. 특히 다리를 건널 때와 같이 길이 좁아지는 결정적인 순간에 갑자기 자전거에 대한 배려를 잊어버린다. 자전거도로는 화물차의 주차장으로 변하기도 하고, 차를 수리하는 곳이기도 하고, 장이 서는 곳이기도 하다. 길은 공터인 것이다.

우시는 주석이 없다는 뜻이다. 이렇게 이름을 짓자면 끝이 없다. 없는 게 주석뿐인가. 우진無金, 우인無銀, 우후無虎…… 작명의 유래에 따르면 예전에 주석이 많이 나왔는데 다 캐내서 없다는 것과, 있지만 들키지 않기 위해서 없다고 했다는 것으로 갈린다. 우시는 상하이 요리로 알려진 딤섬 샤오룽바오의 고향이기도 하다.

내가 우시에서 들른 곳은 중국민족공상업박물관. 몇 년 전에 개관했는데 문화대혁명 시절 지주 출신과 함께 성분이 안 좋다고 수모당하고 견디다 못해 자살을 선택하기도 했던 자본가 계급이 이제 민족이라는 모자를 쓰고 박물관에서 재조명되고 있는 것이다. 박물관에 도착했을 때는 오후 4시 반. 문을 닫으려는 찰나 출입문에 몸을 집어넣었다. 한국에서 왔다는 말에 관람이 허용됐다. 4층까지 있는 박물관의 어두운 실내를 혼자 도는데 괴기스럽기도 했다. 선반이나 방직기처럼 결코 아름답다고 할 수 없는 기계들이 진열돼 있다.

나는 공장기계가 보존의 대상이 된다는 발상을 지지한다. 빗살무늬토기처럼 우리 삶에 영향을 끼친 중요한 문화재라고 생각한다. 미국 캔자스 주의 라크로스라는 곳에 철조망 박물관이 있는데 거기에서도 같은 감명을 받았다. 철조망은 우리한테는 분단의 상징이지만 목장에서는 땅을 분할한 사유재산의 경계선이었다.

한때 노동자를 착취했다는 이유로 살생부에 올랐던 역대 자본가들의 사진이 '명인'이라는 칭호와 함께 영예롭게 전시돼 있다. 실제 국가 간 총성 없는 경제전쟁에서는 이들이 혁명의 홍군일지도 모른다. 중국이 1978년 개혁개방을 하면서 산업화를 시작했다고 알려져 있지만 사실 산업화의 뿌리가 한참 거슬러올라간다는 것을 말하려는 것 같았다. 하지만 1840년 아편전쟁까지만 거슬러올라갔다. 그 이전의 중국 경제에 대한 탐구가 없다. 중국 내에서는 상업자본이 산업자본으로 전화될 맹아萌芽가 없었을까? 서방의 총포가 없었다면 아직도 봉건사회에 살고 있을까? 곧 그 이유를 짐작하게 됐다.

중국 최대 부호 가문의 흥망성쇠가 이곳에

박물관 관람은 전시실 한 곳을 보고 나면 뒤에서 직원이 불을 끄는 과정이었다. 관심이 있어 한 곳에 좀더 머무르면 직원이 스위치에 손을 댄 채 기다리고 있다. 서둘러 관람을 마치고 박물관 관계자 인터뷰에 들어갔다. 부책임자라고 자신을 소개한 즈위안支元은 쑤저우에서 얼마 안 떨어졌는데도 쑤저우와 또다른 방언을 쓴다. 우시화話가 따로 있다고 한다. 그의 말을 종합 분석해보니 이런 얘기다. 이 박물관은 예전에 방직공장이 있던 자리고 방직공장은 룽더성榮德生이 세웠고 이 공장터에 박물관을 세운 사람은 룽즈젠榮智健. 룽즈젠의 아버지는 룽이런榮毅仁. 룽이런은 룽더성의 아들이고…… 마치 성경의 창세기를 읽는 것처럼 이름이 줄줄 나온다. 다 룽씨인 것 같기는 한데 복잡해서 써달라고 했다. 한자로 보고 나서 "정말?" 소리가 나왔다.

룽즈젠. 중국 경제에 관심 있는 사람은 대부분 아는 이름이다. 한때 『포브스』 선정 중국 최대 부호로 세 번이나 오른 기업인. 그의 아버지는 룽이런. '붉은 자본가'로 불리며 1979년 중국국제신탁투자공사CITIC를 설립해 중국을 개혁개방으로 이끈 인물로, 국가부주석을 지냈다. 그의 할아버지는 룽더성. 형 룽쭝징榮宗敬과 함께 1901년 제분공장 설립을 필두로 방직업으로 사업을 확대해 '제분대왕'과 '면직대왕'으로 불리던 인물. 룽더성은 룽씨 가문의 다른 이들이 공산화되기 직전 대륙을 탈출할 때 가족과 함께 대륙에 잔류하는 쪽을 선택했다.

룽더성은 1952년 세상을 떠났지만 아들과 손자는 현대 중국의 굴곡을 몸으로 겪어내야 했다. 룽이런은 홍위병들에게 검지가 절단됐고 상하이의 귀족으로 자라난 룽즈젠은 문화대혁명 시기 12년간 백두산의 수력발전소와 쓰촨성의 소수민족 거주지역에서 노동교육을 받아야 했다. 1978년 단수여권으로 홍콩으로 건너간 룽즈젠은 중국국제신탁투자공사(中信그룹) 회장이던 아버지의 후견 아래 특수강, 항공, 부동산을 3대 주력업종으로 하는 자회사 중신타이푸中信泰富의 실질적인 주인이 됐다.

거침없이 승승장구하던 그는 2008년 호주 달러를 매집했다가 수조 원대의 환차손을 회사에 입힌 뒤 중신타이푸 회장직을 사임했다. 중신타이푸에서 재무책임자로 일하던 딸 룽밍팡榮明方은 그에 앞서 사임했다. 그의 사임을 두고 부자는 3대를 가지 못한다는 말이 나돌기도 했다. 중국민족공상업박물관의 역사가 1840년에 시작하는 것도 19세기 말 사업을 시작한 룽씨 집안의 입장에서 역사를 봤기 때문으로 풀이된다.

그의 사임은 아직 국제경제의 흐름을 쫓아가는 위치에 있는 중국 경제의 현 단계와 가족경영의 한계를 벗어나지 못한 기업 지배구조의 취약성을 말해준다. 하지만 중국은 탄성이 강하다. 아편전쟁에서 영국에 항복한 뒤 공산당이 중국을 접수할 때까지 근 100년이나 외세에 시달렸다. 나태했고 무력했고 부패했다. 스스로를 불신했다. 그런데 중국 사학의 석학 고故 민두기 선생은 중국의 오랜 역사에 비춰 근대 100년의 시련은 시련도 아니라는 말을 한 적이 있다. 시대를 꿰뚫어 보는 통찰력이다. 춘추전국시대를 비롯해 한번 전란에 휩싸이면 몇백 년을 견뎌내야 했던 것에 비해 100년은 긴 기간이 아니다. 시련을 겪고 난 뒤 중국은 더 강해졌다.

1949년 중화인민공화국의 건국 이후 중국은 동투르키스탄과 티베트를 집어삼키면서(공산당의 표현대로 하면 해방시키면서) 그 이전 어떤 시기보다 영토가 큰 나라가 됐다. 몽골의 중국 침략이 내몽골을, 만주족의 침략이 만주를 중국에 가져다줬듯이 서방국가들에 의해 농락당했던 해안지역의 섬과 반도가 중국의 발전을 견인하고 있다. 이렇게 보면 역사는 중국에 부채가 아니라 교훈이자 자산이다.

중국은 그렇다 치고, 룽씨 집안의 흥망성쇠는 여기까지일까. 룽즈젠의 큰아들 룽밍제榮明杰는 몸을 낮추면서 중신타이푸의 이사로 재직 중이며 중국 여성들의 뜨거운 관심을 받고 있는 막내아들 룽밍디榮明棣는 가족과 함께 세운 개인투자회사 룽위안홀딩스隆源控股의 이사로 있다. 딸 룽밍팡이 하버드대를 나오는 등 3남매 모두 미국에서 수학했다. 중국민족공상업박물관에 룽더성 가문의 4대가 등재될 날이 올지 중국 경제의 미래와 함께 눈여겨보게 될 것 같다.

길 위에서 본 중국의 오늘 I

중국의 길은 힘들다. 다 끌고 가야 한다. 지금 마루馬路를 다니는 수레는 3500년 전 상商나라에서 쓰던 디자인 그대로다. 길이 모든 교통수단을 포용하는 것을 전제하듯이 중국은 14억 인구와 수천 년의 역사를 끌고 가야 한다. 그래서 역사는 때로 그들에게 자산이라기보다는 부채였다.

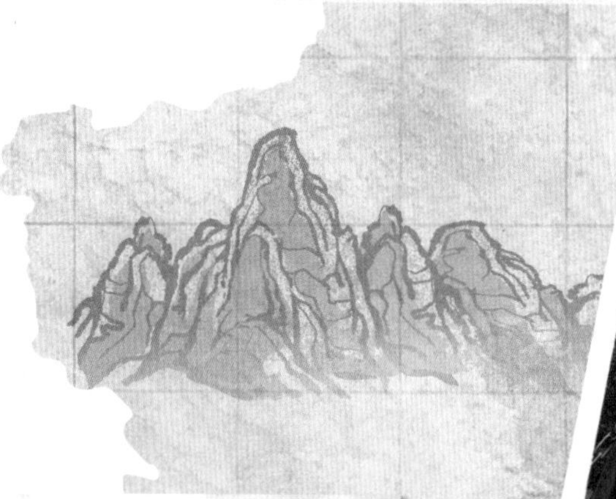

城市中央 巅峰华宅

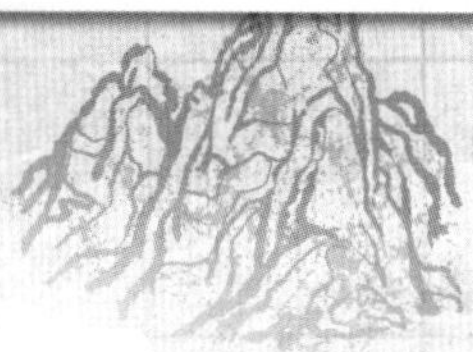

09

중국의 휴대전화 그리고 괴담

오늘은 처음으로 100킬로미터 넘는 거리에 도전한다. 목적지는 장쑤성 전장鎭江. 소설가 펄 벅의 옛집이 있는 곳이다. 많은 사람들처럼 나도 누나의 책장에 꽂혀 있던 펄 벅의 『대지』로 독서를 시작했다. 맨날 골목에서 놀던 중1 때 그림 없는 두꺼운 책도 읽을 수 있다는 놀라운 경험을 『대지』는 선사했다. 문학으로 멋을 부리던 당시의 청소년들이 그렇듯 『대지』에서 시작해 헤르만 헤세의 『지와 사랑』과 『데미안』을 거쳐 도스토옙스키의 『악령』이나 『카라마조프의 형제들』로 나아갔다.

우시를 떠나기 전 사활이 걸린 문제 하나를 해결했다. 중국 휴대전화라는 비상연락 수단을 확보한 것이다. 중국 휴대전화는 한국과 달리 단말기와 통신사를 각각 선택할 수 있다. 단말기만 있으면 통신사의 심SIM을 사서 끼워 쓴다. 2년 약정과 같은 기간제가 아니라 200위안(약

3만 7000원), 300위안짜리 선불카드를 사기 때문에 불필요한 소비를 줄일 수 있다. 가입절차는 더 단순해서 담배가게에서도 심을 살 수 있다.

상하이 훙차오공항에서 200위안짜리 심을 샀는데 숙소에 와서 끼워넣으려니까 맞지 않는다. 심은 네모의 한쪽 모서리를 자른 오각형 모양이다. 이 오각형의 한쪽 면에 새끼손톱만큼 작은 메모리칩이 붙어 있다. 아이폰의 입력부도 오각형 형태여서 들어맞는 것처럼 보였지만 그렇게 넣으면 심이 뒤집어진다. 아이폰은 칩을 인식하지 못했다. 이렇게도 저렇게도 넣어보다가 휴대전화 매점에 갔더니 가위로 아이폰에 맞게 잘라서 넣어준다. 최첨단 유심USIM을 청동기시대부터 있어온 가위로 자르는, 콜럼버스의 달걀 같은 발상에 공연히 웃음이 나왔다.

중국 여행에서 가장 걸리는 문제는 안전이다. 중국 괴담들은 한 번씩 들어봤을 것이다. 장기를 내줬다든지 인육을 먹었다든지. 탄탄한 구성력이 있는 괴담도 있다. 시골 마을버스 안에서 건달 두 명이 여성을 희롱하다가 운전사에게 차를 세우라고 명령한다. 불응하는 운전사를 때려서 차를 세운 뒤 근처 풀밭에서 여성을 겁탈한다. 승객들이 외면하거나 훔쳐보고 있는 가운데 한 남자승객이 말리려다 칼에 찔리고 건달들은 달아난다. 피해 여성은 울면서 버스로 돌아온 뒤 운전할 수 없게 된 운전사를 대신해서 운전석에 앉는다. 칼에 찔린 남자도 타려고 하자 "남의 일에 왜 참견이냐"며 문을 닫고 가버린다. 남자는 배신감을 느끼며 절뚝절뚝 걸어가다가 사람들이 웅성대고 있기에 물어보니 조금 전 교통사고가 발생해서 어떤 버스가 낭떠러지로 추락했다는 것이다. 그 버스는 그가 조금 전까지 탔던 버스였다.

와서 보니 중국 사람들은 전혀 모르는 얘기들이다. 한국에서 일어난 일이냐고 되묻기도 한다. 이런 괴담 말고도 주위 사람들의 증언도 잇따른다. 차로 들이받아 쓰러진 사람의 가방을 빼앗아 달아나는 걸 봤다거나 식당에서 밥 먹고 있던 친척의 머리를 뒤에서 몽둥이로 내리쳤다거나…… 책에서도 이어진다. 호텔에서 밥 먹고 있는데 도둑이 2층 창문으로 자신의 방에 들어가는 걸 목격했다든지 택시운전사가 준 음료수를 마시고 깨어나보니 대로변에 알몸으로 누워 있더라든지. 수치를 대는 사람도 있다. 농촌에서 도시로 상경한 농민공이 2억 5000명쯤 되는데 이중 일부(몇천만 명이다)가 부랑자로 전락해 외국인을 보면 매우 좋아한다는 얘기까지.

결국 가지 말라는 얘긴데, 불안해서 직접 검색해봤다. 자전거 여행을 하던 한국 청년인데 친링秦嶺산맥을 가다가 칼을 차고 오토바이를 타고 온 강도 두 명에게 모든 것을 빼앗겼다는 글이 진짜 있다. 그는 더이상 글을 올리지 않았다. 블로그에 글을 쓴 것을 봐서는 많이 다친 것 같지는 않은데 여행은 중단한 듯하다.

난무하는 괴담 속, 번호 하나에 목숨 걸고 가는 길

여행을 같이 가겠다고 한 지인이 있었다. 내게 자전거를 준 김정호씨인데 위급 상황에 대비해서 비상구조비행기를 준비하겠다고 했다. 중국에서 사업할 때 응급환자를 구조비행기로 후송한 적이 있다고 한다. 생각하는 규모가 다르구나 하면서도 구조비행기를 띄우려면 전화부터 걸어야 할 텐데 하고 혼잣말을 했다. 강도에게 잠깐 전화 한 통 하자고 양해 구하는 일은 구조비행기를 띄우는 것보다 어려운 일일 테니까. 설령 통화가 된들 조종사가 발진해서 부근의 공항에 착륙하고 자동차로 달려왔을 때에는 이미 상황 끝일 테다. 그래도 목숨이 붙어 있다면 후송할 수는 있을 테니 터무니없는 계획이라고 반박하지는 않았다. 하지만 그는 합류하지 않았고 나는 중국 전화번호 하나에 목숨을 걸고 있다.

하지만 이 번호마저 문제가 생겼다. 내가 산 전화번호는 상하이 지역에서 쓰는 것이었다. 한국식으로 사고해서는 번번이 낭패다. 중국은 큰 나라다. 전국이 하나의 휴대전화 통화권인 나라가 아니다. 상하이 일대를 벗어나자 벌써 잔액이 떨어졌다고 한다. 안전의 최후 보루인 휴대전화마저 불통되자 우시에서 서둘러 심을 새로 사고 전국통화용 번호를 받았다.

15261531251. 분명 한국과 똑같이 열한 자리인데 외워지지 않는다. 앞의 세 자리 152는 한국의 010처럼 통신사 고유번호다. 이 고유번호는 130에서 189 사이에 3대 통신사를 다 합치면 스물아홉 개나 된다. 0이 아니라 1로 시작한다. 0번은 한국도 그렇지만 장거리 지역번호의 앞자리다. 한국은 서울 번호가 02로 0 다음이 2여서 휴대전화가 01로 시작할 수 있었지만 중국은 베이징의 지역번호가 010이어서 할 수 없이 휴대전화는 1로 시작했을 것이다. 이 점에서 무선전화가 생기

기 전에 01을 남겨둔 체신부 시절의 이름 모를 과장님께 우리가 아홉 자리 또는 010이 대세니까 뒤 여덟 자리만 외우게 된 것을 감사해야 한다.

중국 휴대전화는 다 1로 시작한다 쳐도 두번째부터 숫자를 외워야 하기 때문에 좀처럼 외워지지 않았다. 내 번호를 기억하는 건 단념하고 두 개의 번호만 외웠다. 110과 122. 전자는 강도 신고 전화, 후자는 교통사고 신고 전화다. 물론 구조비행기와 마찬가지다. 전화할 때는 뭔가 안 좋은 일이 생겨버린 후다. 전화할 일이 없어야 한다.

우시에서 전장으로 가는 312번 국도는 주로 화물차들이 다녔다. 내륙에서는 일자리를 찾아 동쪽으로 이동하고 해안지역에서는 이 사람들을 고용해서 만든 물건을 화물차에 실어 내륙으로 보낸다. 사람과 물자의 흐름이 교행한다. 자동차를 몰고 도시 사이를 이동하는 사람은 적다. 312번 국도는『중국국가여행』이 선정한 10대 자전거노선에 포함되지만 아직 자전거 여행자는 많지 않다. 마을을 벗어나면 도로 위에서는 삭막한 화물차 행렬 외에 강도나 장기적출단은 물론 보행자조차 보기 힘들다. 그래서 나를 보고 신기해한다. 그냥 자전거가 아니라 가방을 네 개나 매달고 가는 게 희한한가보다.

점심 먹으러 식당에 들르자 요리사, 종업원, 부근 자동차 정비소 직원 할 것 없이 모두 모여든다. 한국에서 왔다는 얘기에 더 놀란다. 한국에 대한 인상들이 좋다. 한쥐韓劇라고 부르는 한국 드라마를 많이 봐서 나를 마치 드라마에서 걸어나온 사람처럼 대한다. 이 정도로 환대한다면 설령 강도라도 내게 호기심부터 갖지 않을까. 중국 여행의 불안감이 잦아든다. 중국 사람들은 평소 생활이 너무 무료하거나 다른 사람한테 관심을 가질 만큼 마음의 여유가 있거나 둘 중 하나일 것이다. 아니면 둘 다일지도 모르고.

하루 100킬로미터 이상 주행은 의미가 있다. 60일 동안 4200킬로미터를 목표로 했기 때문에 하루 70킬로미터만 가면 되지만 일주일에 하루는 쉬어야 하고 헤매는 거리를 포함시켜야 하기 때문에 강약 조절을 위해선 매일 100킬로미터 이상 달릴 수 있도록 주행능력을 키워야 한다. 여행 전 연습량이 충분치 않았다. 출발 두 달 전 수서에 있는 집에서 과천까지 고작 38킬로미터를 왕복하고 나서 뻗어버렸다. 마라톤이나 수영 같은 다른 운동을 해왔지만 자전거와는 쓰는 근육이 다르다. 출발 전까지 하루 50킬로미터 이상 타본 적이 없다. 미국 횡단 때도 그랬으니까 여행 초반을 연습하는 과정으로 삼으면 되지 뭐, 그렇게 태평하게 생각했는데 엉덩이가 아팠다. 어깨에 멘 배낭도 살을 파고들었다. 바람도 역풍으로 바뀌고 번번이 길을 벗어났다.

80킬로미터를 달릴 무렵 뒤에서 누군가 말을 걸어왔다. 난징에 사는 대학생이다. 여름에 쓰촨성 청두에서 티베트 라싸까지 가는 촨짱선 주행에 도전하기 위해 상하이로 연습하러 갔다가 돌아가는 길이란다. 내가 가려다 포기한 촨짱선이다. 중국 대학생들은 군대를 가지 않기 때문에 대학 시절 또는 졸업을 기념할 거리로 멋진 일을 찾는데 촨짱선이 가장 인기 있다. 동반자가 있으니 주행이 훨씬 쉽다. 앞장선 그 역시 312번 국도를 번번이 놓치곤 해서 흐뭇했다. 그렇지, 심지어 현지인들도 길을 잃는데……

그와 헤어지고 312번 국도에서 전장까지 들어가는 11킬로미터의 길은 다시 고통스러웠다. 속도계를 보니 이미 120킬로미터 이상 달렸다. 힘들면 숫자를 센다. 이것은 지구력 스포츠를 하는 사람들에게는 고전적인 주술법이다. 페달 네 번 밟을 때마다 하나, 둘, 이렇게 100까지 세고 다시 하나, 둘. 숫자를 세는 동안 고통을 잠시 잊는다. 펄 벅 옛집은 시장통의 좁은 길을 따라 올라가서 언덕 위에 있다. 골목의 입구도 분명치 않다. 다 와서 몇 번 헤맨 끝에 펄 벅 옛집에 다다르자 이미 해질 무렵이었다. 긴 숨을 내쉬고 고요한 옛집을 보자 눈물이 한 방울 떨어졌다. 오랜 지적 여행의 출발점으로 돌아온 순례자가 된 기분이었다.

10

인민의 친구,
펄 벅의 옛집에 가다

장쑤성 전장에 있는 펄 벅의 옛집에는 '싸이전주구쥐賽珍珠故居'라는 현판이 붙어 있다. 싸이전주는 그녀의 중국 이름. 싸이가 성이고 진주pearl라는 뜻의 전주가 이름이다. 선교사인 아버지 압살롬Absalom은 독일계의 성 사이든스트리커Sydenstricker를 싸이로 바꿨다. 엄청난 단순화다. 자신의 이름은 앞으로 기운이 상서롭기를 바란다는 뜻에서 자오샹兆祥으로 지었다.

이 집에서 노벨상 수상자가 나왔으니 그의 이름대로 상서로운 집인데 미국 집이 그렇듯 서늘하고 어둡다. 집안의 이력을 알고 나면 더 그렇다. 펄은 난징과 상하이 그리고 소설 『대지』의 무대가 되는 안후이성安徽省의 난쉬저우南徐州에서 살았는데, 대학 갈 때까지 15년을 산 이 집이 진정한 옛집이다.

이 집은 그녀가 태어난 웨스트버지니아 주 힐스버러Hillsboro에 있는 생가의 판박이다. 두 개의 기둥으로 받친 현관이 2층집 정면에 돌출돼 있다. 다만 통나무집인 생가와 달리 벽돌집이어서 이미 100년을 지나 앞으로 1000년도 서 있을 것 같다. 1층의 절반은 넓은 거실인데 2층으로 올라가는 중앙계단을 경계로 왼쪽에는 성모마리아가 아기 예수를 안고 있는 그림이, 오른쪽에는 어두운 색조의 가을 풍경화가 걸려 있다. 그리고 중국 병풍 옆에 오르간이 놓여 있다.

같은 집에서 다른 세계를 살았던 압살롬 부부의 차이를 이 공간 배치에서 알 수 있다. 왼쪽을 점유한 남편은 종교적 열정에 사로잡혀 세속적인 일에 무신경했고, 남편과 함께 선교사로 온 부인 캐리는 시간이 지날수록 신심을 잃고 세속적인 것, 미국의 고향을 그리워했다. 그녀는 오른쪽 거실의 오르간을 치면서 향수병을 달랬는데, 그의 막내딸 그레이스는 어머니가 갑자기 흐르기 시작한 눈물 때문에 연주를 그만두곤 했다고 말한 바 있다.

압살롬과 일곱 자녀를 낳았으나 네 명의 아이를 저세상에 먼저 떠나보내야 했던 어머니다. 그래서 제발 이 아이만은 미국에서 낳자고 해서 잠시 원정출산(?)한 아이가 펄 벅. 캐리는 미국에서 살자고 간청했지만 남편은 꿈쩍도 하지 않았다. 그녀에게 이 집은 여생을 갇혀서 보내야 했던 유배지였다고 펄 벅은 어머니의 일대기를 다룬 『유배The Exile』에 썼다. 당시 미국 선교사들은 외국인 거류지역에 모여 살았다. 압살롬은 중국인들과 함께 생활해야 한다는 신조로 집을 짓고 따로 나와 살았다. 1900년의 의화단 사건을 비롯해 외국인과 선교사를 상대

로 한 중국인들의 공격이 잇따르던 시기에 따로 나와 산다는 것은 용기 이상의 신앙이 필요한 일이었다. 캐리는 남편이 순회 선교하러 집을 떠나면 바로 중국인들 사이에서 고립됐다.

중국 아이들과 뒤섞여 놀았던 노랑머리 귀신, 펄 벅

하지만 펄 벅은 달랐다. 네 살 때부터 이 집에 살았던 펄의 방은 1층 뒤편에 있다. 잠시 외출한 것처럼 집에서 입던 중국 옷이 옷걸이에 아직도 걸려 있다. 그 옆방은 보모였던 왕씨 부인이 살았다. 왕씨는 펄이 중국과 연결되는 통로였다. 펄은 비록 노랑머리 귀신이라는 놀림을 받았지만 중국 아이들과 뒤섞여 놀았다. 그는 소설을 쓸 때 중국어로 먼저 생각하고 영어로 번역한다고 말한 바 있다.

펄이 자라난 전장은 최소 2500년의 역사가 고증되는 곳으로, 『삼국지연의』에서 유비가 손권의 여동생 손상향孫尙香과 정략적 결혼을 한 감로사甘露寺가 전장의 북고산北固山에 있다. 지은 지 1400년이 넘는 금산사와 정혜사, 융창사의 3대 사찰과 2000년이 넘는 도교의 모산도원이 있다. 하지만 압살롬에게 전장은 사탄의 소굴이었을 뿐이다. 1880년 항저우杭州에서 시작해 상하이에서 임종할 때까지 51년간 선교한 압살롬은 버지니아 주 출신이다. 버지니아 주는 남북전쟁에서 패한 남부동맹 쪽으로 네 명의 형들이 남부동맹을 위해 싸웠고, 나이가 어려 징집되지 않았던 압살롬은 패배의 아픔을 곱씹으면서 전쟁보다 더 위험하고 어려운 과업에 자신을 던지기 위해 그 대상을 찾아 중국에 왔다. 풍부한 저임금 노동력과 시장을 찾아 중국에 오듯이 19세기 말 20세기 초 미국의 기독교도들에게 인구가 많은 중국은 선교할 대상이 많은 매력적인 '악마의 소굴'이었다.

전혀 다른 두 나라가 내 여행에서 인연을 맺을 때가 있다. 미 대륙을 횡단할 때 버지니아 주 렉싱턴의 워싱턴앤드리 대학을 들른 적이 있었다. 원래는 워싱턴 칼리지였는데 남북전쟁에서 패배한 남부동맹의 총사령관 로버트 리 장군이 이 대학의 총장을 맡고 사망하자 그의 이름을 덧붙여서 워싱턴앤드리 대학이 됐다. 지금도 리 장군의 시신이 남부동맹의 깃발에 덮인 채 대학 구내에 안치돼 있다. 압살롬이 바로 이 대학을 졸업했다. 렉싱턴은 버지니아 군사학교까지 있는 대학도시지만 지금도 인구 7000명밖에 안 되는 소도시다. 펄 벅 역시 부근 린치버그의 랜돌프메이컨 여대를 나왔다.

이 지역에 가면 백인 일색의 한적한 농촌과 복음주의적 기독교의 전통을 지닌 교회, 황소고집 그리고 남북전쟁의 패배로 상처받은 자존심 등 남부 하면 연상되는 이미지를 고스란히 느낄 수 있다. 그래서 압살롬 가족이 미국에서도 외진 버지니아 주 남서부를 떠나 행상, 부랑자, 농부, 아이들이 북적대는 전장의 비좁은 골목에서 살았던 모습은 잘 합성되지 않는다. 그만큼 비현실적으로 다른 두 세계였다. 그리고 이 다른 두 세계를 잇는 방식은 모두 달랐다.

압살롬은 남부의 기질대로 한 번도 신앙이 흔들려본 적이 없다. 그는 중국 이름을 쓰고 중국 옷을 입고 나귀를 타고 순회 선교를 다니면서 성경을 중국의 구어체로 번역하는 데 헌신했다. 선교 외에는 아무런 관심이 없었다. 심지어 딸이 쓴 『대지』조차도 읽을 시간이 없다고 말할 정도였다. 하지만 복음만 강조하는 근본주의적 선교 방식은 효과적이지 못해서 51년 동안 개종시킨 이교도가 1만 명도 채 안 된다고 한다. 미국에서 파견한 선교사가 20세기 초에는 8000명을 넘었는데 그의 성적은 하위 1000명에 속했다. 개종자 수로 평가하는 게 미국답기는 하다.

압살롬은 더구나 기독교도마저 두 명 잃어버린다. 그중 한 사람은 그의 부인 캐리. 캐리는 남편의 맹목적인 신앙과 여성 학대적 태도에 절망해 기독교를 버리면서 임종을 맞이했다고 펄 벅은 『유배』에 썼다. 다른 한 사람은 펄 자신. 펄은 왼쪽 거실도, 오른쪽 거실도 아닌 현관문을 박차고 그의 길을 뚜벅뚜벅 걸어갔다.

중국을 향한 외사랑, 그리고 역사의 반전

펄도 대학을 졸업한 뒤 중국에서 20년간 선교사 자격으로 활동했다. 하지만 소설가로 성공한 이후 「1933년 부활절」이라는 글을 통해 예수가 역사적으로 실재한 인물이 아니라고 선언했다. 그는 선교사들이 문화적 오만과 잔인함으로 선교지역의 전통과 문화를 파괴하고 있다고까지 주장해 세찬 논란을 불러일으켰다. 그리고 반대로 중국인과 중국문화를 세계에 알리는 중국의 '선교사'로서 변신한다.

펄 벅의 옛집 옆에는 최근 기념관이 개관됐다. 이 기념관에는 1938년 노벨상 수상식에서 행한 그의 연설문이 걸려 있다. 당시 중국은 일본군과 맞서 싸우고 있었다.

"중국 인민의 삶은 오랜 세월 나의 삶이었다. 조국과 나를 키워준 중국에 대한 마음은 여러 방면에서 똑같다. 자유에 대한 사랑에서 무엇보다 지금 그렇다. 모든 투쟁 중에서 가장 위대한 투쟁인 자유를 위한 투쟁을 중국 전체가 벌이고 있다. 나는 지금보다 더 중국을 찬미한 적이 없다…… 자유를 얻으려는 결의가 중국의 본질적인 품성으로 깊숙이 뿌리박혀 있어 결코 정복할 수 없다는 것을 나는 안다."

그리고 동서 냉전이 한창인 1962년 필라델피아에서 열린 중국인들의 설날 연회에서는 "나는 그들이 빛의 속도로 산업화하고 근대화할 수 있다는 걸 믿는다"며 중국의 미래에 무한한 신뢰를 보냈다. 그는 미국 정부에 중국과의 관계 개선을 촉구하면서 그렇게 하지 않는 것은 '위대한 민족에 대한 모욕'이라고까지 말했다.

하지만 정작 그는 중국에서 '문화적 제국주의자'라고 버림을 받았다. 1934년 중국을 떠난 이후 중국에 돌아가지 못했다. 닉슨 대통령이 1972년 중국을 방문할 때 함께 가기 위해서 백방으로 노력했지만 캐나다 주재 중국의 2등 서기관은 이렇게 회신했다.

"당신이 오랫동안 작품을 통해 새로운 중국의 인민과 지도자를 왜곡하고 비방하고 중상하는 태도를 취해왔다는 사실을 고려할 때, 중국을 방문하고 싶다는 당신의 요구를 받아들일 수 없음을 정식으로 통보하는 바입니다."

저명한 재미 중국인 소설가 민안치閔安琪는 상하이 51중학교에 다니던 시절 마오쩌둥의 부인 장칭江靑에게서 지시를 받고 펄 벅을 '미국 문화제국주의자'라고 비판하는 국가적 캠페인에 동원됐다고 고백한 바 있다. 나중에 미국에 이주한 뒤『붉은 진달래紅杜鵑』라는 작품으로 대성공을 거둔 그는 시카고의 한 서점에서 자신을 전혀 모르는 미국인에게서 중국인이라는 이유로『대지』를 선물 받았다. 그러고는 시카고에서 로스앤젤레스로 가는 비행기 안에서『대지』를 읽고 감정을 주체하지 못한 채 계속 흐느꼈다. 자신이 펄 벅을 어떻게 비난했는지 생생하게 기억났기 때문이다. 그는 여태까지 중국 소작농의 삶에 대해 펄 벅처럼 존경과 애정, 인간애를 가지고 글을 쓴 사람을 단 한 번도 본 적이 없었다고 말했다. 그리고 참회의 뜻으로『중국의 진주Pearl of China』(한국어 제목은『펄 벅을 좋아하나요?』)라는 소설 형식의 펄 벅 전기를 썼다.

펄 벅은 만년晩年에 마음은 여전히 미국보다 중국에 살고 있다고 말했지만 미국에서 1973년 3월 6일 영면했다. 그의 어머니가 중국에 유배됐다면 펄 벅은 미국에서 '유배자'였다. 하지만 자본가들이 민족이라는 모자를 쓰고 박물관에서 기려지듯 그에 대한 중국의 태도도 바뀌었다. 기념관에는 저우언라이周恩來가 쓴 글이 헌액돼 있다.

"중국 인민에 대한 깊고 두터운 감정을 갖고 있어 항일전쟁 중 중국과 함께한 중국 인민의 친구다."

역사의 반전은 여기서 끝나지 않는다. 함포의 지원을 받은 '복음'의 전파는 1949년 공산정권의 수립으로 끝장났지만 최근 기독교가 중국에 다시 퍼지고 있다. 이제 중국인들은 자발적으로 기독교를 믿기 시작했다. 이질적인 문화의 충돌과 융합은 항상 놀랍다.

11

프랜차이즈화되는 중국

길은 다른 마을들을 연결하기 위해 생겨나지만 길이 지나가면 마을은 서로 비슷해진다. 길을 통해 물자와 사람을 주고받으면서 서로 닮아간다. 그러나 마을은 혼자 살 수 있어야 마을이었다. 의식주와 다음 세대를 키워내는 교육까지 한곳에서 해결하기 위해 모여 살았다. 그런데 바깥으로 길이 나면서 마을은 자급자족의 완전성을 잃어버린다.

유럽은 비단 없이 생활하는 데 불편이 없었을 것이다. 처음에는 유목민이었을 테다. 유목민은 국경 없이 물과 풀을 찾아 이동하면서 정주민들과 부딪치고 정주민들의 문물을 폭력적인 방식으로 중개한다. 유목민을 통해 비단의 아름다움과 내구성을 알게 된 정주민들은 그 출처를 찾아 스스로 떠나고 길이 생긴다.

길을 통해 비단과 도자기, 차, 종이와 같은 물건에서부터 종교와 미술 같은 문화가 오고 간다. 이제 마을은 길이라는 줄기에 대롱대롱 매달린 열매와 같다. 길이 없으면 존재할 수 없다. 어떤 길에 매달리느냐에 따라 모습은 달라진다. 트럭이 지나가는 도로 주변에는 트럭에 필요한 냉각수와 연료를 제공하고 운전사들을 재워줄 여사旅舍들이 들어선다.

312번 국도가 이제 눈에 들어온다. 30년쯤 전에 포장한 듯한 아스팔트에 왕복 6차선의 넓이, 역시 30년쯤 된 가로수들. 드문드문 나타나는 마을들도 식당, 가게, 차량 정비업소, 여관의 행렬에 마을 크기에 따라 각각 찻잎, 휴대전화, 농약, 오토바이를 파는 전문점들이 들락날락 끼어드는 형국이다. 큰 도로가 안전하고 길 찾기도 쉬울 거라는 생각에 312번 국도만 좇아다녔는데 그렇게 다녀서는 아무리 내륙에 들어가도 국도변일 것 같았다. 그래서 성도省道나 현도縣道 또는 모세혈관처럼 가는 향도鄕道 같은 지방도로를 찾았다.

장쑤성 전장에서 난징으로 가는 경로를 검색하자 303번 현도가 보였다. 과감히 312번 국도를 버리고 이 현도를 따라가자 국도에서는 볼 수 없는 다양한 풍경이 펼쳐졌다. 그런데 마음 한구석에는 다음날이 5월 1일 노동절 나흘 연휴여서 관광지인 난징에서 숙소를 구할 수 있을지 걱정이 떠나지 않았다. 숙소를 구하지 못했다는 내용을 휴대전화를 통해 150자 블로그인 미투데이에 올리니 한국에 있는 중국인 친구가 그걸 보고 예약해서 중국의 메시징 서비스인 웨이신微信으로 알려준다. 불과 7년 전 미국을 횡단할 때와 다른 세상이다.

전화기에 내장된 카메라모듈로 사진을 찍어 미투데이에 올리면 내

위치가 표시된다. 한국에서 미투데이의 친구들은 “오늘 속도가 왜 이렇게 느려. 아직 거기야?” 하고 댓글을 단다. 나는 “비바람이 불어서 속도를 낼 수 없었어” 변명 겸 푸념을 올린다. 7년 전에는 때때로 절대고독을 경험하기도 했다면 이번 만리장정은 언제나 대화중이다. 친구들은 방공망의 중앙통제실에 앉아 있는 것처럼 항로를 보고 어디로 가라고 ‘전통傳通’을 보내기도 한다. 물론 말투는 ‘난징에 가시면 부자묘를 꼭 가보세요’ 와 같이 정중하지만.

사람들은 어디서 자는지 궁금해했다. 그건 나도 매일 궁금하다. 해질 무렵 낯선 도시에 닻을 내릴 때 첫 과업은 부두를 찾는 일이다. 어디에서 자느냐에 따라 그 도시에 대한 인상과 경험이 달라진다. 그만큼 중요한 일이지만 예약하는 것도 번거롭기는 마찬가지고 결과가 좋으리라는 법도 없다.

중국 호텔의 철통같은 입퇴실 절차

중국에서 외국인은 아직도 감시의 대상이다. 외국인이 투숙할 수 있는 숙소가 따로 있다. 국제대주점大酒店처럼 ‘국제’가 앞에 붙어 있거나 ‘섭외涉外’라는 두 글자가 붙어 있는 호텔들이다. 유스호스텔을 빼고는 보통 별 세 개 이상의 호텔이다. 우시에서는 세 곳에서 퇴짜를 맞았다. 목적지에 도착했을 때에는 그날분의 체력이 바닥난 상태여서 숙소를 찾아 도시를 전전하는 것은 공자님도 짜증날 일이다. 거기다 큰 호텔은 가격을 떠나 자전거를 방에 넣지 못한다. 만리마(미투데이 친구 '바람처럼'님이 지어준 내 자전거 이름)를 지하의 음습한 주차장에 묶어놓고 물통과 자전거 가방 네 개를 이고 지고 방으로 올라가면서도 미소 지을 수 있다면 이미 도인이 됐거나 실성한 사람 둘 중 하나다.

입실 절차도 더디다. 호텔측은 여권과 비자를 스캔해서 공안에 전송한다. 공안에서는 내 이름으로 된 폴더에 차곡차곡 새로운 파일을 쌓아놓는다. 그래서 내 행적은 미투데이 친구들과 중국의 공안이 꿰뚫고 있다. 신분 확인이 끝나면 숙박비의 두 배쯤 되는 보증금押金을 낸다. 퇴실할 때에는 사용한 물품 값을 보증금에서 뺀다. 방에 비치된 안내서는 종종 서비스의 종류가 아니라 기물 파손 변상표가 먼저 나온다. 일단 받기는 하지만 손님을 두려워하고 있음에 틀림없다. 3000위안(약 54만 원)으로 제일 비싼 컴퓨터에서부터 5위안으로 가장 싼 재떨이에 이르기까지 방 안의 모든 기물이 파손됐을 경우 내야 할 금액이 적혀 있다.

중국 여행 안내서를 보면 호텔 직원과 함께 방을 보고 기물의 상태에 대한 최종 합의에 이른 뒤 투숙하라고 조언한다. 정말 훌륭하고 이성적인 조언이지만 그냥 어서 눕고 싶을 뿐이다. 그런데 스탠드 전등이 안 켜진다든지, 수도꼭지가 부러져 있다든지, 변기가 고장나 있는 것을 뒤늦게 알게 되면 퇴실할 때 마음이 조마조마해진다.

이들은 무전기로 연락한다. 퇴실한다고 하면 '8309호 투이팡退房'이라는 '압수수색영장'이 무전으로 떨어지고 객실 담당(보통 중년여성이다)은 집행에 들어간다. 방에는 예외 없이 콘돔, 팬티, 면도기와 같은 유료 위생용품이 비치돼 있다. 콘돔은 중국어로 안취안타오安全套라고 한다. 안전한 씌우개라는 뜻. 만약 콘돔을 사용했으면 이 중년여성은 '안취안타오 두 통'이라고 교신하고 프런트에 줄 서 있는 손님들은 술렁거린다. '저 사람이 밤사이 두 통이나?' 그런 소리가 들리는 것 같다. 프런트는 손님에게 친절하게 계산서에서 콘돔 항목에 '두 통에 20위안'이라고 쓰고 밑줄 그은 뒤 그만큼 제하고 보증금을 돌려줄 것이다. 비치된 콘돔의 종류는 하나 이상이어서 진동 콘돔과 같은 신개념의 콘돔을 호기심 삼아 썼다고 하면 교신 내용은 좀더 복잡할 것이다. 나는 이 퇴실 절차의 수혜자였다. 방 안과 화장실을 꼼꼼히 훑어보고 절대로 놓고 나온 게 있을 수 없다고 확신하는데 꼭 '압수수색'에서 노트북의 마우스, 충전기의 잭, 방수점퍼가 줄줄이 나온다. 만약 이 퇴실 절차가 없었다면 필수품들을 질질 흘리고 다녔을 것이다.

내국인도 숙박부를 기재한다. 예전에 한국에서도 두꺼운 까만색 표지의 숙박계에 까만 줄에 매달려 있던 볼펜으로 인적사항과 행선지를 적었다. 간첩 잡기용이라고 하지만 주로 반정부 인사를 색출하는 용도로 쓰이곤 했다가 1998년 규제개혁위원회에 의해 폐지됐다. 숙박계를 쓸 때 신분증과 대조하지 않아서 1850년생 인물까지도 창작되곤 한 것과 달리 중국에서는 신분증을 확인하기 때문에 허투루 쓸 수 없다. 종종 유명인사나 고위공무원들의 투숙기록이 새어나가 인터넷의 접속 횟수가 급증하곤 한다. 사생활에 대한 국가의 과도한 간섭이 낳은 순기능이라고 해야 할까.

처음 베이징에 갔을 때 큰 '술집'과 '밥집'들을 보고 놀랐던 기억이

난다. 역시 '대륙풍이군' 하고 결론 내리기 전에 물어보니 대주점大酒店, 대반점大飯店은 호텔을 뜻하는 것이었다. 와서 보니 숙소 종류는 더 많다. 초대소에서부터 여사旅舍, 여관旅館, 주점, 빈관賓官, 반점, 객잔客棧…… 공공기관이 운영하는 초대소는 국빈초대소처럼 으리으리한 곳도 있지만 대체로 중국의 사회주의처럼 몰락한 여인숙 수준이다. 여사와 여관도 여인숙 수준이고 그 위로 빈관, 객잔, 그 위로 주점이 있다. 물론 편차가 커서 다 그렇다고 말하기 어렵다. 주점과 반점이 숙소인 것은 주막처럼 밥도 먹고 잠도 자는 복합공간이었기 때문이다.

주점에도 여러 종류가 있어서 장급 여관과 호텔 등 숙소의 종류가 얼마 안 되는 나라에서 온 여행자의 골치를 썩인다. 비즈니스를 뜻하는 상무형, 휴양형, 경제형, 그리고 경제형 안에도 신속express이라는 뜻의 콰이제快捷가 있다. 어쨌든 대자가 앞에 붙지 않는다면 대체로 100에서 200위안(1만 8000원~3만 6000원) 사이다.

최근에는 연쇄주점이 빠르게 번지고 있다. 중국인 친구가 난징에 잡아준 숙소 역시 한팅연쇄주점漢庭連鎖酒店. 미국의 홀리데이 인이나 슈퍼 8과 같은 모텔 프랜차이즈다. 비교적 저렴한 가격과 균질한 서비스를 보장한다. 2005년에 설립된 한팅은 전국에 250개의 주점을 거느린 체인으로 급성장했다. 가장 큰 연쇄주점인 루자如家는 전국에 1000개나 된다. 이런 숙소는 어디에 있든 침대의 시트까지 똑같다. 퇴실하면 스팀청소기가 소독 수준으로 방을 문지른다.

사람들은 희한하게도 새로운 것을 찾아 여행하면서 집과 똑같은

환경이 연장되길 원한다. 내게는 어디에 가든 같은 숙소에서 같은 시트를 깔고 자는 것보다 더 끔찍한 일은 없다. 하지만 상하이, 쑤저우에서도 연쇄주점에 묵었다. 그리고 난징까지. 선택의 폭이 넓지 않다. 중국도 미국처럼 거대자본의 연쇄점 사회로 바뀌어가는 조짐이 보인다. 다양한 숙소 명칭이 갖는 미묘한 차이는 사라지게 될 것이고 가맹점들은 여행자의 길을 단조롭게 할 것이다. 어쩌면 통과하는 곳들을 비슷하게 만들어버리는 길이라는 존재가 수반하는 현상일지도 모른다.

12

죽어서 신이 된 사나이, 쑨원

장쑤성 난징에 도착한 첫날, 저녁을 먹기 위해 번화가인 신제커우新街口로 갔다가 호텔로 돌아오는 길에 도시의 뒷골목을 걸어다녔다. 중국 대도시의 특징은 역시 공존이다. 마천루와 같은 초현대식 빌딩촌과 쪽방촌 같은 서민들의 밀집 거주지역이 붙어 있다. 저녁이 되자 골목길은 농촌처럼 어두컴컴하다. 가끔 지랄탄을 연상시키는 폭죽이 터져서 깜짝깜짝 놀란다. 여기 폭죽은 불꽃보다는 폭음을 내기 위한 목적이 더 강하다. 그럴수록 되도록 밝고 큰 길로 가야 하지만 어쩔 수 없는 호기심이 자꾸 나를 골목으로 이끈다. 낯선 곳에서 나를 좀더 알게 된다.

다음날에는 쯔진산紫金山을 찾았다. 중국의 8대 고도 중 내가 처음 들른 고도인 난징에서 중국인들은 옛 유적지보다도 쑨원孫文의 중산릉

中山陵을 가보라고 했다. 중국과 타이완 모두 국부國父로 인정할 만큼 역사적 인물이지만 근대 지향적인 그의 삶이 준 선입견 때문인지 묘소는 경건하면서도 검소할 것 같았다. 쯔진산의 동쪽 사면에 있는 묘역이 그렇게 크리라고는 생각하지 못했다. 나는 거대한 묘역이 왠지 인간의 부질없는 집착 같아 보였지만 가보고 나서 후회하지 않았다. 이번 여행에서 반복적으로 느끼게 될 어떤 경험의 원형 같은 것을 본 듯했다.

'잘못하면 깔려죽을' 군중

마침 5월 1일 노동절 연휴를 맞아 쑨원의 중산릉에는 사람들이 쇄도했다. 중국은 인구가 많다고 하지만 인구밀도는 한국보다 한참 낮다. 한국은 남한만 치면 9만 8000제곱킬로미터에 5000만 명이 사는데 중국은 960만 제곱킬로미터에 14억 명이 산다. 나라는 100배 정도 큰데 인구수는 28배밖에 되지 않는다. 중국의 서부가 사막이라고 치고 반만 계산해도 한국이 훨씬 '득실득실'하다.

그러나 산사태를 일으키는 것은 연중 강수량보다 집중호우이듯, 땅덩어리의 크기나 전체 인구밀도와 관계없이 수많은 인구가 일순 한데 모일 수 있다는 데 위험이 있다. 종종 중국에서 슈퍼마켓 바겐세일이 압사사고를 부르는 것도 이 때문이다. 중산릉에 몰려든 군중을 보고 잘못하면 깔려죽겠구나 하는 실감이 났다. 하지만 묘역은 이 사람들을 너끈히 수용할 만큼 넓었다.

중산릉원의 문을 통과하자 묘역을 알리는 패방牌坊이 보였다. '박애博愛'라는 글자가 헌액돼 있어 '박애방'이라고도 불리는 이 문을 통과해 송백의 숲길인 묘도墓道를 375미터(나중에 자료를 보고 확인한 거리다) 걸어가자 비로소 정문인 능문陵門이 나온다. 능문에는 '천하위공天下爲公'이라는 쑨원 친필 휘호가 걸려 있다. 좀더 올라가자 '중국 국민당 총리 쑨 선생 여기 묻히다. 중화민국 18년 6월 1일'이라고 적힌 비석의 비정碑亭이 나왔다. 이 비석을 보고 역사를 대하는 중국인의 자세가 느껴졌다. 그는 신해혁명 이후 수립된 중화민국의 임시대총통을 지냈지만 공식적으로 총통에 취임하지 않았기 때문에 비문에 적힌 직함은 국민당 총리일 뿐이다. 아무리 국부라고 추앙해도 역사를 기술할 때에는 엄정해야 한다는 걸 말하는 듯했다.

'이제 묘실이 나오겠지' 생각했는데 여기서부터 다시 시작이다. 하나, 둘, 화강암 계단을 올라간다. 모두 392개. 세 개의 문이 있는 제당祭堂에 도착한다. 문 위에는 삼민주의의 민족, 민생, 민권이 각각 헌액돼 있고 그 위에 '천지정기天地正氣'라고 적혀 있다. 줄을 기다려 제당의 대청으로 들어가니 쑨원의 좌상을 중심으로 사람들이 한 바퀴 돌고 나온다. 대청 뒤에 원형의 묘실이 있고 그 안에 쑨원의 와상이 있지만 최근 무료 개방 이후 인파가 몰려들자 묘실이 폐쇄됐다고 한다. 그 대신 제당 바깥 공터에는 묘실 내부 사진을 볼 수 있는 망원경들이 늘어서 있다. 보는 데 1위안짜리 동전 두 개를 밀어넣어야 한다. 여기까지 와서 실물의 묘 대신 사진을 보고 가라고 한다. 미술관에서 그림은 안 보여주고 화첩을 보고 가라는 것과 같은 허무극이다. 공안들은 소리를 지르며 대리석으로 된 좌상조차 촬영을 금했다.

그래도 항의하는 사람은 없다. "런타이둬人太多(사람들이 너무 많아)" 이 한마디면 중국에서는 많은 것이 양해된다. 오히려 사람들은 이렇게 길고 넓은 묘역을 가득 채운 인파를 보고 셔터를 연신 눌러댔다. 자신도 인파가 만든 장관의 일부가 된 데 대해 자랑스러워하는 것까지는 아니지만 재미있어했다. 제당에서 내려다보자 인파가 시내처럼 멀리 산 아래로 흘러내렸다. 중국의 인구 규모에 대해 처음으로 실감했다.

중산릉에서 20분쯤 서쪽으로 걸어내려가면 1368년 난징에 처음으로 통일왕조의 수도라는 지위를 안겨준 명의 태조 주원장朱元璋의 명효릉明孝陵이 나온다. 주가 생전에 10만 명을 투입해 짓기 시작해 아들인 성조(영락제)가 완공한 32년 대공사의 결정판이다. 황후인 마씨 부인과 합장한 능 자체만 해도 지름 400미터의 바오딩寶頂이라는 언덕이고 능을 둘러싼 방성方城의 둘레도 22.5킬로미터에 달했다고 한다. 여기도 묘를 볼 수 없기는 마찬가지다. 주원장을 아무도 볼 수 없도록 지궁地宮에 안치한 뒤 폐쇄했기 때문이다. 도굴꾼들이 이미 다 유물을 훔쳐갔을 거라는 추측이 있지만 폐쇄됐으니 확인할 길이 없다.

명효릉을 보고 나서도 여전히 중산릉은 작아 보이지 않았다. 근대 정치혁명 지도자의 묘가 황제의 묘와 비견되고 풍수의 명당인 쯔진산에 나란히 매장돼 있다는 게 마치 양복 재킷에 한복 바지를 입은 것처럼 어색했다. 난징은 예부터 '종산용반鐘山龍蟠, 석성호거石城虎踞'라고 불려왔다. 종산(쯔진산)은 용처럼 똬리를 틀고 있고 석성은 호랑이처럼 엎드리고 있다는 뜻이다. 쯔진산은 해발 448미터로 청계산(618미터)과 우면산(293미터)의 중간쯤 되지만 평지로부터 곧장 솟아서 위용이 있다. 이곳에 처음 묘를 쓴 '유명인사'는 1800년 전 난징에 처음 성을 쌓은 오나라의 제왕 손권孫權이었다. 그러나 이 터를 탐낸 친일 '국민정부'의 수반 왕징웨이에 의해 파헤쳐지고 1944년 왕 자신이 그 터에 묻혔다. 일본 패망 후 1946년 국민당 정부가 다시 파헤쳤고 지금은 매화산 공원으로 바뀌었다. 그 과정에서 애꿎은 손권의 묘만 날아갔다.

영웅은 죽어서 신이 되는가

쑨원의 서거 당시 기사를 보면 그의 병상에서 사람들이 장지를 의논할 때 그가 스스로 '쯔진산'이라고 외쳤다고 한다. 1925년 3월 19일자 신보申報에 따르면 쑨원이 임시대총통으로 중화민국의 수도였던 난징에 머무를 때 쯔진산에 놀러가서 현재 중산릉이 있는 곳에서 지세를 보고 명효릉보다 훨씬 좋다면서 점지해뒀다고 한다. 쑨원의 임종을 지켰던 사람이 바로 왕징웨이다. 국공합작의 지속적인 추진을 골자로 한 쑨원의 유언을 받아 적은 당사자다. 왕은 그때까지만 해도 쑨원의 충직한 측근이었고 쯔진산이 어디에 있는 산인지도 몰랐다.

사실 명효릉에 음습한 기운이 도는 것에 비해 중산릉은 더 높고 햇볕이 잘 들었다. 먼저 고를 수 있었던 주원장은 아마 난징의 도성에 더 가까워서 지금의 위치를 고른 듯하다. 죽어서도 너희들을 굽어보고 있다고 말할 수 있다. 그렇다고 쑨원이 주원장처럼 장대한 묘역을 원했던 것은 아니다. 그는 이곳에 묻히면서 국민들에게 단지 한 줌의 흙을 (뿌려달라고) 간구하겠다고 했다.

그러나 풍운아였던 쑨원은 죽어서도 순탄치 않았다. 민생과 민권을 강조한 그의 뜻과 달리 국민당은 중산릉의 설계를 공모하고 착공하고 완공하는 데 4년을 썼다. 그동안 그는 베이징의 샹산香山에 있는 절에 안치돼 있었고 미국인 의사 테일러가 내장을 적출하고 포르말린을 뿌린 뒤 정기적으로 방부 상태를 점검했다. 중국이 가장 힘들 때였다. 외세의 압박이 심한 가운데 나라는 군벌들로 사분오열됐다. 당시 난징 대학에서 교편을 잡고 있던 선교사 펄 벅의 눈은 예리했다. 권위가 부족했던 장제스가 쑨원의 후계자로 올라서기 위해 대대적인 공사를 벌여 그의 무덤을 계승의 증거로 활용했다고 봤다. 장례 행렬이 지나가는 길을 만들기 위해 수백 채의 집과 점포가 장제스의 불도저에 의해 철거됐다.

"펄 벅은 장제스가 화려한 길을 닦으라고 명령한 그날이 바로 공산주의자들이 총을 한 방도 쏘지 않은 채 첫 대승을 거둔 날이라고 표현했다"(『펄 벅 평전』, 피터 콘).

난징은 우한武漢, 충칭重慶, 난창南昌과 함께 중국에서 가장 무더운 4대 화로 중 하나다. 테일러는 5, 6월 운구되는 동안 시신이 부패될 것을 우려했고 우려대로 쑨원의 두 손이 썩어 문드러졌다. 애초에 쑨원보다 일 년 전 모스크바의 붉은 광장에 안치된 레닌처럼 얼굴과 몸이 보이도록 투명한 유리관에 안치하려고 했지만 유리관은커녕 영결식에 두 손마저 공개할 수 없는 상태에 이르렀다. 중산릉은 이후에도 두 번의 고비가 있었다. 중일전쟁 당시 일본이 난징을 점령하자 묘역을 파헤칠지 모른다는 우려가 쏟아졌다. 일본군은 성명까지 내며 손대지 않았다고 발표했다. 마지막은 장제스가 타이완으로 도망갈 때 유해를 가져갈 것을 검토했지만 폭파과정에서 시신이 손상될 것을 우려해 포기했고, 이후 중산릉은 난징의 대표적인 관광지가 됐다.

묘지를 좋은 데 쓴다고 해서 후손이 잘되는 건 아닌 듯하다. 명효릉의 기념관에는 황제들의 수명이 기록돼 있다. 주원장 71세, 성조 65세, 세종 60세, 신종 58세를 제외하고 나머지 12명의 수명은 그리 길지 않다. 26, 48, 38, 38, 30, 41, 36, 31, 36, 39, 23, 35. 풍수 좋은 곳에 묘를 크게 썼지만 황제들은 당시 한낱 필부처럼 마흔을 넘기기 힘들었다. 명대 황제들의 수명은 41.2세로 청대의 52.4세나 남송대의 45.6세보다 낮다. 통치자들의 무덤은 그 또는 후계자가 권력을 강화하기 위한 상징조작이었을 뿐이다.

하지만 통치자의 의도를 떠나 중산릉에 지금도 이렇게 많은 사람들이 자발적으로 오르는 게 신기했다. 한국으로 치면 현충일도 아닌 황금연휴에 이승만, 박정희, 김대중 전 대통령들의 묘역이 있는 국립현충원이 참배객들로 미어터진다는 뜻이다. 하긴 한국이 특이한 나라일지도 모른다. 효창공원에 있는 김구 선생 묘의 위치를 모르는 사람도 수두룩하다.

중국에서는 영웅이 죽으면 사당이 만들어지고 사람들은 사당에 와

서 영웅의 영전에 돈을 바치며 소원을 비는 전통이 지금도 이어지고 있다. 마오쩌둥 부적이 불티나게 팔리는 것도 같은 현상이다. 영웅들은 죽어서 신이 된다. 신은 인간의 평가에서 자유롭다. 쑨원을 신으로 받드는 데는 그의 삼민주의와 같은 사상에 감화된 탓도 있겠지만 그보다는 영웅을 신격화하는 중국의 전통적인 정서와 잇닿아 있는 게 아닐까 하는 생각이 들었다. 영웅을 기다리는 마음은 강력한 카리스마로 사회를 안정시킬 수 있을 거라는 기대감 때문이다. 달리 표현하면 '런타이둬'의 이 사회는 영웅이 없으면 무질서해질 거라는 불안감이 그 배후에 있다. 중산릉에 밀어닥친 인파를 보면 저절로 그 공포를 알게 된다.

그것이 어쩌면 공산당 일당 지배의 심리적 기초일지도 모른다. 서구 사회에서는 개개인의 인권과 정치적 자유가 보장되는 민주주의의 관점에서 중국의 갈 길이 멀다고 보지만 정작 중국인들은 어진 백성들을 다스릴 영웅을 숭배한다. 중산릉에 올라와 중국 사회를 좀더 이해하는 실마리를 얻고 내려간다.

13

정화가 계속 서진했더라면

만약 중국인들이 일찍부터 해외에 눈을 돌려 밖으로 빠져나갔다면 중국은 아마 태평양을 내해로 하는 강대한 세계제국을 건설할 수 있었을 것이고 오늘날 인구 문제로 시달리는 일도 덜했을 것이다. 그렇다면 미국은 생겨나지도 않았을 것이고, 중국은 '런타이둬'의 현재 사회와 달리 개인의 자유와 권리를 좀더 보장하는 나라가 되었을지도 모른다. 15세기까지 중국의 국력은 세계 최강이었다. 그때 아메리카 대륙은 원주민에게는 미안한 표현이지만 텅 비어 있는 곳이나 마찬가지였다. 그리고 중국에게 그럴 기회가 없었던 것도 아니다. 대륙의 서쪽만 바라보던 중국의 왕조가 처음으로 수평선에 눈을 돌린 적이 있었기 때문이다.

내가 난징에서 마지막으로 들른 곳은 중국 최고의 탐험가 정화鄭和

의 공원이다. 정화는 명나라 3대 황제인 영락제의 명에 따라 15세기 대규모 선단을 이끌고 일곱 차례에 걸쳐 5만 킬로미터 넘게 지구를 탐험한 인물이다. 그것은 인류의 달 착륙에 비견되는 무동력시대의 위대한 성취였다. 4200킬로미터를 탐험하는 내 여정은 초라하지만 진취적인 기백만큼은 그를 닮고 싶었다. 더욱이 오늘은 '만리장정'을 시작한 이후 처음으로 의미 있는 이정표를 찍는다. 세계에서 세번째 긴 강인 양쯔강을 자전거로 건넌다. 중국의 뱃사람들이 무사 항해를 빌면서 마조 여신에게 기도를 올리듯 나는 정화공원에서 용기를 얻고 싶었다.

15세기 정화의 세계일주

정화는 현대 중국에서 갑자기 각광을 받는다. 여기저기 동상이 세워지고 그의 이름을 딴 섬과 도시, 함선이 생겨난다. 난징의 정화공원도 예전에는 없었다. 태평천국의 난으로 불타버린 그의 집터에 태평공원이 있었다가 그의 하서양下西洋 580주년을 기념해 1985년 정화공원으로 개칭됐고, 600주년을 기념해 2005년 현재의 규모로 확장됐다. 정화를 기리는 이유는 그때 해외로 나갔어야 했다는 뒤늦은 후회 같은 것이다. 그랬으면 19세기 서양의 침략을 받지 않았을 수도 있었을 뿐 아니라 오히려 중국이 세계를 지배했을 것이라는 역사의 가정법을 세우고 있는 것이다.

21세기 들어와서 그의 탐험은 세계적인 관심을 받게 되는데, 그것은 서쪽으로 항진한 그가 만약 기수를 돌리지 않고 계속 서진했더라면 미국에 닿았을지 모른다는 추론과 연관돼 있다. 영국의 개빈 멘지스는 2002년 펴낸『1421: 중국, 세계를 발견하다』라는 책에서 실제 정화 함대가 미국에 갔었다고 주장하면서 이 논란에 불을 지폈다. 잠수함 함장 출신인 멘지스는 퇴역 이후 소일거리로 해양지도를 연구하다가 1488년 디아스가 아프리카의 남단 희망봉을 발견하고 1492년 콜럼버스가 아메리카를 발견하며 마젤란이 1519년부터 1521년 세계를 일주한 것보다 앞서 제작된 15세기 초의 세계지도에서 희망봉과 아메리카 대륙, 마젤란해협이 그려진 것을 찾아냈다. 그는 그들 이전에 누군가 세계를 돌았어야 그런 지도가 나올 수 있는 것 아닌가 의문을 품었다. 그렇게 시작한 그의 탐구는 '그 누군가'가 당시 항해기술과 경제력에 비춰 중국밖에 없다는 추론으로 이어지고 정화함대를 추적하게 된다.

당시 중국 선단은 가로 돛이어서 바람과 해류를 따라 이동해야 한다는 점에 주목한다. 그래서 인도양에서 대서양, 그리고 태평양으로 흐르는 해류를 따라가면서 난파선의 흔적과 정박지로 추측되는 곳의 돌탑 등 방대한 정황 증거를 찾아낸다. 그 결과 정화함대는 여러 선단으로 나뉘어 남북극과 호주를 포함한 전 세계를 돌았다는 어마어마한 결론에 도달한다.

재미있는 점은 그가 근거로 삼은 지도 중 조선시대 이회 등이 그린 강리도가 있다는 것. '혼일강리역대국도지도混一疆理歷代國都之圖'가 정식명칭인 이 지도는 중국의 지도를 보고 조선과 일본을 추가해 편집한 것이다. 원본은 없고 15세기 후반의 필사본만 일본 류코쿠대 도서관에 소장돼 있다. 강리도에는 현존하는 세계지도 사상 처음으로 아프리카가 나온다. 비록 아프리카 대륙이 유쾌하게도(?) 한반도보다 그리 크지 않은 것으로 나와 있기는 하지만 아랫부분이 팽이처럼 뾰족해서 희망봉은 제대로 포착한 것으로 보인다. 멘지스는 경도의 오차를 수정한 결과 아프리카 해안선이 정확히 재현된다면서 정화함대가 희망봉을 돈 증거 중 하나라고 말했다. 하지만 강리도는 정화함대의 1차 원정(1405년)보다 빠른 1402년에 제작됐다. 그는 아쉽게도 1420년대 이 지도에 대대적인 수정이 가해졌다면서 이 문제를 피해나갔다.

공원에 딸려 있는 기념관에는 7차 원정을 떠날 무렵 정화 스스로 세운 천비지신령응기天妃之神靈應記의 비문 탁본이 전시돼 있다. 탁본에는 여섯 차례 항해를 하며 다닌 국가들을 열거해놨는데 모두 인도양변에 있는 국가다. 그가 '황제의 은덕을 만천하에 알린' 항해의 성과를 축소했을 것 같지는 않다. 내 생각에 멘지스의 공로는 정화함대의 세계일주를 입증한 것보다는 유럽인 위주였던 지리상의 발견을 부정한 데 있는 것 같다. 정화함대가 아니라고 해도 최소한 누군가 그들 이전에 희망봉과 아메리카를 다녀간 흔적이 있다. 그보다 근본적으로는 그 땅에 이미 살고 있는 사람들이 있었는데 그 땅을 발견했다는 것 자체가 백인 위주의 발상이다.

어쨌든 중국의 화려한 외출은 정화함대 이후 금지된다. 영락제에 이어 등극한 홍희제는 재정 파탄을 우려해 해외 원행을 금했고 항해기록을 모두 파기하라고 했다. 이 해금海禁조치가 청대에도 이어져 중국은 고립과 해양세력의 침입을 자초했다. 하지만 그럴 수밖에 없었을 것 같다. 정화는 1차 원정에서 200여 척의 배에 2만 7000여 명을 태우고 갔다. 함대의 기선은 길이가 144미터, 폭이 54미터였다고 하니 축구장만하다. 당시로서는 지금의 항공모함 못지않다. 보물선에는 도자기와 비단, 옥공예품 들을 가득 싣고 가서 조공을 맹세한 국가의 왕들에게 하사했다. 항해의 목적은 정복이 아니라 과시에 있었던 것으로 보인다. 조카의 왕위를 찬탈한 영락제로서는 명나라에 머리를 조아리는 해외 국가의 범위를 넓히는 것으로 통치의 정당성을 구하려 한 지도 모른다. 뒤에 등극한 홍희제는 그럴 필요가 없었을 테고.

어쨌든 정화의 해외 원정은 경제적, 문화적 격차 때문에 '나가보니 별것 없더라'는 인식을 낳고 외려 중화주의를 심화시켜주지 않았을까 싶다. 16세기 말 중국에 있었던 마테오 리치는 그의 견문록에서 중국인들은 속국에 사신으로 가는 것조차도 가족들이 눈물을 흘리며 죽으러 떠나는 것처럼 행동했다고 썼다. 중국의 근대화 실패는 중세까지 이룬 성공의 덫이라는 말이 더 부합하는 듯하다.

정화는 윈난성의 회족이었다. 성도 마씨였는데 나중에 정씨를 하사받았다. 마씨는 이슬람 계통인 회족에서 흔한 성으로 마호메트의 마에서 따온 것이다. 아버지 할아버지 모두 메카에 다녀온 것으로 알려져 있다. 원나라를 무너뜨린 주원장은 윈난성을 정복하면서 여기에 사는 회족들을 죽이거나 아이들을 거세해서 데려갔다. 12세의 정화도 그중 한 명이었는데, 평생 거세당한 음경과 불알 두 쪽을 주머니에 넣고다녔다고 한다. 영락제의 환관으로 일하다가 신임을 얻어 바다로 나갈 기회를 잡은 그에게 바다는 세상의 오욕에서 벗어날 수 있는 넓은 우주였을 것이다. 그는 마지막 항해인 1433년 인도의 캘리컷(지금의 코지코드)에서 62세에 파란만장한 삶을 마감했다.

"대양을 바라보니 큰 파도는 하늘에 닿았고 거대한 물결은 산처럼 높으나, 연무 속에서 오랑캐 땅이 아스라이 보인다. 이에 우리는 구름 같은 돛을 높이 펼치고 밤낮을 유성처럼 달려 광란의 파도를 건너가는데, 마치 큰길을 걷는 것과 같도다觀夫海洋, 洪濤接天, 巨浪如山, 視諸夷域, 迥隔于烟霞縹緲之間. 而我之云帆高張, 晝夜星馳, 涉彼狂瀾, 若履通衢."

천비지신령응기에 새겨넣은 이 구절은 역경 속에서도 흔들리지 않는 대담함의 표상이다. 광란의 파도가 치는 바다는 그에게는 마치 육지의 큰길을 걷는 것보다 더 마음 편하고 집중할 수 있는 세계였을 것이다. 나도 그렇게 여행을 하고 싶다.

남북분계선이자 남북 교통의 장벽, 양쯔강을 건너다

정화공원을 떠나 한 시간쯤 북으로 페달을 밟아 양쯔강을 가로지르는 창장대교長江大橋에 도착했다. 대교를 만들 당시 자전거 통행은 생각할 여유가 없었나보다. 편도 2차선 도로에 자전거 진입이 금지돼 있다. 난간으로 차도와 격리된 인도 역시 비좁다. 비바람이 불어서 시야는 뿌옇고 보도블록이 울퉁불퉁 튀어나와서 안 그래도 쉽지 않은 주행인데 오토바이와 전기자전거까지 끼어들어 추월을 시도한다. 내 자전거는 양쪽으로 매단 가방 때문에 폭이 넓다. 오토바이 한 대가 뒤에서 내 자전거를 들이받았다. 튕겨나갔지만 다치거나 부서진 데는 없다. 황당했지만 옆으로 비켜줄 수밖에. 대교 중간에 있는 전망대는 문이 닫혀 있고 겨우 비를 가릴 수 있는 전망대 입구는 지린내에 절어 있다.

눈앞에 보이는 양쯔강은 한강과는 비교가 안 될 정도로 광대했다. 중국에서는 남북의 분계선으로 친링산맥과 화이허강淮河을 연결하는 선을 잡고 있지만 양쯔강을 남북분계선으로 보는 사람도 적지 않다. 직접 와서 보니 그 이유를 알 것 같다. 양쯔강은 해발고도 5042미터의 칭짱青藏고원에서 발원해 6211.3킬로미터의 물길로 열한 개 성을 적신 뒤 몸을 최대한 불려 상하이 근처에서 황해로 들어간다. 양쯔강은 지역마다 촨장강川江, 샤장강峽江, 징장강荆江 등 다른 이름으로 불린다. 양쯔강은 장쑤성의 양저우揚州 하류에서 부르던 이름이었을 뿐이다. 상하이에 거주한 외국인들이 부르면서 국제적으로는 강 전체를 대표하는 이름이 됐지만 중국에서는 어디까지나 창장강長江이다. 양쯔강으로 인해 중국에서는 수운이 발달했고 정화함대와 같은 대형선박을 제조할 수 있는 기술을 축적했다. 지금도 한 해 물동량이 세계에서 가장 많은 강이다.

하지만 동력의 시대에 들어와 양쯔강은 남북 교통의 대동맥을 끊는 장벽으로 작용했다. 베이징에서 상하이까지 기차를 타고 오가려면 양쯔강에서 멈추고 페리에 기차를 실어서 건너야 했다. 1958년에야 첫 대교가 소련의 기술과 철강 지원으로 우한武漢에 세워졌다. 그리고 두 번째 세워진 다리가 바로 내가 서 있는 난징의 창장대교다. 1956년에

측량을 시작했지만 흐루쇼프의 등장 이후 중소관계가 악화되면서 소련 기술자들이 모두 철수해버리자 한 번도 이런 다리를 건설한 적 없던 중국이 온갖 지혜와 투지를 총동원해 12년 만인 1968년 완공한 다리다.

강심의 암반에 교각을 박기 위해서는 수심 70, 80미터까지 내려가야 했으나, 15세기 초 이미 5만 킬로미터의 항해기록을 갖고 있는 중국은 고작 수심 45미터까지 내려갈 수 있는 잠수장비만 갖추고 있었을 뿐이다. 나머지 30미터는 혁명의 열정으로 잠수해 공사를 끝내고 나서 지구에서 38만 3000킬로미터 떨어진 달나라에 미국의 아폴로 11호가 착륙하는 것을 지켜봤다. 그랬던 중국이 최근 유인 우주선을 연달아 성공시키며 미국을 뒤쫓아가고 있다. 그 역사적인 경주에서 초반 선두였던 정화함대가 만약 멘지스의 주장대로 계속 서진했더라면, 그리고 태평양을 가로지르는 항로가 열려 중국 인구의 일부가 아메리카 대륙으로 이동했더라면 지금 이 세계는 어떻게 됐을까?

나는 이제 양쯔강을 건너 장쑤성에 이어 두번째 성인 안후이安徽성으로 들어간다.

14

지갑 잃고 길 잃고
그러고도 웃음이 나오다니

여행을 가장 재미없게 표현한다면 그것은 가져간 짐을 그대로 가져오는 게임이라고 할 수 있다. 하나도 잃어버리지 않으면 이기는 것이고, 잃어버리면 감정이 상하는 만큼 패배의 정도가 결정될 것이다. 여행을 하다보면 아무리 주의해도 흘리게 된다. 숙명적으로 지는 게임이다. 정신적인 만족을 얻어와야 승부를 뒤집을 수 있다. 그리고 물건을 잃어버릴 수밖에 없다면 그것이 마음이 가장 덜 아픈 물건이기를 바랄 수밖에.

이번 여행에 가져간 가방은 노트북 가방을 제외해도 모두 다섯 개였다. 미국을 횡단할 때는 자전거 뒤에 바퀴 달린 트레일러를 매달고 갔기 때문에 트레일러에 넣은 큰 가방 하나로 족했다. 이것도 문제는 있었다. 그날 목적지에 도착해서 필요한 짐을 꺼내려면 마치 웅덩이

안에서 헤엄치듯 큰 가방 안을 온통 휘저었다. 때론 웅덩이가 아니라 바닥을 알 수 없는 깊은 우물 같았다. 찾다가 포기하면 나중에 수면으로 떠오르기도 했다.

이번에는 패니어pannier 네 개와 배낭 하나. 패니어는 예전 사막을 건너던 낙타의 등에 양쪽으로 걸치던 짐에서 유래한 말이다. 앞뒤 바퀴에 한 짝씩 모두 네 개의 패니어를 달아서 균형을 맞춘다. 그럼 자전거는 낙타가 되고 사막이든 어디든 못 갈 데가 없다. 자전거 여행자들 사이에서는 패니어와 트레일러 중 어느 게 나은지를 놓고 진화론과 창조론에 못지않은 논쟁이 있다. 트레일러는 가방이 하나여서 균형을 맞추기 쉽지만 차체가 길어지기 때문에 회전반경도 길어서 기동성이 떨어진다. 좀더 쉽게 얘기하면 차선을 바꿀 때 오래 걸리기 때문에 뒤에서 오는 차에 받히거나 코너를 돌 때 원심력에 의해 트레일러가 멀리 벌어지면서 다른 차를 박을 수 있다. 다만 차체에 주는 부담이 적어서 짐을 많이 실어도 펑크날 가능성을 줄여준다(하지만 내 경우에는 미국 횡단할 때 정말 펑크가 많이 났다). 패니어의 장점과 단점은 트레일러와 반대다. 중국의 도로조건을 확신하지 못했기 때문에 이번에는 기동성 있는 패니어를 선택했다. 패니어의 또다른 장점은 네 개의 가방에 나눠 싣기 때문에 짐을 넣고 꺼내기가 용이하다는 것인데, 그게 쉰 살의 여행자에게는 해당되지 않는다는 걸 뒤늦게 깨달았다.

짐의 개수를 세어보니 무려 쉰 가지가 넘는다. 매일 목적지에 도착해서 갈아입을 옷을 꺼낼 때 어느 가방에 뒀는지 헷갈린다. 편의상 나는 가방에 번호를 붙였다. 앞바퀴 왼쪽 가방은 1-1 오른쪽은 1-2,

그리고 뒷바퀴 좌우는 2-1과 2-2. 그런데 '1-2일 거야' 하고 가방을 열어보면 없다. 헷갈리는 원인 중 하나는 가방을 자전거에서 풀어놨다가 아침에 다시 매달 때 번호대로 매달지 않는 경우가 종종 있기 때문이다. 때로는 아침에 번호대로 매달았는지도 기억이 가물가물하다.

문명이 발달할수록 짐은 늘어난다. 이번에 가장 많은 짐은 선이었다. 미투데이 연재용 삼성 갤럭시 S2와 내가 원래 쓰던 아이폰 4S 등 휴대전화 두 대, 그에 맞는 각기 다른 충전기 두 대. 휴대전화별 충전기를 연결하는 케이블 두 가닥. 거기에다 도중에 배터리가 떨어질 수 있기 때문에 태양열 충전기 한 대. 비가 오면 태양열 충전기를 쓸 수 없기 때문에 태양열 충전기를 전기로 충전하는 케이블 한 가닥. 휴대전화별로 태양열 충전기와 연결하는 선 두 가닥. 벌써 선만 다섯 줄이다. 미국 여행에서 책을 다섯 권 가져갔다가 한 권도 읽지 않고 돌아온 전철을 밟지 않으려고 이번에는 작고 가벼운 킨들을 가져갔다. 킨들용 충전기와 연결케이블 한 가닥. 그리고 디지털카메라와 카메라용 충전기 한 대. 당연히 카메라와 충전기를 연결하는 케이블 한 가닥. 거기에 카메라에서 찍은 사진을 노트북으로 보내는 데 필요한 연결케이블. 마지막으로 노트북과 충전기를 연결하는 케이블까지 모두 아홉 줄의 전선이 마치 내 몸을 칭칭 휘감고 너는 영원히 이 줄의 속박에서 벗어날 수 없다고 말하는 것 같다.

이번 여행에서는 한종호씨가 준 찻병을 가져갔다. 여기서는 많은 사람들이 찻병을 들고 다니면서 뜨거운 물을 부어 하루종일 차를 마신다. 중국 수돗물의 안전에 대해 마음을 놓지 못해서 차라리 뜨거운 차를 마시기로 했다. 자전거에서 내려 쉴 때 찻병을 어느 가방에 뒀는지 알아맞히는 것은 체육복권을 긁는 것처럼 긴장되는 일인데 대부분 꽝이다. 한번은 찻병을 도저히 찾을 수 없어 우울해했는데 며칠 뒤 2-2에서 출토(?)됐다.

배낭도 미로궁전처럼 주머니가 많다. 배낭에는 지퍼 달린 세 개의 칸이 있고 옆구리에 지퍼 없이 열려 있는 주머니 두 개, 뒤에 끈으로 된 주머니 한 개, 어깨의 부담을 줄여주기 위해 허리에 차는 넓은 띠가 있는데 여기도 주렁주렁 주머니가 매달려 있다. 오른쪽에 지퍼 달린 주머니 두 개와 왼쪽에 '찍찍이'로 여는 주머니 한 개. 도합 아홉 개의 주머니가 있다. 자전거용 상의에는 등뒤에 주머니 세 개가 있다. 자전거용 반바지에는 보통 주머니가 없지만 내가 가져간 철인3종 경기용 반바지에는 앞에 주머니가 세 개나 있다. 이게 끝이 아니다. 혹시 비가 내려 방수용 점퍼를 입으면 거기에도 주머니가 두 개 있다. 패니어를 제외하고도 최대 열일곱 개의 주머니를 간수해야 한다. 주머니 관리용 컴퓨터 프로그램이 따로 있어야 할 만큼 많다. 두더지를 망치로 두드리는 오락기처럼 생각지 못한 곳에서 물건들이 튀어나오고 생각한 곳에서는 물건들이 나오지 않는다. 그러니 뭔가를 잃어버릴 수도 있다는 마음의 준비를 하고 있어야 했다. 그런데 그게 하필이면 지갑이었다.

외진 시골에서 맞이한 총체적 난국

난징에서 안후이성의 취안자오全椒로 가는 331번 성도변의 가게에서 음료수를 주문하고 지갑을 꺼내는데 지갑이 없다. 찻병처럼 어디에선가 다시 나오겠지 하면서 뒤지는데 없다. 순간 내 얼굴이 굳어지고 있다는 걸 스스로 느꼈다. 원래 상의 등주머니에 넣어둔 것 같은데 없다. 열일곱 개의 주머니와 네 개의 패니어 그리고 패니어에 달린 두 개의 주머니를 방향을 바꿔가며 두 번 수색하고, 태어나서 처음으로 지갑을 잃어버렸다는 걸 인정해야 했다. 어떻게 하지? 이미 길을 잃어 많이 에둘러왔기 때문에 어둡기 전에 취안자오에 도착하려면 지갑을 포기해야 한다. 돈을 분산해서 보관했기 때문에 얼마간은 남은 돈으로 여행할 수 있을 것이다.

하지만 나는 온 길을 더듬으며 되돌아갔다. 되돌아가는데 맞바람이 불어왔다. 그동안 등바람이 밀어줘서 편히 주행했다는 걸 그제야 깨닫는다. 이윽고 자전거 뒷바퀴의 브레이크가 바퀴의 림에 달라붙었고 앞바퀴의 흙덮개도 떨어져나갔다. 외진 시골에서 맞이한 총체적 난국이다. 그렇게 아름답던 608번 현도의 주변 풍경도 초점을 잃는다.

정밀 수색을 위해 오던 길로 고개를 처박고 바닥을 훑으면서 역주행을 감행한다. 차들이 빵빵대며 피해간다. 나는 터무니없이 낙관적인 사람임에 틀림없다. 환상을 품는다. 경적이 들리면 혹시 내 지갑을 찾아서 갖다주려는 것 아닐까. "앞으로는 잃어버리지 마" 하면서 내 지갑을 내미는데 나는 "이런 기적이 일어나다니……" 놀라서 입을 다

묻지 못한다. 아니면 그것 외에는 찾을 방법이 없다는 걸 이미 깨닫고 있었기 때문에 스스로 포기하기 위해 그런 환상을 만들어냈는지도 모른다. 경찰차가 지나가는 것을 보고 신고할까도 생각했지만 안 그래도 밭은 일정에 시간만 더 빼앗길 것 같았다. 길을 잘못 든 채 한참을 내달렸던 104번 국도까지 가고 난 후에야 결국 단념했다. 서울로 전화 걸어 아내에게 카드 분실신고를 부탁하고 다시 돌아섰다. 608번 현도 변에 있는 주민들은 요상한 차림의 자전거 여행자가 같은 길을 두 번 왕복하는 것을 보고 의아한 표정을 지었다.

잃어버린 경위를 생각해보니 이랬을 것 같다. 시작은 카메라다. 배낭의 첫 칸에 넣어둔 카메라를 꺼내기 위해서는 배낭을 벗어서 지퍼를 열어야 하지만, 자주 넣고 꺼내기를 반복하다보니 귀찮아져 등에 멘 채 배낭을 몸 옆으로 끌어당겨 카메라를 꺼내곤 했다. 배낭을 돌리는 과정에서 상의 등주머니에 넣어둔 지갑이 딸려나왔을 것이다. 만약 바로 떨어졌으면 그 소리를 들을 수도 있었을 텐데, 비옷을 입고 있어서 지갑이 비옷과 허리 사이에 엉거주춤 끼어 있다가 자전거를 주행하고 나서야 스르르 미끄러져내렸을 것이다. 그 소리는 빗소리에 묻혔을 테고 이 태평한 자전거 여행자는 풍경에 정신이 팔려 룰루랄라 달려버렸을 것이다. 실제가 어떻든 간에 잃어버린 과정과 그래서 찾을 수 없을 거라는 결론이 스스로 납득이 되자 이 선천적 낙관주의자는 다시 정태춘의 〈시인의 마을〉을 읊조리며 달려나갔다.

하지만 취안자오로 가는 20여 킬로미터의 331번 성도 구간은 포장도로로서 그보다 나쁠 수 없었다. 화물차의 바퀴에 짓이겨진 노면은 갈라지고 파이고 튀어나오고 날카로웠다. 비가 내려 군데군데 물웅덩이가 생겼고 파손된 노면 사이로 삐져나온 흙은 거칠게 반죽돼 있었다. 한마디로 엉망진창이다. 덜커덩덜커덩 시속 10킬로미터도 낼 수 없었다.

게다가 지갑을 찾기 위해 시간을 낭비한 대가는 혹독했다. 어둠이 내려버렸다. 중국은 국도에도 가로등이 없는데 하물며 성도는 말할 것도 없다. 갑자기 농촌 깊숙이 들어와서 길을 잃고 지갑을 잃고 막판에는 한 치 앞도 보이지 않는, 콘크리트 잔해물이 즐비한 낯선 길을 간다. 인적마저 끊기고 가끔 화물차나 오토바이가 지나가면서 남긴 불빛에 의지해보지만 너무 짧다. 인가가 나올 때면 개들이 사납게 짖으며 뛰쳐나온다. 쓸데없이 용맹스런 미국 켄터키 주의 개들을 상대한 경험이 있기 때문에 크게 놀라지는 않았지만 성가시긴 마찬가지다.

이런 와중에도 스스로를 객관화해서 보는 버릇은 여전하다. '여기에 펑크까지 나면 대재난이 완성되겠군.' 아무것도 보이지 않는 어둠 속에서 펑크를 때워야 하는 최악의 순간을 마음속으로 대비하고 있다. 하지만 마라톤 플러스 타이어는 위대했다. 파괴된 콘크리트의 날카로운 이빨을 견뎌내고 나를 취안자오까지 끌고 갔다.

저녁 9시가 넘어 취안자오에 도착해서 서둘러 방을 구하고 식사를 하러 나갔다. 중국에서는 보통 9시까지만 문을 여는 식당이 많은데 다행히 아직 연 곳이 있었다. 룽사龍霞라는 민물새우를 삶아준다. 맥주 안주로 제격이다. 껍질이 미끄러워 잘 못 까니까 일하는 아줌마가 시범을 보였다. 그 대가로 본인이 깐 새우를 먹으라고 줬다. 아줌마가 고작 이것 하나 주느냐고 되받아치는데 웃음이 터졌다. 웃음이 멈추지 않았다. 나는 소리내서 웃는 편이 아닌데 웬일인지 배 속 깊숙한 곳에서 소리가 울려나온다. 이렇게 순전한 웃음을 터뜨려본 지 정말 오래된 것 같다. 그것은 자의식을 거치지 않고 몸이 떨려서 나오는 울림이었다.

15

중국 농민들과의 첫 조우

난징을 벗어나자마자 점이지대 없이 바로 한적한 농촌이다. 도시의 소란과 농촌의 정적이 이렇게 이웃하고 있다는 게 놀랍다. 도시 위주의 불균형 성장이 그 원인이겠지만 여행자에게는 큰 수고 없이 농촌 깊이 들어갈 수 있어서 감사할 뿐이다.

물론 길을 잃지 않았으면 들어가지 못했을 것이다. 난징에서 창장대교를 건너서는 312번 국도를 따라가야 하는데 길도 여러 갈래인데다 노변에 열린 장터에 인파까지 몰려 정신을 차릴 수 없었다. 한참을 달린 끝에 안후이성의 진입을 알리는 표지판에 104번 국도 표시가 있는 것을 보고 북쪽으로 하염없이 가고 있다는 걸 깨달았다. 1로 시작되는 국도는 베이징으로 가는 길이다. 할 수 없이 608번 현도를 타고 남하해 331번 성도를 만나 서진하기로 했다.

추허강滁河을 따라가는 608번 현도는 많이 으깨진 노면에서 주행하는 불편을 아름답고 평화로운 경치로 갚아준다. 소들이 풀을 뜯고 오리들이 물가에 떼지어 있다가 바람에 휩쓸린다. 사공이 목선에 올라 노를 저어가고 비가 갠 서쪽 하늘에는 구름이 오렌지빛으로 물들어 간다.

그런데 나를 쳐다보는 사람들의 눈빛을 해석하기가 어렵다. 지금까지 만난 중국인들은 내가 자국인이 아니라는 걸 대번에 알아챘다. 새까맣고 갸름한 얼굴에 콧대가 높고 키는 삐죽 큰 저 녀석은 과연 어느 행성에서 왔을까. 동그랗거나 넓적한 얼굴에 콧대가 그리 높지 않은 남방의 중국인들은 궁금증을 견디지 못하고 다가오곤 했다. 하지만 이곳 농촌 사람들은 쳐다만 본다. 가끔 청년들이 오토바이를 타고 질주하는가 하면 곳곳에서 폭죽 터뜨리는 소리가 요란하다. 뭔가 수상한 느낌이었다.

사실 중국에 오기 전 가장 불안했던 것은 농촌 상황이었다. 중국 농민과 관련된 보도가 있다면 대부분 시위와 관련된 것이었다. 2011년 가을에 일어난 광둥성 우칸烏坎촌에서의 농민시위는 서방 언론에 대대적으로 보도됐다. 지방관리들이 농민들의 의사도 묻지 않고 땅의 사용권을 개발업자들에게 팔아넘긴 것이 도화선이었다.

항의시위가 벌어지고 지도자 한 명이 체포돼 옥사하자 농민들은 죽창을 들었다. 마을을 봉쇄한다는 계엄령이 내려지고 수개월간 대치 끝에 광둥성 정부가 결국 농민들의 손을 들어줘서 반란의 지도자가 촌의 대표로 선출됐다. 이 소식을 전하는 2011년 12월 25일자 뉴욕타임

스는 ‘우칸은 농촌반란의 전조일 수 있다’는 대담한 제목과 함께 “중국에는 우칸처럼 부정에 고통받는 62만 5000여 개의 잠재적인 우칸이 있다”고 보도했다.

서방 언론은 중국 어느 한 곳에서 시위가 일어나면 다른 곳에서도 끓어오르고 있을 것이라고 해석하는 경향이 있다. 이에 대해 중국 정부는 서방 언론이 중국의 안정을 흔들기 위해 침소봉대한다고 비판한다. 그럼 솔직히 공개하면 되지 않느냐는 질문에 대해서는 나쁜 일이 알려지면 사회 분위기를 흐리고 나쁜 일이 더 일어날 수 있다고 대답한다. 이런 사회주의 언론관에 따라 사회 안정을 해칠 수 있는 우칸촌 시위는 중국 내에서는 보도가 통제됐다.

나는 누구 말을 믿어야 할지 모르겠다. 내 생각은 잠재적인 우칸들이 많을 것으로 가정하고 대비하는 게 안전하다는 쪽이다. 중국에서 농촌은 개혁개방 이후 분배에서 가장 소외된 지역인데다 도시의 농민공으로 젊은이들이 빠져나가면서 농촌 자체도 피폐해지고 있는지 모른다. 사회규범은 무너지고 인심이 흉흉해지면서 범죄가 판치고 외국에서 혼자, 그것도 빨리 도망칠 수 없는 자전거를 타고 온 나 같은 여행자들은 넝쿨째 굴러온 호박으로 여겨질 수도 있다. 그런 생각을 하고 있으니 선뜻 다가가서 말을 붙일 수가 없었다. 사실 농민들이 중국의 현재와 미래에 대해 어떻게 생각하는지를 듣고 싶은 게 이번 여행에서 중요한 과제였다. 하지만 아직 현장 파악이 안 됐고 또 그들이 불의의 틈입자를 어떻게 받아들일지 몰라서 망설여졌다.

안후이성은 농업대성農業大省으로 불리지만 무엇보다 집단농장 방식의 인민공사가 처음 무너진 성이다. 그것 역시 아래로부터의 혁명이었다. 충격과 혼돈의 문화대혁명이 끝나고 2년이 지난 1978년 11월 24일 내가 지나가고 있는 곳에서 북쪽으로 얼마 떨어지지 않는 펑양鳳陽현 샤오강小崗촌에서 열여덟 명의 농민이 오두막에 모여 목숨을 걸고 붉은 지장을 찍었다. 계약서에는 집단경작 대신 가구별로 농토를 나누고 할당된 생산량을 채우면 나머지는 개인이 갖기로 한다는 내용이 적혀 있었다. 능력에 따라 일하고 필요에 따라 소비한다는 사회주의의 원칙을 깨뜨린 순간이다.

그러나 나중에 국무원 부총리까지 지내는 안후이성 서기 완리萬里는 이 역린을 승인하고 안후이성 전역으로 확대했다. 이듬해 열여덟 명이 생산한 작황은 오히려 코미디라고 해야 할 것 같다. 전년 대비 여섯 배 또는 5년간 생산량에 맞먹는 어마어마한 양을 수확했다. 그만큼 개인의 성취동기가 중요하다는 것을 확인한 당 중앙은 1982년 이 도급제包干를 중국 전역으로 확대했고, 중국은 역사상 처음으로 굶어죽는 사람이 없게 됐다고 선언할 수 있었다.

이렇듯 안후이성은 농업생산혁명의 단초를 연 성이다. 농촌은 한동안 도시에 비해 상대적인 풍요로움을 구가했다. 하지만 1990년대 이후 남동 해안을 중심으로 도시가 급성장하면서 농촌은 다시 뒤처졌다. 물가상승을 우려한 중국 정부가 저곡가 체제를 유지하면서 농민들의 살림은 나아질 수 없었다.

중국은 북한과 아프리카 서부의 작은 나라 베냉과 함께 전 세계에서 거주 이전의 자유가 없는 세 나라 중 하나다. 도시에서 일은 할 수 있지만 주민등록을 옮기지는 못한다. 상하이의 호적을 획득하는 것은 미국에 이민 가는 절차와 유사하다. 상하이인과 결혼하거나 집을 사거나 석사, 박사학위를 소지하고 있거나 전문기술을 보유하고 있어야 하는 등 열한 개 조건 가운데 하나를 충족해야 한다. 중국 정부는 이 통제를 풀 경우 농촌 인구가 도시로 몰려들어 농촌은 버려지고 도시는 미어터져 양쪽 모두 기능이 마비될 것을 우려한다. 그래서 지역적 격리를 유지하되 도농 격차를 줄이는 데 역점을 두고 있다.

2006년부터 시행중인 삼농정책이 그것이다. 농업, 농민, 농촌 세 분야로 나눠 시행되고 있는 정책을 통칭하는 표현이다. 이 정책으로 2600년 수탈의 역사를 안고 있는 농업세가 2006년 폐지됐다. 그것만으로 농민 한 사람당 매년 1300여 위안(약 23만 원)꼴의 혜택이 돌아간다. 그리고 보조금을 지급하며 농촌의 지역개발에 막대한 자금을 투자하고 있다.

'헌하오(좋아)'를 합창하는 농민

드디어 농민들을 만나게 되었다. 취안자오에서 일박하고 안후이성의 수도인 허페이合肥로 가는 331번 성도변의 한 마을에서 결혼식이 열렸다. 좋은 날이어서 경계심이 약해진 틈을 노려 하객들에게 다가가려는데 도회풍의 '밉상'인 중년남성이 손사래를 치며 저리 가라고 쫓았다. 보통 자전거를 끌고 한국에서 왔다고 하면 사람들이 쌍수를 들어 환영하는데 이 남성은 말도 붙이기 전에 쫓아냈다. 무안해서 주위를 맴돌며 조심조심 촬영하고 있는데 골격이 큰 남자가 어디서 왔느냐고 물었다. 한국에서 왔다고 하자 그는 밥 먹고 가라면서 안으로 잡아끌고 담배를 권하는 등 어떻게 환대해야 충분할지 어쩔 줄 모르는 표정이었다. 그와 말을 트자 사람들이 나를 에워싸며 이방인에 대해 눌러왔던 호기심을 발산했다. 이렇게 집단적인 대화를 하면 좋은 점이 그중에 꼭 한 사람은 표준어인 푸퉁화를 하거나 알아듣는다. 역시나, 그들 중 소학교 선생님이 있었다.

중국 사람들이 꼭 하는 얘기는 한국 여자들이 예쁘다는 것. 한국 드라마를 정말 많이 보는 모양이다. 연예인들이 성형수술을 해서 예뻐 보이는 것이라고 하면 돈이 있으니까 성형수술도 하는 것 아니냐며 부러움을 멈추지 않는다. 삼성을 비롯한 한국 제품에 대한 인상도 좋다. 반대로 북한에 대해서는 북한의 현재는 자신들이 지나온 과거라고 말을 하며 혀를 찬다. 그러면서 자신들이 타이완과의 관계를 풀었듯이 남북관계도 개선하라고 촉구한다. 중국 농촌에서 이런 대화가 오갈 것이라고는 상상도 못했다. 이들은 내가 물어보면 합창하듯 대답한다.

"뭘 심나요?"

"쌀, 밀, 옥수수."

"올해 농사 잘돼요?"

"헌하오很好(좋아)."

"중국의 현재에 대해 어떻게 생각해요?"

"헌하오."

"그럼 미래에 대해서는 어떻게 생각하는데요?"

"하이커이還可以(괜찮을 거야)."

"도시가 훨씬 더 잘사는데 불만 없어요?"

"대신 여기는 시끄럽지도 않고 공기가 좋잖아."

다들 답변이 긍정적이고 낙관적이다. 농촌이 불안하고 피폐할 거라는 선입견과는 너무 다르다. 결혼식이 있어서 기분이 좋아서 그런가, 아니면 한국에서 온 희객稀客에게 심각한 얘기를 하기가 어려워서 그런가, 아니면 여기만 그런가? 그럴지도 모르지만 중국 안으로 들어올수록 점점 지금까지 언론보도나 서방작가들이 묘사한 것과는 다른 중국과 중국인을 발견할지 모른다는 기대감을 갖게 된다. 역시 발품을 팔아서라도 내 눈으로 봐야 해.

또 한 가지 한국과 다르게 느껴진 점은 중국인들은 작별에 익숙하다는 것이다. 나를 에워싸고 호기심을 채우던 농민들은 내가 가봐야겠다고 한마디 하자 바로 길을 터줬다. 한국 같으면 좀더 있다 가라고 붙잡고 늘어졌을 상황에서 중국인들은 선선히 작별한다. 미국에서도 비슷한 정서를 느꼈는데 이게 대륙적인 기질인 듯싶다. 한번 헤어지면 죽을 때까지 다시는 보지 못할 수도 있는 크기의 나라에선 헤어짐에 연연하면 안 된다. 만나고

헤어지는 것이 일과인 나 같은 여행자는 더욱 그래야 한다. 하지만 아무리 스쳐간 인연이었다고 하더라도 다시는 못 본다고 생각하니 가슴이 아련해진다. 나는 한국인 맞다.

자전거를 타고 만난 중국의 초상 I

56개 민족, 14억의 인민이 이루는 거대한 하나, 중국을 이루는 점점의 모자이크,
라오바이싱老百姓의 얼굴을 만났다.

16

중국 사람들은 약도를 그리지 않는다

왜 312번 국도에서 번번이 길을 잃었는지 뼈저리게 알게 됐다. 취안자오에서 안후이성의 성도인 허페이로 가는 길은 명료해 보였다. 취안자오에서 동북 방향으로 비스듬히 북상하면(어제 저녁 오던 길로 조금만 되돌아가면) 312번 국도와 고속공로 G40이 함께 달리는 구간을 만난다. 거기서 312번 국도를 타고 120킬로미터 서진하면 허페이가 나올 것이라고 생각했다. 다시는 331번 성도는 거들떠보지 않으리라는 다짐과 함께.

출발하면서 일단 북으로 달려 취안자오 기차역에 이르러 길을 물으니, 내가 예상한 동북 방향은 우회전인데 좌회전해서 쭉 가다가 다시 좌회전하고 좀 가다가 다시 우회전해서 쭉 서쪽으로 가라고 한다. 농촌에 사는 중국인들은 익숙한 지리환경에서 평생을 살아왔기 때문에 이방인의 관점으로 길을 설명하지 못한다. 가장 답답한 말은 이 사람의 말처럼 "이즈쩌우一直走(쭉 가)"다. 가장 많이 듣는 말은 "첸왕 이즈쩌우前往 一直走(앞으로 쭉 가)." 어디까지 계속 가야 하는 걸까. 샛길이 나올 때마다 의문이 끊이지 않는다. 줄여서 첸왕쩌우(앞으로 가) 또는 이즈쩌우(쭉 가)만 말하기도 한다. 속뜻은 앞으로 가다가 주위 사람들에게 길을 또 물어보라는 얘기다. 허페이로 가는 120킬로미터의 길을 일일이 다 설명하기는 어렵다. "신호등 서너 개 지나서 좌회전해三四個紅綠燈以後 左拐"라는 말은 무책임해 보이기까지 한다. 신호등 하나 차이로 얼마나 많은 길을 더 헤매야 할지 모르는데 '서너 개'라고 대충 얘기한다.

미국을 여행할 때는 어드벤처 사이클링 협회에서 펴낸 자전거길 지도를 보고 갔다. 그래도 종종 길을 잃곤 했는데 중국에는 장거리 자전거 지도가 없을 뿐 아니라 지도 자체가 발달돼 있지 않다. 한동안 지도는 군사비밀로 취급됐기 때문에 구하기 어려웠다. 지금은 서점의 매대에 각종 지도가 즐비하지만 지도를 그리고 교정을 보고 인쇄하는 사이 길은 바뀌어버린다.

나는 휴대전화 속 구글 지도를 주로 참고했는데 선택항목에 자동차와 대중교통, 보행용 지도밖에 없다. 자동차용 지도는 고속공로로 안내하기 때문에 쓸 수 없고 보행용 지도 역시 산길같이 자전거가 다닐 수 없는 길을 안내하는 경우가 적지 않아서 완전히 신뢰할 수 없다. 결론은 동네사람들한테 의지할 수밖에 없는데 중국 사람들은 약도를 그리지 않는다. 방언이 심해 몇 번 들어도 귀에 안 들어오면 써달라고 하는데 서술형 문장을 적는다. 공간을 객관적 거리로 환산해 추상화하는 습관이 없다. 세계의 중심이 중국이고 주변국은 오랑캐라고 여겨온 상대적인 공간관념이 공간지각력을 약화시켰음에 틀림없다. 그래서 정화함대가 세계를 다녀와도 중국의 중심성을 강화했을 뿐 왕국의 절대면적을 넓히려는 욕심이 생겨나지 않았을지 모른다.

때로는 동쪽이나 서쪽으로 가라고 말하면서 방위감각을 보여주기도 하지만 어디가 동이고 어디가 서인지 모르는 이방인한테는 소용없는 말이다. 지리적으로도 중국의 중원은 대부분 평원이거나 구릉지대이기 때문에 높은 곳에서 아래를 내려다볼 때의 입체적인 공간감각이 발달하기 어려웠던 것 같다. 서울처럼 동네 뒷산에 오르면 시내가 한눈에 보이는 전망이 여기에서는 쉽게 얻을 수 있는 게 아니다. 그래서 보통 이렇게들 쓴다.

“여기서 한 200, 300미터 가면 사거리가 나오는데 거기서 좌회전해. 그런 다음 좀 가서 높은 건물이 하나 나오면 거기서 우회전해.”

‘좀 가서’가 얼마를 가라는 뜻일까? ‘높은 건물’이라면 얼마나 높은 건물을 말하는 것일까? 우회전은 건물을 지나자마자 해야 하나, 아니면 지나기 전에 해야 하나? 의문이 꼬리를 물지만 더이상 괴롭히는 것은 예의가 아닌 것 같아서 그냥 떠난다.

나는 출발할 때 동북 방향으로 약간 우회하는 게 싫었는데, 기차역 앞에서 만난 사람에 따르면 서진하는 길이 있다고 하니 반가운 마음에 ‘이즈쩌우’ 했으나 얼마 못 가 도로공사중 표시가 나오고 길이 끊겼다. 이 사람 말대로 좀 가다가 좌회전했어야 했는데 좀더 간 것이다. 할 수 없이 되돌아가 샛길을 만나 남진했다. 그런데 다시 우회전해야 서진하고 허페이로 갈 것 같은데 우회전 길이 나오지 않는다. 너무 돌아가는 것 아닌가 의심이 생겨 행인에게 길을 다시 물어보니 처음에 내가 동북 방향으로 가려고 목표했던 길을 일러준다. 한참을 서진하고 남진했기 때문에 동진해야 한다. 아침에 출발했던 곳을 기준으로 북-서-남-동의 궤적을 그리고 원위치했다.

거기서 다시 비스듬히 동북으로 7, 8킬로미터를 달려 312번 국도의 진입구여야 할 곳에 도착했다. 그런데 40번 고속공로의 톨게이트밖에 없다. 고속공로 관리소 직원은 고속공로는 자전거 진입금지라면서 길을 고쳐 알려주는데 다시 왔던 길을 되돌아가야 한다. 믿기지 않았고 믿고 싶지 않았다. 같은 책을 두 번 읽지 못하는 나 같은 성격의 소유자에게 온 길을 되돌아가는 것만큼 진절머리나는 일은 없다. 여러 사람을 붙잡고 "제발, 아니죠?" 사정조로 물어보는데 답이 한결같다. 할 수 없이 남진을 시작, 세번째 아니 전날 밤길까지 포함하면 같은 길을 네 번이나 달려서 아침에 출발했던 곳을 다시 통과해 결국 지긋지긋한 331번 성도로 가야 했다.

오늘도 길에서 석양을 본다

길이 거대한 아나콘다 뱀처럼 길을 잡아먹는다는 걸 몰랐다. 구글 지도에 312번 국도가 고속공로로 이어져 나란히 있는 것으로 생각했는데 고속공로가 312번 국도를 흡수통합한 구간이었다. 계속 주행할 수 있는 자동차로야 무관한 일이겠지만 자전거 여행자에게는 갑자기 길이 끝나고 절벽 끝에 멈춘 것과 같다. 312번 국도가 눈앞에서 사라져버린다. 이전에 312번 국도를 타고 가다가 눈뜨고 길을 잃은 일부 원인도 이것이었다. 동네 주민들은 자전거로 도시간 여행을 거의 하지 않기 때문에 잘 모르고 고속공로로 변한 312번 국도로 나를 안내한 것이었다. 돌아보면 아침에 처음 길을 안내한 주민의 말이 가장 정확했다. 나는 한참 남진한 뒤에야 그가 말한 우회전 길을 찾았다.

고속공로는 국도를 잡아먹었다가 도시에 가까워지면 다시 뱉어낸다. 자전거 여행자 처지에서는 312번 국도는 신기루처럼 나타났다가 사라지기를 반복해서 애간장을 녹였지만 그 덕분에 길을 헤매면서 새로운 것들을 보고 새로운 사람들을 만나면서 중국 깊숙이 들어갈 수 있었으니 밑진 건 없다. 그렇다고 자청해서 길을 잃지는 않는다. 매일 목표한 대로 길을 갈 수 있기를 간절히 바라지만 거의 그렇게 된 적이 없을 뿐이다.

전날 밤 공포의 331번 성도는 도시에서 벗어날수록 아름다워졌다. 길 양쪽에 심어진 아름드리 가로수들은 드넓은 유채밭 한가운데 몇 킬로미터나 긴 터널을 이루기도 했다. 아이들이 가끔 자전거로 따라붙기도 하고 양떼가 건너가기도 하고 길가에 연한 대문 앞에 걸터앉은 주민들이 한가로이 바라보기도 한다.

저가오진柘皋鎭에서 희망소학교 앞을 지나갔다. 교사校舍는 붉은 벽돌 벽에 군청색 기와를 얹은 아담한 건물이었다. 상하이시 루완구盧

灣區에서 지어준 것인가보다. 학교 이름에 상하이 루완저가오라고 적혀 있다. 중국 정부는 선부론先富論에 따라 먼저 잘살게 된 지역이나 기업들이 낙후된 지역을 위해 공헌하도록 유도하는 '희망공정希望工程' 프로그램을 운영하고 있다. '희망공정' 중 대표적인 사업은 학교 지어주기다. 내게 자전거를 준 김정호씨도 중국에 희망소학교를 두 군데나 기증한 적이 있다. 풀밭으로 변한 작은 운동장에서 몇몇 아이들이 뛰놀다가 나를 발견하고 뛰어왔다. 그러자 다른 아이들도 몰려들어 교문의 쇠창살을 붙잡고 말을 건넨다.

"우아, 키 크다. 어디서 왔어?"

"한국."

"우아, 한국 사람 처음 본다."

"왜 밖에서 놀아?"

"체육시간이었거든. 근데 한국 사람이 왜 중국말 해?"

"조금 배웠거든."

"근데 왜 우릴 사진 찍어?"

"귀여워서."

"여기는 왜 왔어?"

대답하기 전에 선생님이 와서 아이들을 데리고 교사 안으로 들어갔다. 화창한 봄날 오후 문득 나타난 나는 그들의 머릿속에 어떤 잔영으로 남았을까. '왜 왔을까?' '설마 자전거를 타고 한국에서부터 온 것은 아니겠지? 그럼 날아왔나?' '날아왔다면 외계인? 도무지 저렇게 다니는 이유를 알 수가 없네. 하지만 재미는 있겠다.'

서진하는 길에서는 해와 경주한다. 해가 뉘엿뉘엿 서쪽으로 기울어지는 동안 나는 부지런히 페달을 밟아 해가 떨어지기 전 목적지에 도착해야 한다. 하지만 오전에 길을 헤맨 탓에 오늘도 길에서 석양을 본다. 페이둥肥東을 지나자 완연히 어두워졌다. 다행히 가로등이 마중 나와서 주행하는 데 큰 불편은 없었다. 다시 번잡하고 소란스러운 도시로 들어갔다.

17

계절풍보다 탁하고 변덕스러운 **중국의 정치 풍향**

안후이성의 수도인 허페이에서 가보고 싶은 곳은 중국과학기술대학이었다. 톈안먼 사태가 일어나기 3년 전인 1986년 민주화 시위가 처음 일어난 곳이다. 나중에 중국 인권운동가가 되는 물리학자 팡리즈方勵之는 이 대학의 부총장이었다가 시위 이후 해임됐다.

나는 사회주의 시장경제라는 제3의 길이 중국에서 어떻게 받아들여지고 있는지 궁금했다. 상부구조는 일당독재이고 하부구조는 자본주의인 사회는 사회주의 유물론으로 봐도 기형적인 형태다. 서방에서는 그 길이 불가능하다고 보는 사람들이 많다. 국민들은 정치적 자유를 요구하게 될 것이고 이에 따른 혼란이 예정돼 있다는 게 서방의 지배적 시각이다. 랍 기포드는 『차이나 로드』에서 "중국인들은 이제 피자의 토핑을 고를 수 있게 된 데 만족하지 않고 결국 정치지도자들을 선택하고 싶어할 것"이라고 썼는데 과연 당사자인 중국인들도 그렇게 생각할까?

그것에 가장 가까운 사건이 톈안먼 사건이다. 1989년 4월 15일 개혁파인 고故 후야오방胡耀邦 총서기의 추모 집회에서 시작돼 6월 4일 탱크에 의해 진압되기까지 7주간 톈안먼광장과 전국 주요 도시에서 지속된 민주화 시위다. 이 사건은 지금도 중국에서는 금칙어다. 인터넷에서는 '허셰和諧(검열)'를 피해 '5월 35일(6월 4일)'이라든지 '식사 한 끼 6위안 40마오平飯 六塊四'라는 은어들이 유통된다. 중국 정부가 사회정책으로 내세우고 있는, 조화라는 뜻의 '허시에'는 인터넷에서 다양한 뜻으로 조롱되고 있지만 여기서는 검열의 뜻이다. 식사를 뜻하는 '핑판平飯'은 억울한 일을 풀어준다는 핑판平反과 발음이 같고, 가격 6위안 40마오를 뜻하는 '六塊四'는 6월 4일 희생자를 뜻한다. 이렇게 해서라도 기억하려는 사람은 얼마나 될까?

수풀 우거진 캠퍼스에 자전거를 대놓고 일별하니 여기저기 남녀가 짝을 이루고 있다. 여자친구 무릎에 누워 있는 남학생에게 태어나기도 전의 시위에 대해 물어볼 만큼 주책없지는 않다. 상하이의 런민광장처럼 정치 토론 대신 사랑의 밀어를 나누는 곳이 된 것 자체가 변화를 상징한다. 분수대 한쪽 끝에 중국의 '괴테'라고 불리는 궈모뤄郭沫若가 팔짱을 끼고 서서 교정을 보고 있다. 덩샤오핑鄧小平이 직접 '궈모뤄상郭沫若像' 네 글자를 썼다는 설명이 동상 뒷면에 붙어 있다. 궈는 중국과학원의 원장일 당시 이 학교를 세우고 초대 총장이 됐다. 지식인의 수난기인 1960년대 중반 문화대혁명에서 그는 마오쩌둥이 '우파의 대표'로 껴안아주는 바람에 홍위병의 포위에서 풀려났지만 열한 명의 자식 중에서 아들 두 명이 자살하거나 의문의 죽음을 당했다.

점잖게 연세 드신 분이 자전거를 타고 분수대를 맴돈다. 지구화학을 가르치다 은퇴한 이후 매일 이 시간 여기 와서 자전거를 탄다고 한다. 몇 마디 말을 붙여보는데 조심스러워한다. 중국에서 정치 풍향은 계절풍보다 탁하고 변덕스러웠다. 자신의 발언이나 논문은 스스로 발등을 찍는 도끼가 돼서 돌아오곤 했다. 그는 이름도 말해주지 않았고 당연히 촬영도 허락하지 않았다. 그러면서도 중국에서 만난 다른 사람들처럼 궁금한 게 많다.

그는 영어를 고집했다. 나는 중국어를 고집해서 통역 없는 영중英中 대화가 오간다. 이민 간 집에서 아이들은 영어 쓰고 부모는 한국말을 쓰는 것과 유사하다. 희한한 것은 둘 다 자신이 선택한 언어가 유창하지 않다는 점이다. 말이 막힐 때마다 나는 그의 영작을, 그는 나의 중작을 도와준다. 그는 당연히 1986년 이곳에서 일어난 시위와 팡리즈에 대해 알고 있었다. 팡은 얼마 전 미국 애리조나 주 투손에서 별세했다.

"동료 교수였는데 모를 리가 있는가."

"그를 어떻게 평가하는가?"

"좋은 사람이다."

"팡리즈는 민주화를 요구하다 망명했다. 그의 행동에 대해서는 어떻게 생각하는가?"

"그가 망명한 게 아니고 중국 정부가 미국행을 허가한 것이다."

이것은 사실이 아니다. 1989년 시위가 무력 진압된 다음날인 6월 5일 팡은 미 대사관으로 피신했고 망명이 허용됐다. 그러나 중국 정부는 그를 현상수배하면서 미국을 압박했고 미국은 대사관에서 그를 일년여 동안 보호했다. 헨리 키신저와 덩샤오핑의 직접 협상으로 그는 영국을 거쳐 미국으로 건너갈 수 있었다.

"그의 행동에 대해서는 어떻게 보는가?"

"좋은 뜻으로 했겠지만……"

질문을 피해간다. 사실 중국에서는 정치 얘기하기가 편하지 않다.

"양전닝楊振寧 교수는 잘 지내고 있는가?"

나는 경계를 풀기 위해 허페이 출신의 노벨물리학상 수상자 양전닝의 근황을 물었다. 양전닝은 82세이던 2004년 28세의 웡판翁帆과 재혼했다. 중국의 검색사이트 바이두baidu.com에 그의 이름을 입력하면 그들 사이에 자식이 생겼는지에 대한 질의가 자동 완성된다. 사람들이 많이 물어본다는 뜻이다. 그제야 이 노교수의 표정이 활짝 펴졌다.

"칭화대학에서 잘 지내고 있을걸…… 하하하."

칭화대학은 베이징대학과 중국에서 쌍벽을 이루는 대학이다. 중국과학기술대학이 만약 개교할 때처럼 베이징에 있었으면 칭화대학 못지않았을 것이다. 지금도 물론 입학하기 어려운 명문이긴 하지만 위치가 외진 탓에 손해보고 있다.

"이 대학을 왜 여기로 옮겼는가?"

그는 정치적 이유라는 것 외에 입을 다물었다. 사실 민감한 질문도 아니다. 1960년대 말 관계가 악화된 소련의 침공에 대비해 베이징의 주요 시설이 중국 전역으로 산개됐다. 중국과학기술대학도 처음에 안후이성의 안칭安慶으로 옮겼다가 비좁아 허페이로 온 것이다.

그는 답은 안 해주면서 남북관계가 개선되지 않는 이유와 북한에 대한 내 생각을 묻는다. 그러면서 분단의 원인도 물었는데 내가 기껏 대답하자 이미 알고 있다고 말했다. 나를 시험해본 것 같다. 나는 마지막 질문을 던졌다.

"톈안먼 시위가 다시 일어날 것으로 보는가?"

"중국은 현재 경제적으로 성장하고 있고 정치지도자들이 이전에 비해 훨씬 좋기 때문에 그런 일은 일어나지 않을 것이다. 중국의 미래는 밝다."

팡리즈를 잊은 중국과학기술대학

벤치에 앉아 있는 청년들에게 발걸음을 옮겼다. 그들은 근처 정보통신업체에 다니는 프로그래머들인데 점심시간 캠퍼스에 놀러 왔다. 이들도 중국의 현재와 미래에 대해 낙관적이다. 내가 만난 농민 얘기를 하니까 정부가 보조금을 지급하고 있어서 농촌 형편이 나아졌다고 말했다. 그들 고향도 농촌이다. 하지만 1986년의 시위나 팡리즈에 대해서는 몰랐다. 공원에서 만난 다른 학생들도 마찬가지였다. 굳이 알고 싶어하지도 않았다. 그들과 얘기하는 도중 노교수가 다시 다가왔다. 나한테는 뜬금없지만 오래 생각한 질문인 듯하다.

"미국이 중국을 침공할 것으로 보느냐?"

중국 관영언론에서는 최근 미국이 호주에 병력을 주둔시키고 필리핀과 군사협력을 강화하는 것을 중국을 견제하기 위한 해상봉쇄전략으로 해석하고 있다. 중국의 바깥에서는 국력이 강해진 중국이 대외강경노선을 취할 것을 우려하는데 중국에서는 정작 미국의 침공을 우려한다. 역사의 피해자라는 의식을 갖고 있다. 그래서 나는 중국이 영토분쟁에서 더 공격적으로 나올 가능성도 있다고 생각한다. 피해의식을 갖고 있는 권력자들이나 강대국은 위험할 수 있다.

소련은 미국의 침략이 아니라 군비경쟁에 경제력을 탕진해 내부에서 무너졌다. 중국도 전철을 밟지 않으려면 미국의 위협보다 빈부 격차의 해소가 더 중요하지 않겠느냐고 했더니, 그는 어쨌든 미국의 침공 가능성이 적다는 뜻으로 해석하고는 나를 구내식당으로 데려가 짜장면을 사줬다.

드디어 팡리즈를 아는 학생을 만났다. 물리학과 대학원에 다니는 천충陳沖이 두리번거리는 내게 말을 걸어왔다. 그는 지난해 자전거로 쓰촨성 청두에서 티베트 라싸까지의 촨짱선을 다녀온 적이 있어서 짐자전거를 보고 반가웠던 것 같다. 총명하면서도 사근사근하다. 팡에 대해 머뭇거림 없이 말했다.

"나는 그가 훌륭한 학자이고 애국자라는 걸 알고 있다. 하지만 그 시기에 그가 한 행동의 저변에 대해 무엇이 있었는지 모르기 때문에 그의 행동에 대해 말하기는 어렵다."

"지금도 그때와 같은 일들이 일어날 수 있는가?"

"그렇지 않을 것이다. 환경오염과 식품안전, 부패 같은 문제들이 있지만 사람들은 대체로 만족하고 있다."

그뿐만이 아니다. 상하이와 난징을 거쳐 여기까지 오는 동안 만난 대학생들은 모두 비슷하게 말했다. 이들은 정치구조의 개혁에 대해 무관심하다. 공산당 일당독재의 상부구조는 외려 시장경제에 의해 떠받쳐져 공고해진 것처럼 보인다. 그렇다면 자유민주주의를 역사의 종점으로 보는 서방의 시각은 시기상조인가? 아니면 아예 적용되지 않는 것 아닐까? 서구보다 더 오래된 중국의 역사로부터 현재를 해석해야 하지 않을까?

그러고 보면 중국의 본토에서는 전국 단위에서 단 한 번도 민주적인 선거가 치러진 적이 없다. 다른 말로 하면 선거는 반드시 실시해야 하는 사회적 당위로 확립된 적이 없다는 뜻이다. 정치적 자유는 다른 목적을 추구하기 위한 도구적 개념에 가깝다. 1989년 톈안먼광장에서 학생들이 부르짖은 정치적 자유와 개혁은 사회적 부패문제를 해결하기 위한 방법론에 가까웠다. 정치적 자유보다는 천하태평과 같은 사회적 안정이라는 가치가 중국에서는 더 중시됐을 것 같다. 그것은 중국이라는 나라가 천하태평을 이루기에 너무나 어려운 조건을 두루 갖춘 나라이기 때문이다. 유럽 대륙만한 땅덩어리에, 유럽과 아메리카 대륙에 사는 55개국 인구를 모두 합친 수의 인구가 5000년 넘게 한 나라를 이루고 산다는 건 다른 어느 나라 사람들도 경험할 수 없는 사회경제적 압력이다.

그래서 웬만큼 부조리해도 사람들은 참고 사는 듯하다. 더구나 고통스런 사회적 격변을 처절하게 겪은 지 얼마 안 된 지금은 더욱 그런 듯했다. 그 고통의 통증은 한국에서 막연히 생각한 것보다 훨씬 더 깊다는 것을 허난河南성의 신양新陽에서 알게 됐다.

18

화물차 뒤꽁무니를 따라 달리는 **고속도로 무단주행기**

여행하기가 점점 불편해진다. 건자재와 골재를 실은 화물차들 때문이다. 이렇게 많은 화물차들을 견뎌내도록 만들어지지 않은 도로들이 주저앉으면서 통행이 빈번한 도로의 노면은 달의 표면 같다. 화물차들은 적재함을 제대로 덮지 않아 모래나 흙을 바람에 까불리면서 반쯤은 흘리고 다닌다. 대지에 뿌옇게 가득 찬 먼지와 모래가 다시 적재함에 내려앉을 테니 총량은 불변일 것이다.

화물차들은 움푹 팬 곳을 피해 꼬불꼬불 가는 작은 차나 오토바이들을 도로에서 쓸어내려는 듯 고막 파열급 경적을 울리고 검고 누런 연기를 소독차처럼 뿜어댄다. 오염 배출기준을 넘는지 굳이 수고스럽게 잴 필요 없다. 그러나 작은 차들은 요리조리 피해나가고 주민들은 대야에 담은 물을 길에 가끔 뿌리는 것으로 방진작업을 마친다. '이 정도 불편쯤이야' 괘념치 않음이 감탄스럽다. 주민자치가 발달한 나라 같으면 벌써 화물차의 통행은 가로막혔을 것이다.

그래도 화물차는 중국 경제의 혈액이다. 도로라는 혈관이 헐더라도, 그리고 탁한 피라고 해도 피가 돌아야 경제는 살아 움직인다. 주민들이 이렇게 받아들이고 있는 이 현실을 괜히 끼어든 나 같은 이방인이 투덜댈 자격이 있나 싶다. 트럭이 지나가면 잠시 속도를 늦춰 트럭과 최대한 떨어지려고 하는 수밖에. 그런데 심한 경우 하나둘이 아니라 100대가 넘는 화물차들이 끊임없이 지나가면서 내게 무망한 짓 하지 말라고 비웃는다. "경제개발의 격렬한 전투가 벌어지고 있는데 고작 그걸로 방어가 되겠어?"라고 말하는 듯하다. 화물차도 여러 종류여서 경운기를 개조한 듯한 삼륜차는 연료로 석탄을 때고 있음에 틀림없다. 그러지 않고서야 그렇게 불완전연소된 시커먼 검댕을 뿜어대면서 그렇게 천천히 갈 수 없다. 언덕길에서는 자전거와 엇비슷한 속도로 주행해서 만약 뒤라도 쫓아가게 되면 카드뮴, 염소, 불화수소, 납, 이산화황 등의 칵테일에 취하고 얼굴은 갱도에서 빠져나온 광부와 같게 된다.

도로가 파손되거나 파손될 예정이기 때문에 기존 도로를 걷어내고 확장 또는 재포장 공사가 벌어진다. 아스팔트나 콘크리트 없이 그냥 자갈밭을 통과해야 할 구간도 많아진다. 파괴와 복구 모두 현재 진행되고 있기 때문에 자전거 여행자에게는 더욱 고역이다. 산악자전거를 가져왔기에 망정이지 도로용이었다면 타이어나 차체 모두 버티기 어려웠을 것이다.

설상가상으로 허페이를 전후로 해서 언덕이 출몰하기 시작했다. 순풍에 평원을 내달리던 기억은 잊어야 한다. 이제 중국의 두번째 계단으로 올라가고 있다. 소인국에 간 걸리버의 눈으로 보면 중국은 세 개의 계단으로 이뤄져 있다. 첫번째 계단은 해발고도 500미터 이하인 동부의 구릉과 평원. 두번째는 해발고도 1000미터에서 2000미터 사이의 광대한 고원과 분지. 거칠게 말해서 친링산맥과 칭짱고원의 사이라고 할 수 있다. 마지막 계단은 해발고도 4000미터 이상의 서남부 칭짱고원으로, 중국뿐 아니라 세계에서 지세가 가장 높은 지구다. 네팔에서는 에베레스트산으로 불리는 높이 8843미터의 주무랑마珠穆朗瑪산이 여기에 있다. 내 여행은 첫번째와 두번째 계단을 오르내리게 된다.

가장 힘들 때를 대비해서 앞 기어의 1단을 비축하고 2단으로 고정한 뒤, 뒤 기어만 조절해왔는데 처음으로 앞 기어를 1단으로 변속하고 싶은 유혹을 느꼈다. 꾹 참고 대신 스탠딩을 한다. 안장에서 일어나 세게 미는 다리 힘으로 고개를 올라간다. 차라리 이게 낫다. 여행 전 자전거를 안 타서 엉덩이가 무르기 때문에 안장에 앉을 때 쑤셔오는 통증을 받아내지 못했다. 앉는 자세를 계속 바꿔가면서 엉덩이가 골고루 단단해질 때까지 견뎌낼 수밖에 없는데 스탠딩을 하니까 통증을 피할 수 있다. 오른쪽 어깨도 아파왔다. 배낭의 넓은 끈마저 채찍처럼 살 속으로 파고드는 것 같다. 호흡은 가쁘고 화물차의 검은 매연을 피할 길이 없다. 악전고투이긴 한데 자전거에서 내리면 통증이 사라진다. 심각한 문제가 있는 것은 아니다. 자주 쉴 수밖에 없다. 예전

여행할 때는 두 시간에 한 번씩 쉬었는데 지금은 한 시간을 못 버티고 자전거를 세운다.

그래도 하루 주행거리는 장단을 조절하며 조금씩 늘려왔다. 여행의 초반부는 60일간 만리장정을 완주할 수 있도록 땅을 평평하게 다지고 자갈을 깐 뒤 콘크리트를 바르고 가마니로 덮어서 단단한 도로를 만드는 양생기간과 같다. 무리가 되더라도 체력적 한계를 넓혀놔야 한다. 어떻게 해서든 하루 주행거리를 늘려놓으면 그게 새로운 기준이 된다. 허페이에서 루안六安을 거쳐 허난성으로 들어가는 길에서 나는 뜻하지 않게 하루 주행기록을 끌어올릴 기회를 잡았다.

일단 해보고 안 되면 하지 말자

루안에서 312번 국도를 타고 가는데 40번 고속공로가 312번 국도를 집어삼켜버렸다. 톨게이트가 나오고 그 옆으로 길이 갈라지기는 하는데 그 길로 가면 노면도 안 좋고 화물차도 빈번히 다니고 많이 우회할 것처럼 보였다. 톨게이트로 직진해 차단목 옆으로 그냥 빠져나갔다. 중국에서 배우고 있는 점은 '일단 해보고 안 되면 하지 말자'다. 중국은 융통성이 많은 나라다.

톨게이트를 지나는 동안 아무도 제지하지 않는다. 괜찮은가보다. 그러고는 마구 달렸다. 이제 중국에 와서 안 다녀본 길이 없다. 향도, 현도, 성도, 국도에 이어 고속공로까지. 도로의 물리적 조건에서는 역시 고속공로가 최고였다. 통행하는 차량들이 별로 없다. 통행료가 비싸기 때문에 화물차들은 이 좋은 도로를 놔두고 국도나 성도를 짓이기고 있었던 것이다. 어쩌다 빠르게 지나가는 자동차로부터 위협감도 전해지지 않을 만큼 갓길도 널찍하다. 중간에 경찰 순찰차 두 대가 지나갔는데 잡지 않는다. 진짜 괜찮은가보다. 길도 평탄하고 바람도 밀어줘서 속도를 올리기 시작했다. 평균 시속 30킬로미터를 돌파하니 어깨나 엉덩이 통증도 잠시 잊힌다.

그렇게 해서 파죽지세로 허난성에 진입했다. 오늘의 목적지인 구스固始로 빠지는 길이 나왔는데 길이 아까워서 멈추기 싫었다. 10킬로미터쯤 가다보니 허난성 톨게이트가 보였다. 혹시 저기서 붙잡혀 손들고 서 있어야 하는 게 아닐까. 그것보다는 다시 되돌아가라고 할까봐 두려웠다. 일단 부딪쳐보자. 앳된 얼굴의 교통경찰이 제지했다. 아니나 다를까 되돌아가라고 한다. 소스라치게 놀라고 쓰러질 것 같은 표정을 지었다.

"나는 312번 국도인 줄 알고 달려왔을 뿐이다."

"다음 출구에서 빠져나갈 테니 제발 봐달라."

통사정했지만 소용없다. 순해 보이는 이 경찰관은 약해지려는 마음을 다잡으려는 듯 안 된다고 잘라 말한 뒤 톨게이트 쪽으로 가버린다. 여기서 포기할 내가 아니다. 주위를 살펴보니 고참 두 명이 톨게이트의 지붕 그늘 아래에서 실실 웃으면서 나를 바라보고 있다.

톨게이트로 진입하는 차들을 이리저리 피해 그들에게 가서 세상에서 가장 슬픈 눈빛으로 사정했다. 그들은 한국에서 왔다는 걸 알고 나에 대한 호기심을 잔뜩 채운 뒤 앳된 경찰관에게 수신호를 보냈다. 속으로 나는 '이게 중국이다' 만세를 부르며 다시 톨게이트의 차단목 사이로 빠져나갔다. 그들은 등뒤로 "조심해서 주행해"라고 외쳤다. 나는 다음 출구에서도 빠져나가지 않고 내친김에 신양시 상청商城현까지 내달려 하루 주행거리 142킬로미터를 돌파했다.

고속공로는 완전히 마을과 울타리로 차단돼 있었다. 길은 마을의 운명을 바꾼다. 312번 국도였던 곳이 고속공로에 징발당한 뒤 오밀조밀 모여 살던 마을의 생태계가 파괴된다. 운전자들이 놓고 가는 노자路資로 연명하던 식당과 여관들은 문을 닫았고 마을에 인적이 사라진다. 고속공로는 도시라는 점들의 연결일 뿐 길가 마을들을 잇는 선분이 아니다. 미국에서도 마찬가지다. 주간 고속도로Interstate Highway가 지나가는 농촌은 진출입구가 있는 곳이 아니면 오히려 쇠락한다. 통신과 도로의 발달로 지구가 하나의 마을로 연결되는 세계화 자체가 이런 부의 편중과 양극화를 낳는다.

고속공로를 주행하는 동안 교통경관 외에는 어느 한 사람과도 얘기할 기회가 없었다. 만약 시안西安까지 가는 이 40번 고속공로를 계속 탈 수 있다면 쉽고 빠르게 달릴 수 있겠지만 그건 중국을 달린 것은 아닐 것이다. 엉덩이와 어깨의 이중고를 느끼고 매연을 마시며 허벅지가 터지도록 언덕을 오르더라도 사람들 속으로 달려가자. 그런 결심을 하면서 출구를 나와 216번 성도를 따라 상청으로 가는데, 역시 길 확장 공사중이다. 공사로 좁아진 도로 위로 트럭과 버스, 삼륜차,

为了您的安全
请谨慎驾驶
747
G40

자동차, 오토바이, 전기자전거 등이 온통 뒤섞여 간다. 그리고 그 옆으로 농부가 소를 끌고 간다. 그 너머의 논에는 모내기 품앗이가 한창이다. 해가 저문다.

19

시市 안에 또 시가 있다고?

자전거 속도계에는 속도 외에도 주행거리, 주행시간 등 다양한 데이터가 생산된다. 내가 주로 보는 데이터는 시속이다. 평균시속 20킬로미터를 유지하는 게 목표여서 시속이 20킬로미터 아래로 떨어지면 페달을 더 세게 돌린다. 그 못지않게 중요한 데이터는 거리다. 목적지에 얼마나 가까워졌는지 알고 싶은 조바심에 출발하자마자 속도계를 보기 시작한다. '100킬로미터 남았으니 점심시간과 휴식시간을 포함하면 여덟 시간 더 가야 해.' 그리고 끊임없이 거리와 시간을 환산한다. 얼마나 더 단련돼야 거리에 대한 부담감이 사라질까?

출발지와 목적지의 거리는 휴대전화 속 구글 지도에서 계산해주는 것을 주로 참고하지만 도로 이정표에 표시되는 거리도 항상 대조해서 거리가 얼마나 줄어들고 있는지 정확히 계산해내려고 노력한다. 측량

하기 위해서가 아니다. 얼마 안 남았는데 혹시 많이 남은 것처럼 구글 지도가 잘못 표시한 것이기를 바라는 부질없는 마음에서다. 그리고 항상 이정표와 구글 지도에서 표시된 거리 중 짧은 게 맞다고 믿어버리고 다른 한쪽의 '부정확성'을 개탄한다. 그런데 항상 길을 헤매서 훨씬 많은 거리를 주행하기 때문에 결과적으로는 그 차이가 의미 없다.

하지만 엄청난 차이가 있는 경우도 있다. 쑤저우로 갈 때 '쑤저우시'라는 표지판을 보고 "다 왔다" 환호성을 질렀다가 불과 10미터 달린 뒤 '쑤저우 64킬로미터'라는 이정표를 보고 낙담한 적이 있다. 사실 구글 지도에서는 60킬로미터 이상 남은 것으로 표시돼 애초에 흥분할 일이 아니었다. 허난성의 신양도 마찬가지였다. 안후이성에서 허난성으로 진입하자 신양시라는 표지판이 나왔지만 실제 신양에 들어가기 위해서는 사흘을 달려야 했다.

그 이유는 중국에서는 시 안에 시가 있기 때문이다. 현도 있다. 쑤저우시 안에는 쿤산시 등 다섯 개의 시와 여섯 개의 구가 있고, 신양시는 상청商城 등 여덟 개의 현과 두 개의 구가 있다. 이른바 둘 다 지급시地級市다. 중국에서는 직할시, 부성급시副省級市, 지급시, 현급시縣級市 이렇게 네 개의 시 등급이 있다. 직할시는 성과 동급으로 서울특별시와 같은 위상이다. 베이징, 상하이, 충칭, 톈진天津 등 네 곳이다. 부성급시는 인구 100만 명이 넘는 도시 중 성 다음의 대우를 받는 도시다. 우리로 말하면 광역시쯤 된다고 할까. 난징과 칭다오靑島를 비롯해 열다섯 곳이 있다. 현급시는 현과 같은 행정단위인데 농촌이 아니라 도시라는 뜻이다. 지급시가 바로 가장 헷갈리는 등급이다. 현과 현급시를 거느린다. 지급의 지는 지구地區에서 유래했다. 어떤 지구의 중심이 되는 시였던 것이다. 그래서 '쑤저우시'는 지급시로서 쑤저우에 진입했다는 뜻이고 '쑤저우 64킬로미터'는 원래 쑤저우까지의 거리를 뜻한다. 한국과 행정구역 체계가 다르기 때문에 거리에 대한 착각이 일어나는 것이다.

인구도 마찬가지다. 쑤저우의 인구가 1000만 명이라고 하지만 이것은 다 합친 것이고 원래 쑤저우의 인구는 240만 명 남짓이다. 신양의 인구가 600만 명이라고 할 때도 마찬가지다. 신양지구의 인구를 다 합친 것이다. 실제 신양 인구는 125만 명 남짓이다. 현은 한국의 군과 비슷한 개념으로 이해하면 된다. 현 밑에는 읍면동처럼 진, 향, 촌이 있다. 크기에 따라 줄을 세워보면 ①직할시와 성, ②부성급시, ③지급시, ④현 및 현급시, 지급시 내의 구, ⑤진, ⑥향, ⑦촌, 사구社區 등 최소 일곱 단계의 지방 행정단위가 있다.

지급시 신양의 면적이 1만 8819제곱킬로미터니까 1만 6866제곱킬로미터인 강원도보다 넓다. 자전거로 말하면 가도 가도 신양이고 가도 가도 '신양'이 아니다. 신양은 중국의 100대 성씨 중 황黃, 라이賴, 뤄羅, 장蔣, 바이白, 천陳, 판潘, 랴오廖, 쑨孫, 장江, 푸傅, 선沈, 셰謝 등 열세 개 성씨의 본관이 있는 곳이다. 중국에서는 한국처럼 본관을 따지지는 않는다. 호적에 적는 지관籍貫은 한국의 본적처럼 먼 조상이라기보다는 할아버지의 출생지를 뜻하고 역시 한국의 본적처럼 행정적으로 큰 의미가 없다. 주거 이전의 자유를 통제하기 때문에 중요한 것은 후커우戶口라고 하는 주민등록지다. 중국에서는 본관이 같다고 해서 서로 "삼촌으로 불러" 또는 "손자뻘이네" 하는 대화가 오가지 않는다. 같은 성씨라도 워낙 인구가 많을 뿐 아니라 중간에 성씨가 바뀌는 경우도 많아서 성씨의 정확성에 대해 크게 집착하지 않기 때문이다.

다시 되새기고 싶지 않은 옛 기억의 현장

신양에서 기원한 성씨가 많다는 것은 신양이 중국 문명의 발상지 중 하나라는 뜻이다. 중국 역사상 가장 중요한 성省을 꼽으라면 단연 허난성이다. 허난성에만 뤄양, 카이펑開封, 정저우鄭州, 안양 등 역대 통일왕조의 수도가 네 곳이나 있다. 신양은 허난의 남쪽 끝이어서 황허문명이 화이허강을 건너기 전 남단 기점이었다. 하지만 중국 현대사에서 가장 비극적인 사건이 일어난 곳이기도 하다.

1959년부터 1961년까지 3년간 중국에서는 인재와 자연재해가 겹쳐 수천만 명이 굶어죽었다. 철강 생산을 위해 농기구까지 녹여서 저질의 철강을 생산토록 한 대약진운동과 집단농장화한 인민공사가 이 비극의 원인인데, 그중에서도 신양은 가장 비참한 사건이 일어난 곳으로 기억된다. 사회주의와 시장경제를 접목하는 모델에 대해 선구적인 저작을 남겼던 경제학자 구준顧准은 우파로 몰려 신양의 상청현에 하방돼 노동개조교육을 받았다. 그가 기록한 일기에 따르면 1959년 겨울부터 1960년 봄까지 상청현의 길가에는 굶어죽은 시체들이 즐비했고 사람들은 배가 고파 그 시체를 먹었다. 무엇보다 남편이 아내를 살해해서 먹고 고모가 조카를 먹는 끔찍한 사건까지 일어났다. 당시에는 이 같은 일이 바깥에 알려지지 않았다. 지방 공산당은 도로를 폐쇄하고 검문을 강화해서 주민들이 바깥으로 못 나가게 막았고 우편물을 검열해서 상부에 알려지는 것을 차단했다.

1959년 곡물 생산량이 감소하기는 했지만 곡식이 부족했던 것은 아니었다. 더구나 신양은 어미지향魚米之鄕으로 불릴 만큼 물산이 풍부한 곳이었다. 혁명의 열정이 우상숭배와 도그마가 되는 순간 집단광기로 변해 세상에 일어날 수 없는 일이 없게 된다. 진시황제는 전국시대를 종식시키고 통일왕조를 건국한 후 분서갱유를 비롯해 수많은 사람을 통일왕조의 이름으로 죽였다. 몽골족의 원을 무너뜨리고 명을 개국한 주원장 역시 수복한 한족의 왕조 이름으로 피비린내나는 보복과 숙청을 감행했다. 1949년 사회주의국가 건국 이후 1976년 마오쩌둥의 사망까지 신중국의 27년은 그에 못지않은 혼돈기였다. 대기근 기간 동안 아사자는 최소 2000만 명, 최대 5000만 명까지 추산되고 있다. 신양에서는 1959년 10월부터 1960년 10월까지 일 년 동안 당시 800만 인구 중 107만 명이 비정상적인 원인으로 사망한 것으로 집계됐다.

원인은 우파 타도운동이었다. 생산량을 초과 달성하지 못할 경우 우파라고 낙인찍힐 수 있기 때문에 신양의 당서기는 생산량을 두 배로 허위 보고했고, 그에 맞춰 농민들에게 곡식을 징발하라고 지시하자 하급관리들은 자신의 충성심을 증명하기 위해 과장된 할당량보다 더 많은 곡식을 빼앗았다. 말을 듣지 않는 농민들을 감금하고 거꾸로 매달아 때렸다. 농민들에게 남은 곡식은 3, 4개월치밖에 없었고 밖으로 식량을 구하러 나가지도 못하게 되자 몇 개월 후 굶어죽거나 죽여서 인육을 먹는 참상이 빚어진 것이다.

대규모 아사자 발생 사실은 결국 중앙당을 거쳐 마오쩌둥에게 보고됐다. 그러나 그 원인은 '우파들의 반혁명 공작'으로 보고됐고 마오쩌둥은 "신양지구는 민주혁명의 과업을 보강해서 지주계급과 공산당으로 위장한 국민당 잔존세력을 철저히 척결하라"고 지시했다. 대기근의 원인을 제공한 사람이 대기근을 권력 강화의 구실로 삼았다.

대기근의 실상은 1980년대 이후 하나둘씩 밝혀지고 있고 2000년 들어 인육사건이 안후이성과 칭하이青海성에서도 발생한 것으로 보도되고 있다. 나는 광산光山현에서 213번 성도를 따라 신양으로 들어갔는데 이 도로변의 한 마을에는 당시 숨진 동네사람들의 명단을 새겨넣은 기념비가 농토에 세워져 있다고 들었다. 2004년에 농민이 자비로 세운, 신양사건과 관련한 유일한 기념비다. 가끔 땅을 파다보면 나오는 인골도 이 사건을 기억하게 하는 '기념물'이다.

상청현의 레노보 컴퓨터 대리점 직원 리창李强은 "할아버지 시절에 일어난 일"이라면서 "지금은 상상도 할 수 없는 일"이라고 말했다. 상상도 할 수 없는 일이 일어났으면 그것을 어떻게 수습해야 할까? 허난성 전체로는 300만 명가량이 비정상적인 원인으로 사망한 것으로 추산되고 있다. 당서기인 우즈푸吳芝圃는 문화대혁명 시기에 수난을 당하기도 했으나 1979년 사후 복권됐다. 리창은 "과거를 들추는 일은 새로운 갈등과 반목을 불러일으킬 수 있다"고 우려했다.

신양사건은 너무 끔찍한 일이어서 다시 되새기고 싶지 않을 것이다. 하지만 이 얘기를 입 밖으로 꺼내지 않는다고 해서 사람들의 내상이 치유되지는 않는다. 그 아사사건을 겪고 살아난 사람들은 이전의 삶을 이어갈 수 있을까. 그뒤로 문화대혁명기의 혼돈을 거쳐 급속한 개혁개방이 밀어닥쳤다. 새로운 일이 꼬리를 물고 일어나 이전의 기억을 덮었다. 하지만 어느 정도 배고픔에서 자유로워진 지금, 옛 기억이 봄날의 아지랑이처럼 아른거린다. 그것이 허난성에서 기독교가 급속히 퍼지고 있는 것과 관련 있는 것은 아닐까.

20

허난에 퍼지는 붉은 십자가

자전거를 타고 지나가다보면 길가에 교회당이 보인다. 중국의 건물과 생김새가 달라서 눈에 금방 들어온다. 공산당이 지배하는 나라인데 진짜 예배를 보는 곳일까? 종교의 자유를 떠나 기독교가 중국인의 기질에 맞기는 한 걸까?

1949년 중화인민공화국 건국 이전까지 기독교는 1300년 동안 중국의 문을 두드렸다. 시초는 잘 알려진 대로 당 태종 때인 635년 네스토리우스파景教였다. 당 태종에게서 포교의 자유는 물론 융숭한 대우까지 받은 것으로 알려지고 있다. 십자군전쟁에서 패배한 중세의 유럽에는 이슬람을 동쪽에서 협공해줄 '사제왕 요한Prester John'이 동방에 있다는 소문이 퍼졌는데 그 소문의 출처 중 하나가 바로 네스토리우스파였다. 하지만 이 파는 소멸되고 지금까지 기독교의 교세가 중국에서 의미 있는 규모로 성장한 적은 없었다.

그런데 허난성에 들어서자 교회가 자주 출몰해 호기심을 자극한다. 교회의 문이 닫혀 있어 좀처럼 들어갈 기회가 없었는데 마침내 기회가 왔다. 허난성 상청현에서 339번 성도를 따라 광산현으로 가는 길에 연회색 건물의 뾰족한 지붕 위에 붉은 깃발이 아닌 붉은 십자가가 하늘을 가리키고 있었다. 대문이 열려 있어 다짜고짜 자전거를 타고 안으로 들어갔다.

『생활의 발견』이라는 책으로 한국에서도 유명한 린위탕林語堂은 1935년에 출간한 『내 나라 내 국민My Country, My People』이라는 책에서 중국인은 절대 기독교도가 될 수 없을 것이라고 썼다. 중국인의 관점에서 보는 중국을 제대로 된 영어로 서방에 처음 소개한 이 책은 펄 벅의 권유로 쓰였고 베스트셀러가 되면서 서방인들의 중국관에 큰 영향을 미쳤다. 린은 "중국인은 현세에서의 삶을 사랑하기 때문에 보이지 않는 천국을 위해 현세의 삶을 버리지 않을 것"이라고 했다. 린의 아버지는 기독교 선교사였다. 그는 양쪽의 문화에 대한 폭넓은 경험을 바탕으로 이렇게 단언했다고 할 수 있다. 하지만 린 자신이 20여 년 뒤 『이교도에서 기독교도로』라는 책을 발표하고 기독교로의 귀의를 밝히듯이 기독교도가 될 수 없을 것으로 여겨졌던 중국인들이 기독교를 믿기 시작한 것이다.

교회의 이름은 톈언탕天恩堂. 청소하는 아주머니가 한국에서 왔다는 얘기에 반가워하면서 교회당 곳곳을 안내했다. 그들에게 한국은 기독교의 나라다. 400~500명은 너끈히 앉을 수 있을 만큼 예배당은 넓고 단 위에는 피아노와 함께 드럼이 놓여 있다. 두 악기의 조합이 미국이나 한국과 다른 분위기의 예배를 암시하고 있다. 평일임에도 신도들이 찬송가 연습을 하고 있어 활기찬 교회임에 틀림없다. 등록된 신도 수가 2000여 명으로 신양시에서 큰 교회에 속한다고 한다.

찬송 부르는 아주머니들의 뒷모습은 한국의 아주머니와 다를 바 없는데 귀에 들리는 찬송가가 중국어여서 꼭 다른 신을 찬송하는 것 같다. 안내해준 아주머니는 방언이 심해서 말이 안 통하자 다른 분을 불러왔다. 찬송을 지휘하던 이 교회의 성가대장이다. 상황이 조금 나아져 그는 내 말을 알아듣는데 나는 여전히 그가 하는 말을 알아듣지 못한다. 노트를 내밀며 써달라고 했다. 이 교회를 세운 목적을 물으니 이렇게 썼다.

'복음을 전파하고 정신적인 구원을 얻기 위해서.'

어떻게 믿게 됐느냐고 묻자 '신의 부르심'이라고 썼다. 답이 너무 간단했다. 그에게는 정확하고 진실한 답변이겠지만 내게는 필요한 세부적인 내용이 빠져 있다. "이 교회에는 목사님이 안 계시느냐"고 묻자 "목사님은 원래 없다"면서 이 교회의 장로에게 휴대전화로 연락했다. 15분도 채 안 돼서 리정허李正合 장로가 오토바이를 타고 부랴부랴 당도했다.

농촌에서 기독교 신자가 급증하는 이유

교회 사무실의 벽면에는 전도 추진 계획이 촘촘하다. 그는 신양의 특산 차인 마오젠毛尖을 따라주면서 얘기를 이어나가는데 순수하고 확신에 가득 찬 표정이다. 이 교회는 2010년에 세워졌다고 한다. 이 큰 건물을 누구 돈으로 지었는지 궁금했는데 뜻밖의 답이 돌아왔다. 100여 년 전 중국인 목사가 세운 교회가 있었는데 문화대혁명기에 파괴된 뒤 방치돼 있었다고 한다. 개혁개방 이후 종교의 자유가 허용되자 정부에서 배상을 받아 그 자리에 새로 교회를 세웠다는 것. 교회가 재산처럼 인정돼 정부의 돈으로 지었다는 게 놀라웠다.

중국에 진정한 종교의 자유가 있느냐고 물었더니 그는 "농촌의 경우 종교 담당 공무원의 태도에 달려 있다"고 말했다. 사람들이 많이 모이는 것을 경계하는 담당자가 있는 곳은 포교의 제약이 있을 수 있다는 것. 중국에서 파룬궁이 철저한 탄압을 받은 것도 사람을 규합하는 힘 때문이었다. 그는 종교 담당 공무원과 계속 협상을 하면서 운영하고 있다고 말했다. 교통이 편리하고 교회 면적이 커서 신도들이 갈수록 많아진다고 한다.

그는 중국에 기독교 신자 수가 1억 8천만 명이 넘는다고 말했다. 그의 말대로 하면 중국 인구 13억 7천만 명 중 13퍼센트에 해당하는 어마어마한 숫자인데 기독교 신자 수는 누구도 정확히 말하기 어렵다. 중국사회과학원 소속 세계종교연구소에 따르면 2010년 현재 신교도 2350만 명, 구교도 6백만 명으로 모두 3천만 명쯤 된다. 등록하

口工作功在当代利在千秋

지 않고 활동하는 가정교회가 많기 때문에 대체적으로 7천만 명인 공산당원의 수보다는 조금 많다고 본다. 물론 교회에서는 공산당과 같은 까다로운 가입절차가 없기 때문에 이 수를 공산당보다 기독교를 믿는 사람이 많다는 근거로 삼기는 어렵다. 어쨌든 중국에서 무신론자가 많은 것을 감안하면 기독교의 신장세는 놀랍다. 신교 신도의 절대적 수는 세계에서 미국 다음이 아닐까 싶다. 그는 급증하는 신도 수에 비해 목회자의 수가 턱없이 부족해서 이 교회처럼 목사 없는 교회가 많다고 한다.

허난성을 돌아다니면서 보통 합가환락合家歡樂이나 오복임문五福臨門같이 가정의 평화와 복을 비는 문구가 쓰여 있는 대문 위 현판에 '이마네이리以馬內利'를 붙여놓은 집들을 제법 봤다. 알고 있는 한자 지식을 총동원해 사자성어를 풀어보려고 했으나 허사였다. 이것이 임마누엘Immanuel의 중역으로 '하나님께서 우리와 함께하심'이라는 뜻인 줄은 나중에 알게 됐다. 공공연하게 "우리 집은 기독교를 믿는다"고 표방할 만큼 신앙의 자유가 허용돼 있거나 신앙심이 깊은 것이다. 허난성은 인구 1억 명으로 중국에서 인구가 가장 많은 성이면서 기독교 인구도 가장 많은 성일 수 있다는 것을 눈으로 확인한 셈이다.

농촌인 이 지역에 이렇게 기독교 신자가 급증하고 있는 원인이 뭘까? 중국에서 기독교를 받아들이지 못하는 문화적 배경 중 하나가 원죄론이다. 기독교에서는 아담과 이브가 선악과를 따먹으면서 원죄를 저질렀고 예수가 십자가에 못 박혀 죽음으로써 속죄했기 때문에 예수를 믿어서 죄사함을 받고 천당에 가야 한다고 가르친다. 태평한 중국인들은 린위탕의 말대로 이 지구에서 사는 것 자체가 즐거움이라고 읊어왔고 자신의 분신인 자손들의 번성을 통해 영생을 구해왔다.

하지만 최근 반세기 동안 허난성에서 일어난 끔찍한 재난을 겪고 나서 현세의 삶을 음풍농월하기는 어려웠을 것이다. 오랫동안 중국인의 사고를 지배해온 유교는 공산주의에 의해 부정됐고 한때 농민을 열광시켰던 공산주의는 대약진운동과 문화대혁명으로 서로를 가해자와 피해자로 옭아맸다. 개혁개방 이후 가난은 퇴치됐지만 노골적인 물질지상주의에 영혼을 의지하기는 어려웠을 것이다. 함포를 앞세워서는 중국인을 교화하지 못했던 기독교가 '구원'의 메시지로 틈을 파고들 수 있는 공간이 열린 것이다.

리장로는 올해 마흔넷으로 열네 살 때 우연히 성경을 읽게 되면서 기독교를 믿어왔다고 말했다. 그 사실을 안 어머니에게서 꾸중을 듣기도 했지만 30년간 신앙을 버린 적이 없다고 한다. 농사를 짓다가 지금은 미장원을 하는 부인을 도우면서 교회 일을 보고 있다. 그는 말끝마다 '하나님께 감사합니다'라는 뜻의 '간셰주感謝主'라는 구절을 붙였는데 왠지 듣기에 간지럽다.

인터뷰한 사실이 알려져도 괜찮으냐는 물음에 그는 중국에서 보도되는 게 아니라면 괜찮다며 흔쾌히 사진과 실명 사용을 허락했다. 그와의 인터뷰를 마치고 교회를 빠져나가면서 자전거를 세우고 교회당을 렌즈에 담으면서 보니 교회 담장에 뜻밖의 표어가 적혀 있다.

'가족계획을 확실히 실시해서 당대에 공을 세우고 후대를 이롭게 하자.'

기독교에서는 낙태를 살인으로 규정하고 있다. 낙태까지 포함될 수 있는 가족계획 표어를 교회측에서 게시한 것은 아닐지라도 교회의 정면 담벼락에 붙어 있는 것을 미국의 기독교도들이 본다면 아마도 기겁하지 않을까. 중국의 기독교는 혹시 중국적 토양에서 다르게 변용되고 있는 것은 아닐까 하는 생각이 스쳤다. 가톨릭의 경우에는 대주교를 중국 정부에서 임명한다. 전 세계의 주교 임면권을 쥐고 있는 바티칸은 당연히 그 주교를 인정하지 않고 중국도 바티칸을 국가로 인정하지 않는다. 그래서 양국간에는 외교관계가 없다. 그럼 중국 정부가 임명한 주교의 미사에 참석하면 그는 가톨릭 신자일까 아닐까? 중국의 기독교는 교세가 확산되기는 하지만 서방의 기독교와 다른 모습을 띨 수도 있겠다는 생각이 들었다. 공산주의와의 차이는 더 크겠지만.

21

중국 창세신화의 건설현장으로

광산현에서 신양시로 가는 길에 총 주행거리가 1000킬로미터를 넘어섰다. 1000킬로미터는 이번 만리장정의 실질적인 첫 이정표다. 이제 만리장정을 해낼 수 있을 것 같은 느낌이 온다. 이렇게 네 개의 이정표만 찍으면 곧 종착지에 닿게 될 것이다. 중간에 길을 잃고 지갑 잃고 어깨에 부항 뜨고 엉덩이에 로션 바르고 아침에 '더는 못 갈 것 같아'라고도 생각했지만 방향이 맞고 한 바퀴씩 밟으면 언젠가 목적지에 도달할 거라는 이치를 확인한다.

교회에 이어 들른 곳은 중국 창세신화의 주인공 반고盤古의 사당이다. 반고의 고향으로 알려진 퉁바이桐柏현의 문화관에 들러 물어보니 20킬로미터가량 떨어진 퉁바이산까지 가야 반고의 사당이 있다고 한다. 포기하려고 했는데 문화관장이 자동차로 안내해주겠다고 제안했다. 그는 옆에 있는 직원에게 안내해주라고 즉석에서 지시하면서 100위안(약 1만 8000원)을 낼 수 있느냐고 내게 물었다. 돈을 주고받는 게 어색하게 느껴졌지만 비싼 가격도 아니고, 안내도 받을 수 있다는 생각에 자전거를 문화관에 묶어두고 차에 올라탔다. 오늘은 116킬로미터 떨어진 난양南陽까지 갈 예정이어서 일정이 빡빡했다. 늦어도 점심때까지는 다시 돌아와서 출발해야 한다고 하니까 리칭李淸이라는 이름의 이 직원은 문제없다고 나를 안심시켰다.

하지만 리칭은 반고의 사당을 가본 적조차 없음이 곧 드러났다. 화이허강의 발원지가 있는 퉁바이산은 깊숙한 산중에 있었다. 그는 길가에서 음식을 파는 아주머니들에게 물어 물어 마침내 찾아냈다는 표정으로 산길을 가리켰다. 그게 기나긴 똥개 훈련의 시작인 줄 그때는 미처 몰랐다. 그는 그늘에서 기다리고 나는 카메라를 들고 등산했다. 바닥에 쇠붙이(클리트)가 있는 사이클화를 신어서 등산하기 불편했지만 곧 나오겠지 하는 생각에 굽이굽이 산길을 오르는데 가도 가도 반고의 사당은 나오지 않는다. 한 시간가량 올라가서 고갯마루에 다다르니 낡은 누각이 나오고 내리막길이다. 거기에 케이블카 정거장이 있고 표 파는 이가 있다. 중년남성인 매표원은 반고의 사당은 이쪽이 아니라 건너편 산에 있다고 한다. 다리가 풀렸다.

그는 때를 놓치지 않고 케이블카를 타고 내려가라고 한다. 30위안. 케이블카가 어디 있느냐고 물었더니 중력과 마찰계수를 활용하면서도 동력은 이용하지 않는 '최첨단 친환경 케이블카'의 탑승 시범을 보인다. 등산로 옆에 마치 니스를 바른 것처럼 반질반질한 석판을 이

어붙인 통로가 산 아래까지 나 있다. 그는 그 통로에 주저앉아 난간을 손으로 잡아당겨서 발생한 추력을 이용해 엉덩이로 밀고 내려간다. 바지가 해어지고 손바닥이 까지는 것을 방지하기 위해 천을 덧댄 군복 기저귀와 장갑을 제공한다. 비록 시간이 아쉬웠지만 미련해 보이는 그 '케이블카'를 타고 싶지는 않다. 리칭한테 화낼 중국어를 작문하면서 터벅터벅 걸어내려가는데 사이클화의 밑창이 너덜거리다가 떨어져 나갔다. 그 미련통이 '케이블카'라도 탈걸……

급조된 듯한 반고의 고향

리칭은 이미 자신이 길을 잘못 안내했다는 걸 알고 있었다. 내가 화를 내기 전에 득달같이 달려와 신발을 보더니 응급처치가 필요하다면서 계곡으로 내려갔다. 영문을 몰랐다가 그가 풀을 한 줌 뜯어온 것을 보고 감동받을 뻔했다. 그는 풀잎으로 밑창을 신발에 단단히 묶은 뒤 패방牌坊이 있는 쪽을 가리키며 저 길로 올라가야 한다고 말했다. 화낼 시간도 아까워 다시 산을 올랐다. 중국의 창세신화가 있는 곳인데 사람들이 별로 없다. 또 이 길이 아닐까봐 조마조마하며 걷는데 비석이 나왔다.

"반고는 용의 머리에 뱀의 몸을 하고 숨을 내쉬니 비바람이 되고 힘껏 숨을 뱉으니 번개가 됐다. 눈을 뜨니 낮이 되고 눈을 감으니 밤이 됐다. 죽은 뒤 뼈와 관절은 산림이 되고 몸은 강과 바다가 되고 피는 회독이 됐다. 털은 초목이 됐다."

3세기 삼국시대 오나라 사람 서정徐整이 쓴 『오운역년기五運歷年記』에서 옮겨 적은 이 구절은 반고신화에 대한 최초의 기술이다. 그리고 '피는 회독淮瀆이 됐다'는 문장이 바로 퉁바이산이 반고의 고향으로 인정받는 데 결정적인 단서가 됐다. 회독이 화이허강을 뜻하는 것이고 화이허강은 바로 퉁바이산에서 시작하기 때문이다. 화이허강은 중국의 남북경계선으로 많이 인용되기 때문에 반고신화가 중국의 한가운데에서 시작됐다는 상징성도 있다.

한국의 단군신화가 건국신화인 반면 중국은 황허문명의 발상지답게 창세신화가 있다. 특이한 점은 기독교의 창세기와 달리 중국에서는 천지를 창조한 반고가 피곤해서 죽었다는 점. 이것은 중국의 내세관과 밀접한 관련이 있어 보인다. 신이 죽어서 자연이 된 나라와 이 땅에 신의 나라를 구현하기 위해 사는 나라는 다를 수밖에 없다. 중국에서는 한시나 서화 모두 자연을 그린다. 왕을 위해 목숨을 바친다는 말은 있어도 하늘을 위해 그렇게 한다는 말은 듣지 못했다. 그리고 중국에서는 절대적인 신이 존재하지 않기 때문에 이 세상은 협상 가능한 상대적인 세계다. 그래서 중국인들은 어떤 상황에서도 협상이 가능하다고 믿는 것 같다.

조금 더 올라가니 혼돈지混沌池가 나온다. 세상이 아직 어지러운 어둠 속에 있을 때 반고가 도끼로 혼돈을 내려쳐 만들었다는 연못이다. 내가 서울에서 다니던 수영장보다 작다. 물은 맑은데 우윳곽과 플라스틱 봉지가 가라앉아 있다. 반고가 천지를 창조한 건설현장은 생각보다 크지 않다. 산길 곳곳에 적혀 있는 비문을 읽고 40분 정도 올라가다가 젊은 남녀를 만났다. 신발이나 차림을 봐서 걸어내려갈 것 같지 않고 인적이 없는 곳을 찾는 눈치다. 조금만 더 올라가면 반고사당이 있는데 거기에 주차장도 있어서 차를 몰고 왔다고 한다. 리칭이 거기까지 차를 몰아줬으면 시간을 절약할 수 있었을 텐데, 리칭은 아는 게 정말 없는 건지 아니면 기름을 아끼기 위해서 일부러 그런 것인지 잘 모르겠다.

반고전盤古殿이라고 불리는 사당에는 반고가 왼팔에 지구, 오른팔에 도끼를 들고 앉아 있는데 나뭇잎으로 된 치마를 입고 있다. 불경스럽지만 아프리카 추장을 연상시킨다. 원래 용 머리에 뱀의 몸이라고 하는데 인격화된 신으로 만들어버린 듯하다. 그리고 벽면에는 퉁바이산과 반고의 유관설을 기재한 문헌의 근거를 잔뜩 붙여놓아 오히려 퉁바이산이 반고의 고향이라는 데 대한 반론이 많은가보다 하는 생각이 들었다. 그것도 그런 것이 퉁바이가 중국민간문예가협회에 의해 '반고의 고향'으로 공식 선포된 것은 2005년으로 비교적 최근의 일이다. 이 반고전도 지어진 지 얼마 안 된 것 같다. 서방문화에 맞서 중국 고유의 문화를 발굴하고 확산하려는 노력은 좋은데 조금 급조된 듯한 느낌이 든다. 반고전을 관리하는 사람은 단 한 명이었다. 관리인 선전저우沈振洲는 "모두 네 명이 있는데 한 사람씩 돌아가면서 하루종일 근무한다"고 들려준다. 그와 얘기를 나눠봤다.

"언제 지은 건가?"

"원래 작은 사당이 있었는데 2006년에 새로 지었다."

"찾아오는 사람이 별로 없는데."

"반고의 탄생일인 9월 9일이 되면 찾아오는 사람들이 많다. 지금은 날씨도 궂고 해서 그런 거다."

"여기까지 오면서 교회를 많이 봤다. 반고의 창세신화와 너무 다른 종교인데 중국 사람들이 어떻게 기독교를 믿는가?"

"기독교를 믿는 사람들도 있지만 사실 불교도가 더 많다."

지금까지 만나서 얘기해본 중국 사람들처럼 선의 답변은 우회적이고 신중하다.

"반고는 죽지 않았느냐?"

"오면서 계곡수를 보지 않았느냐. 그가 죽으면서 그의 피가 흘러 시내가 되고 강이 된 것이다. 산은 그의 근육이고…… 그는 자연으로 살아 있다."

"그걸 믿느냐?"

"신화는 신화다. 기독교에서 흙으로 사람을 만들고 갈비뼈로 여자를 만들었다고 하는데 다를 바 없다."

형이상학적인 세계를 믿지 않는 중국인다운 합리적 반박이 재미있었다. 그는 이곳에서 일하는 게 정말 좋다고 했다. 산속에는 음양의 양기가 흐른다고 한다. 신양 차를 대접받고 하산했다.

리칭은 반고전까지 차로 올라갈 수 있었다고 말하자 "전더眞的(진짜)?" 한마디로 뭉갠 뒤 또 갈 데가 있다고 한다. 내가 난양까지 가려면 이제 문화관으로 돌아가야 한다고 하자 그는 퉁바이현까지 왔으면 두 곳은 더 봐야 제대로 여행하는 것이라며 놔주지 않았다. "네가 작가라면 이런 곳을 놓치고 퉁바이현에 대해 쓴다는 것은 있을 수 없는 일"이라고까지 몰아세웠다.

가야 할 곳은 허난불교학원으로 중국에서 두번째로 큰 불교대학이라고 한다. 다른 한 곳은 혁명기념관으로 덩샤오핑과 리셴녠李先念이 혁명기간 묵었던 숙소가 있다고 한다. 오후 2시까지는 문화관에 데려다주겠다고 해서 가보기로 했다. 이처럼 고장의 문화 전통을 알리기 위해 성의를 보이는데 거절하기가 어려웠다. 그는 다시 차를 몰고 30분을 산중으로 들어간 뒤 큰 사원 앞에 세웠다. 그러고는 내게 다녀오라고 한다. 이번에도 나 혼자 카메라를 메고 사원으로 들어갔다.

엉터리 가이드에게 털린 시간과 돈

허난불교학원의 규모는 과연 어마어마했다. 미륵보살의 석고상은 웬만한 건물 한 채보다 컸다. 볼록 튀어나온 배에 눈꼬리는 아래를 향하고 입가는 말려올라가면서 어떻게 보면 짓궂게 웃고 있다. 그런데 대웅전에서 만난 스님의 말로는 이 학원이 두번째로 큰 불교대학은 아니며 학생 수도 40여 명에 불과하다고 한다. 그래도 웅장한 건물이 많아서 한 바퀴 도는 데 꽤 시간이 지체됐다.

리칭에게 학생 수가 40명밖에 안 된다고 하자 그는 "전더?" 다시 한마디 던지고는 개의치 않았다. 그러고는 혁명기념관으로 차를 몰았다. 이미 오후 2시가 넘어서 그곳까지 들르기는 어렵다고 말했지만 그는 문화관으로 가는 길에 기념관이 있다면서 굳이 강행했다. 이제 그가 고향에 대한 애정으로 그러는 게 아니라는 느낌이 확실히 왔다. 그래도 운전대는 그가 쥐고 있으니 어쩔 수 없었다. 마음속으로 난양까지 가는 계획을 포기하고 덩샤오핑의 혁명 유적을 보기로 했다.

가보면 볼 게 없는 건 아니다. 국민당과의 전쟁 당시 중원의 공산당 지도부는 수십 채의 별채가 있는 대부호의 집을 징발해서 임시지휘부를 설치했고 지금은 그것을 기념관으로 개조했다. 별채들을 큰 핀셋으로 집어낼 수 있다면 그 자체로 하나하나 완전한 'ㅁ'자의 가옥이 될 것이다. 봉건적인 가옥에서 공산혁명의 전략과 전술을 숙의하고 수행한 현장이 자본주의에서 사회주의가 아니라, 봉건주의에서 사회주의로 넘어간 중국 공산혁명의 특징을 말해주는 듯하다. 각 'ㅁ'자의 별채마다 리셴녠, 쉬쯔웨이許子威, 천사오민陳少敏, 정웨이싼鄭位三 등의 흉상이 그들이 각각 묵은 거처에 방의 임자인 것처럼 놓여 있다. 내 눈은 덩샤오핑을 찾아 기념관을 다 뒤졌지만 흉상은커녕 그의 이름조차 나오지 않는다.

드디어 문화관으로 돌아가는 차 안에서 "덩샤오핑은 흔적도 찾을 수 없었다"고 말하자 그는 이번에도 "전더?" 한마디였다. 어차피 의도한 대로 다 돌았으니 볼일은 다 봤다는 무관심한 표정이다. 약속한 100위안을 주려다가 그의 수고를 감안해 200위안을 건네자 그의 본색이 튀어나왔다. "아까 퉁바이산 입장료, 원래 70위안에다 자동차 타고 갈 경우 30위안 등 모두 100위안은 내야 하는데 문화관에서 왔다고 5위안밖에 안 냈잖아. 그것만 해도 얼마야? 거기다 지금까지 몇 시간을 내가 기다려줬어? 기름값은 말할 것도 없고." 그가 퉁바이현의 문화 유적을 외국인에게 알리려는 일념으로 수고를 마다하지 않았다고는 생각지 않았지만 너무 노골적으로 돈을 밝혀 당황스러웠다. 300위안을 건네주자 그는 겨우 진정했다. 돈과 시간 모두 뜯겼다는 생각을 지울 수 없었다. 문화관장한테 얼마나 갈지 모르겠지만 반나절 '나라시' 영업한 것치고는 짭짤한 수입이 됐을 것이다.

여행 일정에 차질이 빚어져 난양까지 가지 못하고 탕허唐河라는 곳에 자전거를 세웠다. 여기서 또다른 인연이 기다릴 줄 알았다면 차질이 빚어졌다고 언짢게 생각지는 않았을 것이다. 여행의 즐거움은 늘 어느 때나 어느 곳에서나 새로운 만남이 기다리고 있다는 점이다. 이 만남에 대해서는 조금 있다가 알려드리리.

그리고 풀잎으로 응급 봉합한 사이클화의 밑창은 퉁바이현 시내에서 구두 수선하는 할아버지가 전문가의 솜씨로 완벽하게 꿰매줬다. 헌 신을 기워주는 신기료장수라는 표현이 그렇게 와닿을 수 없었다.

22

시간을 통일한 공산당과 남수북조南水北調

미국에서도 동부에서 서부로 주행했기 때문에 오후에 해를 마주 보고 달리는 것은 낯익은데 한 가지 다른 점이 있다. 하지 이전까지 미국에서는 갈수록 해가 길어지는데 중국에서는 반대로 해가 짧아진다. 매일 해가 지기 전 목적지에 닿는 것을 목표로 달리지만 번번이 길에서 해가 저문다. 같은 북반구에 위치하는데 자연현상을 반대로 겪는 원인은 자연에 있지 않았다.

지구의 둘레를 경도로 등분해서 나눈 스물네 개의 시간대 중 중국에 속하는 시구時區는 다섯 개나 있었다. 동쪽에서부터 보면 창바이長白시구, 중위안中原표준시구, 룽수隴蜀시구, 후이짱回藏시구, 쿤룬崑崙시구다. 1949년 공산당은 공간만 통일한 게 아니다. 중위안표준시구를 베이징시간으로 개칭하고 이것으로 시간대를 단일화했다. 미국

본토에는 동부, 중부, 산악, 서부 등 네 개의 시구가 있다. 미국은 구역이 서쪽으로 갈수록 한 시간씩 시간대를 늦추기 때문에 일몰 시각은 모든 지역이 일정하게 변한다. 하지로 갈수록 조금씩 늦어진다.

하지만 중국에서는 베이징시간으로 고정하기 때문에 베이징의 동쪽에서는 해가 더 늦게 지고 서쪽에서는 해가 빨리 진다. 그걸 감안하지 못했기 때문에 처음에는 해 저물기 전에 목적지에 닿지 못하는 스스로를 탓하곤 했다. 또 한 가지 생각지 못한 것은 해가 빨리 지기 때문에 떠오르기도 일찍 떠오른다는 점. 시간대로 어떻게 장난치든 하루 일조시간은 어디나 똑같다는 걸 깜빡했다. 같은 오전 10시에 출발해도 사실 매일 몇 분씩 해가 더 떠오른 다음에 출발하는 셈이다. 베이징 사람들이 출근할 때 타지키스탄과의 국경지역에서는 해가 중천에 떠 있다. 내게는 차라리 해시계가 필요하다. 그러니까 일몰 전에 도착하기 위해서는 출발시간을 앞당겨야 했지만 마음같이 잘 되지 않았다. 일종의 악순환이다. 늦게 도착하니까 늦게 자고 늦게 일어난다. 하루라도 일찍 도착하면 일찍 자고 일찍 일어날 수 있으련만…… 중국에서는 숙박시설의 퇴실시간이 낮 12시로 관대한 점도 아침에 늑장을 부리는 원인 중 하나다.

서쪽으로 갈수록 좋은 점은 있다. 빨래가 잘 마른다는 점이다. 보송보송한 빨래를 걷는 주부의 마음을 알 것 같다. 그동안 해가 진 뒤 도착한 탓에 다음날 아침까지 빨래가 마르지 않았다. 젖은 빨래를 가방 속에 꾸겨넣으면 안에서 발효돼 쉰 냄새가 난다. 거기에 비까지 오면 빨래는 삭힌 홍어가 된다. 상하이에서 허난까지 오는 동안 습윤한

북아열대를 지나왔기 때문에 비를 많이 맞았다. 신양에서 퉁바이까지 가는 길에서 다섯 시간 동안 맞은 비는 이 기후대의 마지막 통과의례 같았다. 이제 탕허를 지나면 반습윤 온대로 들어가는데 이 기후대는 시안까지 걸쳐 있다. 이후로는 대기에서 먼지들이 부딪쳐 바스락 소리가 날 만큼 건조한 스텝기후대로 진입하게 된다. 중국은 열대, 아열대, 온대의 기후대가 모두 걸쳐 있고 각 기후대마다 남, 중, 북으로 구획돼 모두 아홉 개의 소기후대가 있으며, 여기에 고원기후구가 따로 있으니 온대 하나의 기후대에서 온 여행자로서는 희한한 경험이다. 가도 가도 비가 오거나 가도 가도 비가 오지 않는…… 그런 기후의 변화를 한 번의 여행에서 경험한다.

무엇보다 중요한 변수는 물

탕허에서부터는 자신 있게 미국 여행에서 터득한 목욕세탁법을 활용했다. 쉽게 말하면 옷 입은 채 샤워하는 것을 말한다. 시간과 세제, 물 모두 절약할 수 있는 세탁법이다. 아침에 겨드랑이 부위와 같이 미처 안 마른 부분이 있기는 하지만 자전거를 타고 달리다보면 한 시간 안에 바짝 마른다. 내 몸은 빨래터이자 건조대다. 이렇게 하면 여벌의 옷도 필요 없다.

달리 표현하면 이제 점점 물이 귀해지는 북방으로 들어가고 있다는 뜻이다. 중국 국토의 특징 중 하나는 남북의 불균형이다. 경작지는 남쪽이 적고 북쪽이 많은 반면南少北多, 수자원은 남쪽이 많고 북쪽이 적다南多北少. 그래서 중국 역사는 끊임없이 친링산맥을 넘고 화이허강을 건너 남쪽으로 이동한 남진의 과정이었다. 물이 없으면 아무리 땅이 넓어도 소용이 없다. 친링산맥과 화이허강의 남북경계선을 기준으로 이미 당나라 때 남쪽의 인구가 북쪽의 인구를 능가했다. 송대에는 6 대 4, 명대 초기에 7 대 3으로 격차가 벌어졌다. 최근 1978년 개혁개방 이후에도 광둥성과 푸젠성의 해안 도시들이 경제개발을 주도하면서 남쪽이 계속 인구를 빨아들이고 있다.

북방에 빈번했던 전란도 인구를 남쪽으로 내몬 원인이다. 위진남북조시대에 이르면 북방에서 내려간 교민들이 남방의 개발을 주도해 남방과 북방의 대립적 개념이 확립된다. 하지만 무엇보다 중요한 변수는 물이었다. 물이 풍부하고 날씨가 따뜻해서 남부에서는 이모작 또는 삼모작도 가능하다. 북부는 최근에 공업용수와 도시생활용수의 수요가 늘어남에 따라 물 부족 현상이 더욱 심각하다. 해결책은 간단하다. 아전인수我田引水. 남쪽의 물을 북쪽으로 끌어다 대는 것이다.

중국에서는 저수지를 물창고라는 뜻의 수고水庫로 표현하는데, 마치 액체를 고체처럼 쌓아놓는다는 표현이 마음에 든다. 강의 상류에 물창고를 만들어 지형의 고도 차이를 무시해도 될 만큼 높게 둑을 쌓고 물을 가득 채운 뒤 밸브를 틀어 인공수로를 따라 북으로 보내는 것이다. 이름하여 남수북조南水北調다. 방법은 간단한데 구현이 어려운 종류의 일처럼 중국이 잘하는 일은 없다. 북쪽 오랑캐의 침입을 막기 위해 국경에 성벽을 쌓으라고 한마디 하면 만리장성이 세워진다. 남쪽의 풍부한 곡식을 북쪽으로 운송하기 위해 남북을 연결하는 운하를 파라고 한마디 하면 길이 1700킬로미터가 넘는 징항대운하가 남북을 종단한다. 설계보다 시공이 어려운 일이지만 수백만 명을 수십 년 또는 100년 넘게 동원할 수 있는 체제를 갖추고 있는 나라다.

나는 난양시로 들어가면서 바로 남수북조의 암거暗渠를 건넜다. 남수북조는 현재 세 개 선을 추진하고 있다. 동선은 장쑤성 장두江都 지역의 양쯔강 하류에서 취수해서 산둥성과 허베이성의 탕산唐山까지 물을 보내는 1150킬로미터의 수로로 2013년 개통할 예정이며, 중선은 양쯔강 지류인 한장강漢江의 단장커우丹江口댐에서 물을 보내 베이징까지 가는 1277킬로미터의 수로로 2014년 개통할 예정이다. 재미있는 것은 가는 도중 황허를 만나게 되는데 그 밑으로 통과하게끔 설계됐다. 서선은 티베트 자치구 내의 양쯔강 상류에서 취수해 황허 상류로 보내는 수로로 아직 착공되지는 않았다. 남수북조는 2012년까지만 해도 2016억 위안(약 36조 2900억 원)이 투자되는 대공정이다.

물을 채우면 물의 유역면적이 늘어나면서 수몰지구가 생겨난다. 단장커우 유역에서는 30만 명 이상이 이주해야 한다. 물을 가두면서 물창고 이남의 생태계는 교란될 것이다. 이런 부작용과 사회적 비용을 감안할 때 지방자치가 발달된 나라에서는 엄두도 내지 못할 일이

다. 공산당 일당독재의 강력한 중앙집권체제가 아니면 불가능한 사업일 듯하다. 남수북조는 먼 훗날 만리장성과 징항대운하에 이어 중국의 3대 대역사의 반열에 오르게 될 것이다. 그렇게 되면 중국 역사상 처음으로 남행하는 인구의 흐름도 멈추게 될지 지켜볼 일이다.

23

지진은 용이 뱉은 구슬을 청동두꺼비가 받아먹는 것

시안과의 거리를 좁혀놓기 위해 허난성에서의 마지막 기착지를 전핑鎭平현으로 정했다. 도중에 있는 난양시에서는 중국이 자랑하는 과학자 장형張衡의 박물관만 들르기로 했다. 그런데 박물관까지 가려면 시내에서 북쪽으로 20킬로미터쯤 에돌기 때문에 꾀를 냈다.

난양 시내의 어딘가에 자전거와 짐을 맡겨놓고 택시로 다녀오자. 왕복 한 시간, 관람 한 시간, 작전 소요시간은 총 두 시간. 그러면 오후 5시쯤 될 테고 난양에서 30킬로미터쯤 떨어진 전핑까지 저물기 전에 닿을 것이다. 처음 가는 곳인데도 강남에서 과천의 과학관을 다녀오는 것처럼 일사천리로 계획한다. 회의주의자라면 세 가지를 지적했을 것이다. 첫째, 자전거를 맡아주는 곳이 적시에 나타날 것인가? 둘째, 변두리까지 왕복하고 기다려줄 택시를 바로 찾아낼 수 있을 것인가? 셋째, 과연 맡아주는 곳과 택시기사를 믿을 수 있는가? 그런데 내 안의 회의주의자도 생각 못 한 문제점이 있었다. 그게 더 뼈아팠다.

난양 시내에 접어들어 312번 국도변에 비즈니스호텔이 보이자 무작정 자전거를 밀고 들어갔다. 호텔 여종업원은 눈이 휘둥그레지다가 사정을 듣고 놓고 가라고 한다. 돈도 안 받는다. 첫 관문 통과. 거리로 나오자 삼륜차 기사가 기다렸다는 듯이 다가왔다. 말이 삼륜차지 오토바이 엔진에다 운전석 뒤에 앞뒤로 구겨 앉으면 여덟 명이나 탈 수 있는 네모난 객실(?)을 달고 있다. 9인승 'SUV'인데 지붕이 없다. 선글라스 쓴 기사의 목소리는 불량기가 느껴질 만큼 반질반질했다. 택시는 안 오고 그는 옆에서 계속 사분댄다. 더이상 기다리면 작전에 차질을 빚을 수 있어 80위안 달라는 것을 60위안(약 1만 1500원)에 합의를 보고 'SUV' 삼륜차에 올라탔다.

드넓게 펼쳐진 과수 들판을 가로지르는 삼삼한 기분은 잠시였다. 아스팔트가 콘크리트 포장도로로 바뀌면서 노면은 거북이 등처럼 갈라지고 군데군데 꺼져 있다. 완충장치가 없어서 몸이 통통 튄다. 자동차가 일으키는 노란 흙먼지에 숨을 쉴 수 없다. 그는 파인 곳과 먼지바람을 피하기 위해서라면 역주행도 마다하지 않는다. 그러다가 불가피하게 요철부분을 통과할 때는 엉덩이를 살짝 들어서 충격을 피한다. 알 길이 없는 나는 속절없이 솟구쳤다가 덜커덩 떨어진다.

그는 먼지를 들이마시면 침과 함께 뱉어냈다. 뒷자리에 앉은 나는 칸막이가 없어서 침의 비행 각도에 민감하다. 나를 배려해서 고개를 왼쪽으로 쭉 빼고 침을 뱉다가 귀찮았던지 나중에는 그냥 고개만 돌려

침을 분사했다. 나는 그가 왼쪽으로 도리질하는 걸 보고 오른쪽으로 붙어 앉으려 했지만 양쪽 난간을 붙잡아야 했기 때문에 충분히 오른쪽으로 치우칠 수 없다. 거기다 그는 백미러로 그런 나의 얄팍한 수작을 간파한 듯 가끔 오른쪽으로도 침을 뱉곤 했다.

그는 먼 곳을 가리키며 가보지 않겠느냐고 여러 번 제안했다. 나는 바가지 씌우려는 그의 속내를 꿰뚫고 있다. 더 큰 문제는 진작 우회전했어야 하는데 계속 직진하고 있다는 점. 내 안의 회의주의자가 '거 봐, 이 사람을 어떻게 믿고 탄 거야' 하고 힐난한다. 침을 저렇게 뱉어대는 걸 보면 나를 으슥한 뒷골목으로 끌고 간다고 해도 전혀 어색한 행동이 아닐 것이다. 몸은 튕겨나갈 것 같지, 흙먼지에 호흡곤란하지, 수평으로 날아오는 그의 침을 피해야지, 엔진 소음은 고막을 때리지…… 거기다 내 몸은 삼륜차에 실려 어디로 가는지도 알 수 없다.

한참을 그렇게 가다가 마침내 우회전을 했다. 위치를 몰라서 길을 도는 것으로 판명됐다. 길을 잘 안다고 장담하던 그는 네댓 명에게 길을 묻곤 했다. 드디어 박물관 앞에 내려줬을 때는 이미 한 시간 이상이 지나갔다. 그리고 곧 회의주의자가 제기하지 않은 의문이 현실이 됐다. 만약 박물관이 문을 열지 않았으면?

천재 과학자 장형에서 비롯된 것들

평일 오후에 박물관이 닫혀 있는 상황은 예상하기 어려웠다. 하지만 중국에서는 일어날 수 없는 일이 없다는 마음가짐이 필요하다. 장형 박물관은 보수중이어서 모든 야단법석을 단박에 부질없는 것으로 만들어버렸다. 이전에 『자치통감資治通鑑』을 쓴 사마광司馬光의 광산현 옛집에 들렀을 때도 보수중이었다. 그때도 문 두드리고 그냥 들어갔듯이 장형 박물관 안으로도 그렇게 들어갔다. 중국에서는 일단 부딪치고 본다.

달에 있는 한 분화구의 이름은 국제적으로 '장형'으로 불린다. 달이 스스로 빛날 수 없고 햇빛을 받아 빛난다는 것을 최초로 밝혀낸 장형에 대한 적절한 예우다. 그는 천체의 운행을 관측하기 위해 '혼천의'를 만들었다. 한국의 만 원권 뒷면에 혼천의 그림이 있는 것을 보고 "역사를 도둑질하고 있다"고 중국 네티즌들이 분개하는 그 혼천의다. 동양 과학기술사의 대가 조지프 니덤Joseph Needham은 모든 시계장치의 제작은 '혼천의'에서 시작됐다고 할 만큼 장형을 높게 평가했다. 태양계의 소행성 1802는 그의 공로를 기려 '장형성'으로 불린다.

비록 보수중이었지만 그의 묘소와 그에 대한 찬사가 적힌 비석들을, 그리고 '혼천의'와 지진 관측장비인 '지동의'의 모형을 볼 수 있었다. 중국의 기기는 실용적인 도구에서 느껴지는 건조함이 없다. '지동의'는 당시의 세계관과 표현력을 반영하는 예술품이다. 그 안에 빚은 술이 담겨 있다고 해도 속아넘어갈, 길쭉한 원형의 통에 여덟 마리의 용이 긴 손잡이처럼 달려 있는데 머리가 아래를 향하고 있다. 입에 여의주가 아닌 청동구슬을 물고 있다가 지진이 나면 그 방향에 있는 용이 구슬을 뱉는다. 그럼 바닥에 용과 마주보고 배치된 여덟 마리의 청동두꺼비 중 한 마리가 그 구슬을 받아먹는다. 지진에 대한 가장 시적인 표현이다. 지진은 용의 구슬을 청동두꺼비가 받아먹는 현상이다. 하지만 지진 관측의 정확성은 그리 높아 보이지 않는다.

장형은 후한대인 78년에서 139년까지 살았고 비슷한 시기에 그리스인 프톨레마이오스가 이집트에서 활동했다. 두 사람은 모두 천동설을 주장해 시대적 한계 속에 있었지만 다른 점이 있다. 프톨레마이오스는 『천문학대집성』이라는 이론서를 펴냈고 장형은 기기를 만들었다. 장형이 만든 '지동의'는 유실됐고 후대에 복제하려고 했지만 실패했다. 2005년 중국 과학자들이 복제에 성공했다고 발표했으나 진위를 가리기는 어렵다. 중국에서는 새로운 발견이나 발명은 있지만 이론이 없다. 이론이 있어야 검증해볼 수 있고 그 과정에서 새 이론이 나오면서 과학이 발전한다. 프톨레마이오스의 천동설은 1400년 후 『천문학대집성』을 꼼꼼히 분석한 코페르니쿠스에 의해 부정되면서 '지동설'로 진화해나간다.

개인의 역량만큼은 탁월하다. 장형은 지남차도, 수레의 속도계도 발명한 것으로 알려져 있다. 명 문장가로도 이름을 떨쳤다. 초대 중국과학원장 궈모뤄는 "이처럼 전면적 발전을 이룬 인물은 세계에서 찾아보기 힘들다. 천년만년 우러러볼 인물이다"라는 찬사를 바쳤다. 하지만 장형을 보면서 중국 고대 과학기술의 선진성보다는 그렇게 오랜 역사를 지닌 중국의 과학이 낙후된 이유를 짐작하게 된다. 천재적인 개인의 고립된 성취로는 과학이 발전하지 않는다.

올 때 안 좋은 길을 더구나 돌아왔기 때문에 다른 길로 가자고 했더니 그는 뜻밖에 반색하며 차를 몰았다. 화물차들의 매연과 흙먼지 때문에 이 길도 힘들긴 마찬가지다. 제대로 출발지로 가고 있는지도 모르겠다. 아니 출발지가 어딘지도 모르겠다. 심지어 자전거를 맡겨둔 호텔 이름조차 외워두지 않았다. 그가 중간에서 내리라고 하면 꼼짝없이 길을 헤매는 중국 거지가 될 판이다. 참 무모한 녀석이군.

그는 몇 차례 더 다른 곳을 가자고 성가시게 했지만, 감사하게도 호텔 앞에 내려줬다. 다만 60위안을 주니까 펄쩍 뛰며 언성을 높인다. 중국에서 가끔 이런 경우를 겪는다. "니하오(안녕)?" 한마디만 해도 "너 어디서 배워서 그렇게 중국말을 잘하느냐"고 칭찬하던 사람이 이해가 엇갈리면 속사포 중국어로 몰아세운다. 올 때 다른 길로 왔으니 돈을 더 내야 한다는 것이다. 논리가 해괴하지만 말싸움에서 밀렸다. 나는 침이 좀 묻었다는 것을 할인 요인으로 내세워 결국 10위안을 얹어주는 것으로 낙착됐다. 그래도 험한 경우를 당해서 지불할 수 있는 대가에 비하면 얼마 안 된다. 다른 삼륜차 기사가 나를 불러세우더니 60위안 줬느냐고 묻는다. 웃음이 툭 터졌다. 동료에게 물어보면 될 걸 나한테 물어보는 걸 보니 서로에게도 숨기는 게 있나보다.

호텔 로비에는 자전거와 짐이 그대로 있다. 짐 안에 넣어둔 현금을 확인해볼까도 생각했지만 자전거를 맡아준 선의를 생각해서 그냥 끌고 나왔다. 오늘 하

루 내 안의 회의주의자와 낙천주의자 둘 중 누구 말을 들어야 했을까? 이럴 때 판정하는 사람도 항상 낙천주의자다. 땅거미와 함께 전핑으로 들어갔다.

24

그녀의 오토바이 뒷자리를 **타고 가는 밤**

이번 여행은 중국과의 첫 데이트 같은 것이다. 체력적 도전이나 중국의 중원일주라는 목표는 부차적이다. 떨리는 목소리로 "사귀어보자"고 말을 건네고 손을 내밀었을 때 중국은 어떻게 반응할까, 그것이 가장 궁금했다.

그런 점에서 자전거는 데이트하는 데 좋은 방법이다. 자전거의 나라였지만 더이상 자전거가 보편적인 교통수단이 아닌 중국에서, 자전거 여행자는 그들에게 정직한 땀을 흘리던 시절을 떠올리게 하는 것 같다. 그렇지 않으면 이렇게 친절할 수 없다. 내게 엄지손가락을 치켜세우고 가는 사람들도 제법 있고 어떤 이들은 오토바이로 옆에 따라붙어서 한참을 동행하며 말을 붙이기도 한다. 거기에 한국에서 왔다고 하면 사람들은 진객으로 대우한다.

특별히 머물 의사가 없었지만 날이 저물어 부득이 닻을 내렸던 허난의 탕허와 전핑 두 곳에서 중국인의 손님 접대법을 체험할 수 있었다. 먼저 유전지대인 탕허에서의 체험은 상상도 못 해본 것이었다. 시작은 면요리였다. 면을 좋아하는 나는 중국 여행을 다종다양한 면을 시식하는 기회로 삼았다. 탕허에서 비즈니스호텔의 직원들에게 면 잘하는 집을 소개해달라고 했더니 말로도, 글자로도 이해가 안 됐다. 청취력의 문제라기보다는 익숙지 않은 길 안내 탓이다. 이미 얘기한 바 있듯이 내가 만난 중국인들은 약도를 그리는 법이 없었다. 그들도 약도가 아닌 문장으로 서술하는데, 문장도 외워지지가 않고 내 머릿속에서 약도로도 그려지지 않았다. 그래서 만약 같이 가준다면 밥을 사주겠다고 제안했다. 당시 리셉션데스크에는 네 명의 젊은 여직원이 있었다. 그들은 모두 반색을 하며 오후 8시에 퇴근하니까 같이 가자고 했다.

입실해서 간단히 샤워하고 내려와보니 한 사람밖에 없다. 다들 사정이 있어서 먼저 갔다고 한다. 그녀도 나를 식당까지만 데려다주고 귀가하겠다고 한다. 일단 호의를 접수하기로 했는데 이동수단이 막연했다. 그녀는 자신의 전기자전거 뒤 안장을 가리켰다. 생전 처음 겪는 일이었는데 마치 오래전부터 꿈꿔왔던 일 같다. 젊은 여자가 모는 오토바이 뒤에 타고 거리를 질주하는 것.

중국에서는 이제 자전거 대신 오토바이나 전동차라고 부르는 전기자전거를 탄다. 도시화와 함께 출퇴근 거리가 늘어나면서 자전거를 타기에는 멀고 또 버스는 승객들로 미어터지기 때문이다. 특히 전기

자전거는 최근 10년간 그야말로 폭증해서 수십만 대에서 몇억 대로 늘었다. 30만 원이면 살 수 있어 중국 기준으로도 아주 비싼 편은 아니다. 2011년에만 8천만 대의 전기자전거가 팔린 것으로 추산되고 있으니 자전거에서 시속 80킬로미터의 자동차 시대로 직진한 미국과는 사뭇 다른 경로다. 이미 나 있는 자전거도로가 전기자전거 확산을 돕는 인프라가 됐다. 중국은 이제 시속 10킬로미터대의 만만디 사회에서 25킬로미터 이상의 속도로 움직이는 사회가 됐다.

오토바이 뒤 안장에 탄 여자들은 보통 남자의 허리를 껴안거나 잡는데 나는 팔을 뒤로 돌려 안장 뒤에 솟아 있는 손잡이를 잡았다. 그렇게 긴 거리는 아니었다. 그녀는 후이燴면을 잘하는 식당 앞에 내려주고 작별 인사를 하면서 명함을 건네줬다. 왕춘제王春杰. 봄에 태어나서 이름을 춘제라고 지었다고 한다. 스타일리스트로서 개인사업도 하고 호텔에서 리셉셔니스트로도 일하는 투잡스족이었다. 궁극적으로는 스타일리스트로서 성공하고 싶은 스물여섯의 여성이다. 중국에서는 특히 농촌에서는 이미 결혼할 나이를 지났다. 중국은 법적으로 여자는 20세, 남자는 22세 이후에 결혼할 수 있는데, 남자들이 군대를 안 가기 때문에 25세 이전에 많이 결혼한다.

후이면과 함께 홍샤오러우紅燒肉를 시켜서 혼자 걸판지게 먹고 있는데 뜻밖에 그녀가 다시 돌아와 앞에 앉았다. 그녀는 집에 갈까 하다가 내일 아침 내가 떠난다는 얘기를 듣고 탕허의 야경을 구경시켜주고 싶은 생각에 돌아왔다고 한다. 식사를 권해도 하지 않아서 허겁지겁 혼자 먹고 다시 그녀의 전동차 뒷자리에 올라탔다. 열여섯 살 때부터 운전했다고 하는 그녀의 운전법은 거칠었다. 사거리에서 좌회전을 할 때 좌회전 신호를 기다리지 않는 것은 물론이고 거의 90도로 핸들을 꺾어서 맞은편 차선으로 역주행했다. 스릴 넘치는 한밤의 질주에 동승한 것이 후회될 무렵 그녀는 "내가 무섭지 않으냐?"고 물었다. 그때는 마침 강을 건너 어두운 가로를 달릴 때였다. "숲속에 내버려두고 가면 어떻게 호텔까지 갈래?" 지금까지 만난 중국 사람들은 농담을 잘했다. 나도 농담으로 응수한다면 "할 테면 해봐. 지옥까지 너를 쫓아갈 테니까" 정도일 텐데, 진짜 장난으로라도 내리라고 한다면 그다음 수가 막연하다. "제발 살려줘" 하고 비는 시늉이라도 해야 할 것이다. 그러면 그녀는 "짜아식, 고것밖에 안 되는 게……"라고 면박을 준 뒤 아량을 베풀 것이다.

나는 농담으로 받지 못하고 "워샹신니我相信你(너를 믿어)" 소심하게 이 한마디밖에 할 수 없었다. 그녀는 중간에 나를 촬영해서 SNS로 친구들한테 보내주기도 했다. 나는 빨리 이 불투명성에서 벗어났으면 하는 마음뿐이었다. 탕허 시내를 한 바퀴 돈 뒤 그녀는 날 호텔 앞에 내려줬다. 그리고 내일 비번이라면서 혹시 더 머물 계획이 있으면 연락하라고 했다. 나는 한밤의 질주로 충분했다. 허리를 붙잡게 해준다고 해도 뒤에 탈 생각이 이미 사라졌다. 아마 그녀는 "이 겁쟁이" 하며 웃고 있을 것이다. 하지만 그녀의 호의만큼은 그날 밤 탕허강변에서 펼쳐진 서치라이트 쇼만큼 마음을 밝게 했다.

중국에 와서 더 알게 되는 한국

전핑에는 늦게 도착했다. 잘 곳을 찾아가는데 큰길가에 탁자들이 마치 해변에 온 것처럼 펼쳐져 있었다. 중국의 식당들은 밤이 되면 길가에 식탁을 내놓고 음식을 판다. 굽는 연기가 피어오르고 사람들은 왁자지껄 떠들면서 유쾌하게 맥주를 마신다. 나는 이제 이들에게 호기심을 채울 기회를 줘야 한다. 자전거를 끌고 젊은이들이 차지하고 있는 원탁 옆에 자리를 잡으려는데 그들이 같이 먹자며 팔을 잡아끌었다. 못 이기는 체 합석하면서 원탁에 차려진 음식을 봤더니 무려 큰 접시만 여덟 개다. 중국 사람들은 먹든 못 먹든 음식을 시키면 육고기류와 해산물, 채소류 등을 반드시 하나씩 시킨다. 고기류는 세분해서 돼지, 소, 닭으로 각각 나눠서 시킬 때도 많다. 식탁에는 빙어처럼 작은 물고기튀김과 번데기볶음을 비롯해 닭볶음탕 같은 탕도 있었는데 손님이라고 내게 닭머리를 건져준다.

이들 다섯 명은 친구 사이다. 매주 한 번씩 돌아가면서 저녁을 산다. 서로 통성명하고 나이를 물어보니 네 명이 스물넷이고 나머지 한 명은 서른하나다. 그 나이에 모두 결혼해서 아이가 있다. 중국 청년들은 결혼을 일찍 하기 때문에 조숙하고 생각도 빨리 현실적으로 바뀌는 것 같다. 중국에서는 나이를 따지지 않고 친구가 될 수 있어서 좋다. 내가 오십이라고 해도 전혀 위축되지 않고 친구로 대해준다. 이들은 모두 자영업을 해서 그런지 형편에 여유가 있고 현실에 대해서도 만족하고 있었다. 옥공예품 가공업을 하는 친구는 "전핑이 갈수록 커지면서 사업의 기회가 계속 늘어나고 있다"고 말했다. 그들은 다른 중국인들처럼 휴대전화기에 각별한 관심을 보이며 삼성 갤럭시 S2와 아이폰을 차례로 돌려가며 구경했다.

여기에서도 '간베이乾杯'를 제창하며 술을 권하기는 하지만 억지를 쓰지는 않는다. 서른한 살이 손으로 마이크 쥐는 동작을 하며 노래 부를 수 있는 술집에 가서 한잔 더 하자고 했지만 내가 거절하자 그걸로 끝이었다. 중국에 와서 한국을 더 잘 알게 된다. 한국에서는 누구라도 한 명이 2차를 고집하면 다 가야 하는 게 보편적 정서다. 그런 점에서 한국은 특이한 나라다.

쉴새없이 먹다가 청년들을 보니 아무도 음식에 손을 대지 않는다. 중국에서는 음식을 남기는 게 미덕이다. 다 먹으면 부족한 줄 알고 더 시킨다. 아직 저녁 9시도 되지 않았는데 벌써 모임을 끝낼 때가 됐다. 지금까지 경험한 중국에서는 저녁식사가 길지 않다. 밤 11시를 넘기는 경우는 거의 없다. 물론 사업상 접대일 경우에는 늦어지기도 하지만 일반적인 상황에서는 저녁을 빨리 마감한다. 또다른 점은 술 마시고 비틀대거나 해롱대는 사람도 보기 힘들다. 그렇게 하는 걸 체면 잃는 일로 생각한다. 사실 한국처럼 음주에 관대한 나라는 많지 않다. 흰 와이셔츠에 넥타이를 매고 길거리에 누워 있는 한국의 샐러리맨은 세계적으로 희귀종이다.

이들은 승용차 두 대에 나눠 타고 떠나면서 자전거를 타고 가는 내게 경적을 울리고 소리를 질렀다.

"저기서 좌회전하면 100미터 못 가서 새로 지은 여관이 나올 거야."

좌회전하고 1킬로미터를 더 갔지만 여관은 없었다. '중국인들의 지리적 감각이란……' 혀를 차면서 밤길을 헤맨 끝에 숙소를 찾았지만 중국과의 첫 데이트는 순조롭다고 느꼈다. 자전거의 앞바퀴는 내 의지로, 뒷바퀴는 중국인들의 호의와 우정으로 돌아가고 있다.

25

누들로드 :
312번 국도

중국 여행을 자극한 동기 가운데 하나는 미국의 식단이었다. 대서양 연안에 바퀴를 담그고 출발해 열 개 주를 가로질러 태평양에 입수할 때까지 카페라고 불리는 아침 식당을 수없이 들렀지만 기이하게도 메뉴가 똑같았다. 메뉴에서 당당히 한 줄씩 차지하고 있는 요리 이름이다.

계란 한 개.

계란 두 개.

계란 세 개.

계란 네 개까지는 보지 못했다. 여기에 다양한 요리가 있는 양 서니 사이드 업sunny side up이냐 스크램블이냐 하는 메뉴들이 있지만 모두 계란 요리의 일종일 뿐이다. 그러고 나서는 치즈버거, 비프버거, 피

시버거, 에그샌드위치 등등 빵 두 조각으로 싸먹는 닮은꼴의 음식들이 잇따르고 마지막으로 오믈렛 메뉴가 있다. 항상 오믈렛만 먹었다. 짠맛과 단맛 이외의 맛은 이것뿐이었다. 점심 메뉴로 가면 여기에 스테이크류와 치킨 누들 수프가 추가된다. 뉴욕 같은 도시는 예외로 하고 이 광대한 나라에 카페의 메뉴가 이렇게 같을 수 있을까? 개성을 존중한다는 미국이 오히려 획일적이라는 의심이 들었다.

그런데 벽촌에 중국 식당이 있었다. 내가 창안한 법칙인데 인구 300명만 넘으면 그 촌락에는 반드시 중국 식당이 하나씩 있다. 참고로 미국에는 맥도널드, 버거킹, 웬디스의 3대 패스트푸드 식당 전체를 합한 것보다 중국 식당이 더 많다. 중국인들은 미국의 전국 지도를 들고 인구 300명 넘는 마을을 찾아다니며 중국 식당이 있는지 없는지를 확인했음에 틀림없다. 중국 식당에서는 미국화된, 또는 국적불명의 음식을 내놓기는 하지만 그래도 새콤하거나 매운맛을 경험할 수 있었다. 그래서 생각했다. 차라리 중국을 횡단하면 아침식사가 더 즐거울 수 있지 않을까? 중국 여행은 그때부터 계획되었다.

사람들은 중국에서 음식이 입에 맞았는지를 묻곤 한다. 특히 중국에서는 기름을 너무 많이 쓴다고들 생각한다. 우리는 끓이거나 삶지만 중국에서는 솥의 두꺼운 바닥을 뜨겁게 달군 뒤 기름을 넣고 볶거나 튀겨 먹기 때문에 생긴 인식이다. 당연한 얘기지만 중국에는 삶고, 굽고, 찌고, 끓이고, 부치는 다양한 조리 방법이 있다. 지방에 따라 주요리가 다를 뿐이다. 식칼을 쓰는 방법만 해도 수평으로, 사선으로, 수직으로, 밀고 당기고 썰고 흔들면서 재료를 거의 분자 수준으로 해체한다. 그래서 칼이 중요한데, 중국에서 요리기자로 활동한 젠린 류Jen Lin Liu는 저서 『인민에게 봉사하라Serve the People』에서 칼만 보고 요리사의 출신지를 알 수 있다고 썼다. 검으로 협객의 유파를 아는 것과 같다. 상하이는 상어의 머리처럼 뾰족한 칼, 쓰촨은 종처럼 생긴 날, 광둥은 서양 칼처럼 좁고 날카롭고 긴 칼, 베이징은 공포영화에 나올 법한 뭉툭하고 네모난 칼을 쓴다. 허난에서는 베이징식 식칼을 많이 썼다. 양고기를 다루기 위해서는 두툼하고 네모진 칼이 필요한 것 같다.

과연 중국의 아침식사는 훌륭했다. 내가 들른 중국은 오전 7시면 길에서 아침식사를 사먹을 수 있다. 부부 모두 일하기 때문에 등교하는 아이와 길가에서 오손도손 아침밥을 먹는 모습은 마치 야외 식탁을 차린 것처럼 정겨워 보이기도 한다. 아침식사로는 죽과 콩우유인 더우장豆漿, 밀가루를 기다랗게 반죽해서 튀겨낸 유탸오油條, 우리는 보통 찐만두라고 부르는 바오쯔包子, 찐만두인데 속에 아무것도 넣지 않은 만터우饅頭, 구운 빵 안에 숙주와 계란 등을 넣은 샤오빙燒餅, 조를 쪄서 갈댓잎으로 싼 쭝쯔粽子, 양고기탕에 구운 빵을 뜯어서 넣어먹는 양러우파오모羊肉泡饃⋯⋯ 헤아릴 수 없다.

이 모든 것을 통칭해서 담대하게도 간단한 식사라는 뜻의 샤오츠小吃라고 부른다. 샤오츠 중에서 나의 탐구 대상은 국수다. 국수는 빨리 먹을 수 있고 국물도 있어서 여행자의 허기와 갈증을 동시에 달래준다. 무엇보다 15년 전 워싱턴에서 일하던 시절 프레스센터 2층에서 4달러 50센트를 내고 사먹던 비프 누들 수프를 찾아내야 했다. '후난 익스프레스'라고 하는 중국 패스트푸드점에서 팔던 그 소고기쌀국수는 내게 중국 국수의 세계로의 초대권이자 잃어버린 사진의 원판 같은 것이다. 그 몇 년 뒤 프레스센터에 일부러 찾아갔지만 그 집은 없어졌다. 실제 후난성 창사長沙까지 순례했지만 짠맛과 매운맛이 기막히게 조화를 이룬 그 감동은 재현되지 않았다.

추억의 비프 누들 수프를 찾아라

이번에는 반드시 찾아내리라. 도착 첫날 저녁부터 상하이에서 란저우蘭州 소고기국수牛肉拉麵를 골랐다. 서북지방인 간쑤甘肅성의 수도인 란저우에서 회족인 마바오쯔馬保子가 1915년에 처음 지금과 같은 국수를 만들어내 '그 냄새를 맡으면 말에서 내리고 그 맛을 알면 차를 세운다聞香下馬, 知味停車'는 명성을 얻었다. 란저우 안에는 수천 개의 라몐拉麵 집이 있고 중국 전역으로 퍼지고 있다.

원래 후난의 소고기국수도 청나라 옹정제 때 '개토귀류改土歸流' 정책에 따라 후난으로 강제 이주된 회족의 한 갈래인 신장위구르족이 만든 것이다. 『누들로드』의 저자 이욱정 피디에 따르면 현존하는 최고最古의 국수는 바로 신장의 투루판吐魯番 부근 화염산火焰山에서 발견된 2500년 전의 국수라고 한다. 신장은 그만큼 국수의 유서가 깊은 곳이다. 개토귀류 정책은 소수민족의 부족장을 중국의 내지로 보내고 중앙에서 임명한 관리를 파견해 서부를 장악하기 위한 것이었다. 강제 이주된 소수민족의 부족장과 그 가족들은 낯선 타향에서 국수를 먹으려고 하는데 밀이 없어 후난의 주식인 쌀을 썼다. 이후 현지화의 과정을 거쳐 원래 회족들이 먹는 맑은 국물이 아니라 걸쭉한 국물의 쌀국수로 재탄생했다.

란저우 국수는 맛도 맛이지만 위생적일 것 같다. 조리사들은 머리에 둥글거나 육각형의 흰색 모자를 쓰고 여자들은 두건을 걸쳐 이슬람교도라는 것을 나타내는데 마치 전문적인 요리사 같다. 맑은 국물에서는 돼지고기와 술에 손대지 않는 이슬람교도의 정결한 생활태도가 연상된다. 그런 느낌이 드는 것은 무엇보다 면을 만드는 과정 때문이다. 깨끗하고 단백질 함유량이 많은 밀가루를 고르고選麵, 물과 반죽할 때는 30도의 온도를 유지해 탄성과 신축성을 높이고和麵, 30분 이상 숙성하고醒麵, 찧고 주무르고 늘이고 내던지기를 되풀이하면서 면을 뽑아내는拉麵 그 4단계의 과정을 주방 안이 아니라 가게 입구에서 투명하게 보여준다.

그래도 나는 후난 국수처럼 걸쭉한 국물에 입맛이 당긴다. 장쑤성 전장에서 펄 벅의 옛집으로 올라가는 길모퉁이의 허름한 국숫집에서 무심코 면을 시켰다가 따뜻한 국물과 함께 상서로운 기운이 온몸에 퍼지는 것을 느꼈다. 이름은 솥뚜껑이라는 뜻의 궈가이멘鍋蓋麵으로 걸쭉한 후난 국수에 대한 일편단심을 흔들어놨다. '우연히 먹은 국수가 이 정도라면' 하는 기대감으로 편안히 마지막 한 젓가락의 국수를 후루룩 빨아들였다. 원래는 부주의하게 솥뚜껑을 솥에 빠뜨려서 면과 함께 끓여내서 솥뚜껑국수지만 지금은 솥뚜껑을 넣지는 않는다. 넣은 재료에 따라 여러 종류가 있는데 소고기를 실처럼 가늘게 잘라넣은 뉴러우쓰牛肉絲면을 먹었다. 전장 특유의 간장을 써서 매운맛이 아니라 짭짤함을 기조로 하고 다진 마늘 등으로 시원한 맛을 낸다.

중국 국수의 작명은 중국에서 과학이 체계적으로 발전하지 않은 것처럼 무정부주의적이다. 면발의 굵기, 국수 뽑는 방법, 국수의 유래 등에 따라 제각각이다. 중국의 6대 국수 중에서 산시山西성의 다오샤오멘刀削麵은 각진 칼로 대패처럼 면을 잘랐다고, 베이징의 자장면은 춘장을 소스로 버무려서, 허난의 후이멘燴麵은 걸쭉하게 끓인다고, 쓰촨의 단단멘擔擔麵은 행상들이 어깨에 메고 판 국수여서, 우한의 러간멘熱干麵은 한번 익힌 국수를 식혀서 말린 뒤 소스를 뿌려서 먹는다고, 란저우의 라멘은 국수를 손으로 잡아 늘였다고 해서 각각 이름이 붙었다. 6대 국수를 선정한 기준은 상대적이다. 산시陝西성의 짜오쯔멘臊子麵이나 광둥의 이푸멘伊府麵을 꼽는 사람도 있다.

국수는 지금도 진화하고 있다. 대표적인 국수가 모래솥이라는 뜻의 사궈멘砂鍋麵이다. 허난의 정저우에서 두 자매가 시작해서 퍼지고 있는데, 나는 광산현의 2호점에서 시식할 기회를 잡았다. 매운맛이 강렬하고 중독성이 있다. 한국의 고추장처럼 달짝지근한 매운맛甛辣이 아니라 쓰고 시큼한 매운맛酸辣이었다.

맛기행은 아니지만 일상적으로 접할 수 있는 음식에서 맛을 발견할 때 여행의 즐거움이 배가된다. 상하이에서 시안까지 가는 312번 국도는 남쪽으로는 쌀, 북쪽으로는 밀가루의 경작지대를 가르는 분계선이다. 이 국도는 내게 쌀과 밀가루의, 수없이 많은 국수 변주곡을 체험할 수 있는 '누들로드'다. 아직 나의 '후난 쌀국수'는 못 찾았지만 그에 맞먹는, 영원히 잊지 못할 국수가 나타났다. 시안으로 가는 친링산맥의 한 산골에서였다.

누들로드를 따라 만난 중국의 국수

국수는 빨리 먹을 수 있고 국물도 있어서 여행자의 허기와 갈증을 동시에 달래 준다. 상하이에서 시안까지 가는 312번 국도는 남쪽으로는 쌀, 북쪽으로는 밀가루의 경작지대를 가르는 분계선이다. 이 국도는 내게 쌀과 밀가루의, 수없이 많은 국수 변주곡을 체험할 수 있는 '누들로드'다.

仰韶酒

26

시안까지 3일 레이스에 모든 걸 걸다

모처럼 일찍 길을 서둘러 아침 9시 전에 전핑을 출발했다. 오늘은 기필코 산시陝西성의 상난商南까지 거리를 줄여놔야 한다. 그래야 이틀 뒤인 토요일까지 389킬로미터 떨어져 있는 시안에 닿을 수 있다. 토요일 저녁 시안에서 약속이 있기 때문이다. 여행을 출발하기 전 최휘영씨 부부와 시안에서 만나기로 했다. 그들은 나를 격려하기 위해 내 아내를 데리고 항공편으로 한국에서부터 오고 나는 자전거를 타고 가서 시안에서 상봉한다는 계획이다.

상하이에서 출발해 시안까지 가는 동안 예측불허의 일이 수없이 일어날 수 있음에도 이런 약속에 응할 만큼 나는 아슬아슬한 일에 흥미를 느끼는 편이다. 레이스라고 생각하는 것이다. 상하이에서 시안까지의 1인 자전거 레이스. 약속한 날에 골인하기 위해 매일매일 거리를 일정하게 줄이거나, 거리를 줄이지 못하면 그다음 날 추가 거리를 배정한다. 1467킬로미터를 계속 하루 단위로 토막내면서 달린 거리와 달려야 할 거리, 쓴 시간과 남은 시간을 끊임없이 가감승제하면서 도착 예정일을 환산한다.

이것은 마라톤에서 42.195킬로미터의 코스 전략을 세우는 것과 같다. 초반 10킬로미터 구간은 무리하지 않도록 평소보다 다소 느린 페이스로 달리고, 20킬로미터 구간에서 평소의 속도로 끌어올리고, 30킬로미터 구간에서는 그 속도를 유지하고, 40킬로미터까지는 좀더 속도를 내다가 마지막 2.195킬로미터 구간은 실성한 것처럼 마구 달린다…… 그런데 나는 레이스에 출전해서 한 번도 전략대로 코스를 운영한 적이 없다. 대체로 초반부터 마구 달리다가 후반에 처지는, 번거롭게 코스 전략 따윈 세우지 않는 사람과 다를 바 없다. 하지만 이번 레이스에서는 지금까지 42.195킬로미터를 길게 늘여놓은 것처럼 코스 전략대로 주행해왔다. 초반에 체력을 다지느라 하루 주행거리를 짧게 가져가다가 중반부터 페이스를 끌어올렸다. 이제 실성한 듯 마구 달려야 할 구간으로 들어간다.

그렇다고 레이스 운영이 무난했던 것은 아니다. 무엇보다 전핑까지밖에 안 왔는데 속도계에 표시된 거리가 1300킬로미터를 넘어섰다. 마라톤에서는 그래도 코스의 표시가 분명해서 코스를 이탈하지는 않지만 이번 레이스는 코스가 자주 변경되는 희한한 경험을 했다. 지금부터 389킬로미터를 더 달리면 거의 1700킬로미터를 달리게 된다. 예정한 거리보다 230킬로미터 이상 더 달리는 셈이고 그만큼 길을 많이 잃었다는 뜻이다. 거기에다 허난성 퉁바이현에서 문화관 직원의 상술에 말려들어 반나절을 소비하는 바람에 원래는 금요일에 시안에서 보기로 했다가 토요일로 골인 날짜를 연기해야 했다.

보통 약속시간보다 한두 시간 늦는다는 건 양해되기 어려운 실수지만 이런 약속은 한두 시간이 아니라 하루이틀 늦어도 이해받을 수 있다. 30분을 쪼개서 사는 일상과 다른 스케일의 삶을 살고 있다는 느낌이 든다. 하지만 그들은 월요일 오전에 귀국할 예정이어서 하루를 더 연기할 수는 없다. 반드시 토요일에는 시안에 들어가야 한다. 중간에 길을 잃는 것도, 계획에 없는 곳을 둘러보는 것도 용납될 수 없다. 사흘간의 레이스는 지금까지 준비해온 체력과 기술, 그리고 중국의 길에 대한 감각 등 모든 것을 쏟아부어야 한다.

첫날 무려 160킬로미터를 달려 시안까지의 거리를 229킬로미터로 좁히는 데 성공했다. 출발한 지 12시간여 만인 밤 8시 52분에 산시성 상난의 런민공원에 도착했다. 이제 여행을 출발하기 전 과천까지 40킬로미터도 안 되는 거리를 왕복하고 드러누웠던 내가 아니다. 7년 전 아메리카 대륙을 횡단하던 시절의 나로 돌아간 느낌이다. 160킬로미터는 마일로 환산하면 100마일이다. 미국에서는 하루 100마일 주파하는 것을 센테니얼centennial이라고 부르면서 장거리 여행자가 되는 하나의 관문으로 여긴다. 특히 평지의 160킬로미터가 아니라 굽이굽이 산길을 주파했다는 데 더 큰 자부심을 느꼈다. 허난성을 떠나 산시성에 들어와서부터는 16킬로미터가 오르막길이다. 30도를 오르내리는 무더위 속에서 더욱 빨라진 친링산맥의 맥박을 느끼며 해발고도 2000미터를 단숨에 올라왔다.

사람들의 마음을 끄는 자전거 여행자

연도에 선 주민들의 응원도 갈수록 뜨거워진다. 오토바이를 탄 청년들이 따라붙으면서 "짜요우加油!"를 외치거나 앞다퉈 길을 가르쳐준다. 교통경관들도 대단하다는 뜻의 "쩐빵眞棒!"이라고 말하며 엄지손가락을 들어올렸다. 자전거포 아저씨는 자전거의 체인에 기름을 칠해주고 길가에 열린 버섯시장에서 만난 아저씨는 "상난까지 얼마 남지 않았으니 조금만 힘을 더 내라"고 어깨를 두드렸다. 그렇게 160킬로미터를 달려 상난에 도착했을 때 최상의 격려가 기다리고 있었다. 보조바퀴 두 개를 단 자전거를 타고 놀던 궈쉬라는 이름의 아이가 내 지친 표정을 보고 물통을 집어가더니 뜨거운 물을 받아왔다. 옆에 있던 그의 어머니도 예상 못한 행동이었다. 아직 학교에 들어갈 나이도 안 된 이 아이가 건넨 물통을 받아들었을 때 물통에 따뜻한 물이 아니라 따스한 배려가 가득 담겨 있다고 느꼈다.

아니면 중간에 들른 서악도관에서 돈 주고 산 부적이 효력이 있었는지도 모른다. 도관은 도교의 사원이다. 중국에서 도교는 유교와 양대 산맥이다. 물론 보통 불교까지 넣어서 유불선이라고 하지만 중국에서 기원한 사상 또는 종교로는 유교와 도교 두 가지다. 하지만 보통 사람들에게 도관은 돈을 내고 행복과 재부를 비는 기복의 장소다. 서악도관에는 십수 채의 방마다 온갖 종류의 신이 모셔져 있다. 본당에 들어가 울긋불긋한 옷을 차려입은 세 명의 여신 입상을 촬영하자 아주머니 두 분이 사진을 못 찍게 했다. 도관에서는 어딜 가도 사진을 찍지 못하게 한다. 아주머니 한 분이 여행하는 동안 안전하기를 태산할아버지한테 빌 필요가 있다면서 손바닥만한 누런 갱지를 가져다줬다. 거기에 내가 원하는 내용을 적으라고 해서 한글로 적어도 되느냐고 물으니 한자로 적어야 한다고 했다. 간단히 '保護我(나를 보호해주소서)'를 적었다. 아주머니가 그다음 순서를 알려줬다. 봉헌함에 돈을 넣고 태산할아버지한테 삼배를 하라는 것이다. 순간 너무 자연스럽게 돈을 뜯기고 있다고 느꼈지만 이미 절차가 진행된 이상 중간에 거절하기 어려웠다. 5위안을 꺼내서 봉헌함에 넣을 때 메모지도 같이 넣으려고 하자 아주머니가 그건 몸에 지녀야 한다고 제지했다. 하마터면 한 장 더 살 뻔했다. 아주머니가 한국에 있는 가족들의 안위는 안 빌어도 되느냐고 해서 약간 마음이 찔리기는 했지만 사양하고 나왔다. 짧은 도교 체험이다.

나를 응원하는 것은 고사하고 아예 무관심한 사람들도 있다. 노름하는 사람들이다. 내륙으로 갈수록 노름하는 사람들이 점점 눈에 띈다. 중국은 원래 노름과 아편으로 망했다는 말을 들을 만큼 노름이 사회문제가 돼서 중국 공산당은 노름을 마약, 밀수, 성매매와 함께 4대 범죄로 강력히 단속한다. 하지만 이렇게 일상적으로 노름을 하는 것으로 봐서는 심심풀이 고스톱 정도인가보다. 아무튼 노름에 몰입하는 정도는 게임중독 못지않아 보인다. 한번은 식당에 들어갔는데 어른

네 명이 모여 노름을 하면서 주인까지도 내게 눈길조차 주지 않았다. 물만두를 시켰더니 중학생 딸이 삶아줬다.

노름은 중국의 전통적 노름인 마작보다는 서양의 카드로 하는 경우가 훨씬 많다. 그런데 곁눈질해서 보니 카드 한 벌이 아니라 두 벌로 한다. 비록 카드를 쓰지만 게임은 포커나 브리지bridge 같은 서양 것이 아니라 중국에서 새로 만들어진 방식이다. 중국의 것을 지키면서 서양의 것을 이용한다는 중체서용中體西用의 살아 있는 사례라고 할 수 있을까? 카드 두 벌, 즉 108장을 갖고 두 명씩 짝지어 네 명이 하는 게임을 80편分이라고 부른다. 복잡한 80편의 규칙을 가장 간단히 설명하자면, 카드 몇 장은 바닥에 깔아놓고 나머지를 네 명이 나눠 들고 있다가 카드를 먼저 다 내려놓는 쪽이 이긴다. 주로 가게 주인들이 손님을 기다리기 무료해서 판을 벌이는데, 분위기가 달아오르면 손님이 아니라 도둑이 들어와도 모른다. 그러니 나 같은 여행자에게 눈길을 줄 여유가 없다. 남녀평등이 실현된 나라답게 꼭 판에는 목청 큰 아주머니가 끼어서 고래고래 소리를 지른다. 만약 꾼들의 손에 카드가 많지 않다면 80편이 아니라 카드 한 벌로 하는 '더우디주斗地主'라는 노름일 것이다. 이것 역시 카드만 서양의 것을 쓰되 중국의 게임이다.

노름하지 않는 사람들은 뭔가를 쳐다보고 있다. 농촌에서 길을 가다보면 사람들이 대문을 열어놓고 그 사이에 의자를 놓고 앉아 있는 것을 자주 본다. 내가 본 중국 사람들은 호기심이 많다. 그러나 그 호기심은 뭔가를 적극적으로 해보려는 호기심이 아니다. 무관한 일이라고 생각했는데 자신의 삶이 휘청댈 정도로 휘둘리는 일을 많이 겪은 사람들의 호기심이다. 토끼가 귀를 쫑긋대는 것과 같은 행위다. 그런 그들의 눈앞으로 짐을 잔뜩 매단 자전거가 지나간다. 반대로 나는 자전거를 타고 가면서 길가에 앉아 있는 그들의 시선을 끌고 가고 있다는 걸 느낀다. 그들의 눈에서 토끼의 경계심이 느껴지지 않는 것은 전적으로 자전거의 힘이다. 자전거는 무력하다. 그래서 사람들의 마음을 놓게 하는 힘이 있다. 내가 자전거로 여행하는 이유이기도 하다. 자전거 여행은 사회과학 특히 문화인류학에서 쓰는 방법론인 참여관찰의 간이 버전 정도의 자격은 있는 것 같다.

27

시골 장례식에서 만난 고양이귀국수

만약 이 사실을 알았으면 처음부터 시안에서 특정한 날짜에 만나자는 무모한 약속에 응하지 않았을 것이다. 4월 18일 시안으로 들어가는 312번 국도의 마지막 터널인 무후관牧護關이 막혔다. 산사태가 나서 도로를 덮친 것이다. 인명 피해는 없었지만 언제 통행이 재개될지 알 수 없었다. 우회로도 마땅치 않았다. G40 고속공로는 자전거 진입이 허용되지 않고 다른 우회로로 가면 시안에 언제 닿을지 기약이 없다.

몰라서 그런 약속을 했고 몰라서 결과적으로 약속을 지킬 수 있었다. 312번 도로관리공사가 내가 자전거로 통과하기 하루 전에야 통행 재개를 허용한 것을 터널 앞에 아직도 수북이 쌓인 돌더미 흔적을 보고 알았다. 만약 내가 자전거를 타고 지나갈 때 산사태가 나면 어떻게 하지? 이런 생각은 잘 안 하는 편이다. 실제 무후관에 앞서 통과한 마제링麻街嶺에서는 2011년 9월 돌더미가 차량을 덮쳐 두 명이 사망하고 한 명이 중상을 입는 사고가 발생했지만 말이다.

산시성의 상난에서 시안까지 가는 마지막 229킬로미터 구간은 후포산琥珀山, 우관武關, 쯔위링資峪嶺, 마제링, 무후관 등 터널 다섯 개를 통과해 친링산맥을 뚫고 나간다. 한국에서도 집 근처에 일원터널이 있고 서울 도심으로 자전거 통근할 때 금호터널과 옥수터널, 홍천 다녀올 때 6번 국도의 여러 터널 등을 겪어봐서 터널 주행에 관한 한 역전의 용사라고 생각했다. 하지만 친링산맥의 터널들은 왕릉에 생매장되기 위해 지하 갱도로 들어가는 순장자의 공포를 연상시켰다. 언젠가 뒷문이 닫히면서 어둠 속에서 눈이 달려 있어야 할 의미를 잃어버리게 될 것 같은.

처음 만난 터널인 후포산 터널에 선글라스를 쓴 채 들어갔다가 대낮에 암실에 들어간 것 같은 먹장의 어둠에 갇혀버렸다. 터널 내 전등이 전부 꺼져 있다. 선글라스를 벗었지만 어둠은 밝아지지 않았다. 멀리서 무시무시한 굉음이 들려오고 노면은 울퉁불퉁해서 정주행하기 어려웠다. 자전거 전등을 켰지만 촛불보다 가냘펐다. 공기는 차갑고 축축했다. 오히려 맞은편에서 차가 와줬으면 좋겠다. 앞길을 밝혀주고 뒤에서 오는 차에 나의 존재를 부각시켜줄 수 있을 테니까. 다시 터널 전등에 불이 들어온다. 전등의 간격은 넓고 셋 중 둘은 꺼져 있어 여전히 나를 드러내지 못한다. 터널 끝에서 작고 흰 반점이 점점 말발굽처럼 커지더니 출구가 어렴풋이 보인다. 햇빛이 왜 광명인지 알 것 같다. 휴우, 빠져나왔다. 세번째 통과한 쯔위링 터널이 가장 무서웠다. 길기도 했지만 완벽한 어둠은 그 자체로 고문이었다. 필요 이상으로 공포를 느낀 이유는 중국에서는 일어날 수 없는 일이 없을 거라는 짐작 때문이다. 중국은 한 개인의 죽음에 그렇게 연연해하지 않을 것 같은, 14억 명의 나라다.

쯔위링 터널을 빠져나오자 길가에 흰 종이꽃으로 장식한 천막이 쳐져 있고 사람들이 모여 있다. 장례 치르는 모습을 보고 싶었는데 드디어 마주친 것이다. 그들의 마음이 다칠까봐 자전거를 길가에 대고 기색을 살폈다. 사람들이 그렇게 슬퍼하는 눈치가 아니어서 악상惡喪은 아니라고 생각해 천막으로 다가갔다. 그들은 기꺼이 맞아주면서 식사를 권했다. 점심도 거르고 길을 서두르던 차여서 뱃가죽이 등에 달라붙어 있었다. 염치없이 큰 양은냄비가 놓인 탁자 앞에 자리를 잡았다.

이게 상갓집의 육개장 같은 음식인가보다. 양고기 국물에 감자, 두부, 배추를 넣고 걸쭉하게 끓여서 노란빛이 돈다. 오랫동안 사용한 듯 냄비 밑바닥은 찌그러져 있다. 보기에는 느끼할 것 같았는데 입에 들어가니 도리어 구수하다. 중국식 고추장을 풀어서 먹으니 느끼함도 없다. 특히 탕 안에 든, 국수 같지도 않고 마카로니 같지도 않은 작은 덩어리가 쫀득쫀득했다. 자세히 보니 고깔모자처럼 생겼다. 이걸 뭐라고 부르지? 주민들은 합창하듯 '마오얼둬'라고 알려줬다. 내가 못 알아듣자 누군가는 귀를 잡고 누군가는 동물 우는 소리를 냈는데 고양이를 흉내내는 것 같다. 순간 머릿속에 환한 불이 들어왔다. 이게 책에서 보고 꼭 한번 먹고 싶었던 고양이귀국수였던 것이다. 마오猫는 고양이, 얼둬耳朵는 귀를 뜻한다. 엄지손가락과 집게손가락으로 밀가루 반죽에서 뜯어낸 조각을 손바닥에 놓고 엄지손가락으로 누르고 돌리면 이런 모양이 나온다. 산시성에서만 맛볼 수 있는 그 특별한 국수를 친링산맥의 외진 산골에서 먹는다. '누들로드'에서 단연 최고의 국수다.

아마 다른 사람의 눈을 의식하지 않았으면 양은냄비를 두 팔로 안아 코를 박고 흡입해버렸을 것이다. 두 그릇 연거푸 퍼먹고 나서야 스피커에서 울려퍼지는 장송곡이 귀에 들어오면서 망자에 대한 예의를 먼저 차렸어야 했다고 뉘우쳤다. 천막 안으로 들어가 영정을 찾으니 망자의 사진이 책상 위에 놓인 액자 사진만큼 작다. 연로하신 할아버지 얼굴이다. 1934년에 태어나셨다. 한국에서처럼 분향은 하되 재배再拜는 올리지 않고 가볍게 묵념했다. 멀고 먼 이국의 문상객이 자신의 영전에 찾아온 것을 이 할아버지는 굽어보고 있을까? 굴건을 쓴 상주들이 흐뭇한 눈으로 쳐다본다. 한 그릇 더 먹고 가라고 붙잡는 걸 사양하고 길을 재촉했다.

이 지긋지긋한 오르막이 언제 끝날까

마지막 터널인 무후관을 통과하고 나서 사진을 찍기 위해 뒤돌아봤을 때 자전거 진입금지 표지판이 보였다. 그제야 보기에 천만다행이다. 산사태를 떠나 자전거로는 원래 갈 수 없었던 길이었다. 하지만 이 터널들이 없었더라면 자전거로 친링산맥을 넘을 수 없었을 것이다. 상난현이나 단펑丹鳳현의 지세는 모두 산에 둘러싸인 손바닥 모양이다. 상난현은 80퍼센트, 단펑현은 90퍼센트가 산지다. 한고조가 되는 유방이 이 산길을 넘어서 시안으로 쳐들어갈 때 병사들이 겪었을 고초가 상상이 안 된다. 그때는 터널도 없었을 텐데.

그들에 비할 바 아니겠지만 나도 난징을 떠난 이후 12일 동안 하루도 쉬지 않고 강행군을 했다. 막판에 오르막길과 역풍의 악몽 같은 조합으로 자전거 바퀴는 원형에서 십이각형, 육각형, 이제는 사각형으로 변해버린 듯하다. 페달 한 발 밟는 데 온몸을 실어야 한다. 이미 앞 기어는 1단으로 내린 지 오래다. 앞 기어 1단에 뒤 기어 1단까지 내려놓고 갈지자로 최대한 노면의 기울기를 낮춰서 오른다.

길가에서 강아지와 놀고 있는 청년을 지나쳤다. 이 청년은 자전거에 상자를 매달고 강아지를 싣고 가다가 쉴 때면 강아지를 꺼내서 같이 놀았다. 처음엔 약간 모자란 사람처럼 보였다. 내가 쉴 때는 그가 지나가고, 앞서거니 뒤서거니 몇 번 마주친 이후 말을 붙여봤다. 얼마나 더 가야 이 지긋지긋한 오르막이 끝나느냐고. 지금까지 중국 사람들의 길 안내는 틀리거나 부정확했다. 하지만 그의 안내는 놀라울 정도로 정확했다. "2킬로미터만 더 올라가면 터널이 나오고, 그 이후로는 시안까지 내리막이다. 저녁 8시 전에는 시안에 닿을 것이다."

그의 말대로 마지막 터널인 무후관이 나오고 무후관부터는 이렇게 내려가도 되나 싶게 내려간다. 길 표지판에는 35킬로미터의 내리막길이라고 해서 다시 오르막이 나올까봐 조마조마했지만 그의 말대로였다. 시안까지 60여 킬로미터가 기본적으로 내리막이었다. 도중에 몇

번 더 그와 마주쳐서 말을 나눴다. 그는 중국 전역을 강아지 한 마리와 여행하는 중이었다. 그냥 세상을 보는 게 좋아서가 이유다. 꾸밈없는 여행자의 풍격風格이 느껴진다. 여관에서도 안 자고 캠핑 장비도 없다. 다리 밑이나 버려진 집 안에서 자고 먹고 여행한다. 자전거 짐칸에는 천으로 둘둘 만 침낭이 묶여 있고 앞 핸들에는 커다란 원형 플라스틱통을 매달았다. 나처럼 24단 기어가 달린 산악자전거도, 균형을 맞추기 위해 자전거 양쪽으로 짐을 싣는 패니어 가방도 없지만 주유천하하는 데 부족함이 없어 보였다. 란톈藍田현의 109번 성도변 다리 밑에서 누군가 소리쳐서 쳐다봤더니 그가 한 손에 맥주병을 들고 나에게 손짓하고 있었다. 나는 이미 가속하고 있는 상태여서 손만 흔들어주고 내처 갔는데 그게 그와의 마지막 스침이었다. 그는 그때까지 내가 만난 유일한 장거리 자전거 여행자였다. 지금 이 시간에도 그는 중국의 어딘가를 돌고 있을 것이다.

무후관을 통과하고 나서는 전혀 다른 세계다. 친링산맥의 북쪽 사면은 암벽으로 이뤄진, 내리막에서 보기 아까운 절경이다. 시속 40킬로미터로 내리막길을 질주하면서 바라보는 경치는 물에 젖은 스케치북처럼 몽롱하다. 그래도 멈추고 싶지는 않다. 어떻게 확보한 높이인데 야금야금 내려오고 싶지 않았다. 장쾌하게 내달려 해발 2000여 미터의 고지에서 해발 500미터의 중국 통일제국의 최초의 수도 시안에 뚝 떨어졌다. 최휘영씨 부부와 아내는 약속장소인 호텔 앞에서 서성이고 있었다. 상하이를 떠난 지 18일 만에 1700킬로미터를 달려 약속을 지켰다.

28

삼각코스 한 변 완성, 이제 동쪽으로!

다시 혼자가 됐다. 최휘영씨 부부와 아내는 이틀을 같이 지낸 뒤 귀국했다. 이제 동진을 시작해야 하는데 시안에서 성벽 위를 자전거로 달릴 수 있다는 얘기에 귀가 솔깃했다. 성벽 위를 걷는 것만으로도 운치 있을 텐데 자전거라니. 만리장정에 가장 부합하는 중국 고도古都기행일 것 같다. 남문으로 페달을 밟았다. 시안은 중국 8대 고도 중 통일왕조의 수도 자리를 지켰던 기간(1200년)이 가장 긴 도시다. 통일왕조를 포함해 17개 왕조가 1200여 년간 시안에서 지지고 볶았다면 시안은 세계 어느 도시보다 격조 있고 고풍스러운 도시일 거라고 생각했다.

하지만 1000년의 궁성은 없었다. 2000여 년 전 진시황의 아방궁도, '서西로마, 동東장안'이라는 말이 나올 만큼 번성했던 한나라의 성

城도, 세계 최초로 인구 100만 명을 돌파한 실크로드의 기점인 당나라의 장안성도 모두 폐허다. 중국은 지금도 그렇지만 새로 왕조를 세우면 기존의 궁성을 깨끗이 불태우고 근처에 새집을 짓는 게 유행이었던 것 같다. 재건축이나 재개발의 개념이 없다. 겨우 땅속 5미터 밑에 아슬아슬하게 숨어 있던 진시황릉의 병마용도 그전에 발각됐으면 모두 흙더미로 되돌아갔을 것이다.

지금 내가 오르려고 하는 성벽도 와서 보니 비교적 최근인 명대에 건축된 것이다. 특이하게도 청나라 황제들은 전前 왕조의 성을 부수지 않았다. 베이징에 남아 있는 자금성도 명대에 건축된 것이다. 한족을 통치하기 위해 한족 문화에 동화되고자 했던 여진족 황제들이 한족보다 더 한족의 문화를 보호한 것 같다.

남문의 검표원이 막아섰다. 자전거는 끌고 올라갈 수 없고, 성벽 위에서 자전거를 빌려 타야 한다고 한다. 그러면 자전거와 짐을 잠깐 놔두고 다녀오겠다고 했더니 검표원은 안 된다고 잘라 말했다. 옆에 있는 관광안내소 여직원은 짐은 맡아줄 수 있지만 자전거는 자전거보관소에 맡기고 오라고 한다. 자전거보관소가 멀리 떨어져 있기도 했고 또 곧이곧대로 하기에는 나는 이미 융통성 있는 중국의 맛을 본 터. 30분만 갔다 올 테니 맡아달라고 계속 졸랐다. 그사이 나를 응대하는 사람은 다섯 명으로 불어나 5 대 1의 실랑이로 발전했다. 스스로 중국어가 많이 늘었다고 느꼈다. 중국어로 억지까지 쓰고 있지 않은가.

한국에서였다면 실랑이가 길어지면 어느 한쪽에서 언성을 높이고 결국 "나이가 몇 살이야?" "왜 반말이야?" 하면서 옥신각신 언쟁으로 비화됐을 것이다. 하지만 이들은 같은 음조로 똑같은 말을 반복할 뿐이다. 외국인이어서 좀더 예의 있게 대하는 것 같기도 하고 원래 쉽게 달아오르지 않는 성격인 것 같기도 하다. 이럴 시간에 다녀오겠다고 했지만 그들은 그럴 시간이면 자전거를 맡기고 오라고 한다. 그러면 안 되는 것이다.

할 수 없이 그들에게 성벽으로 올라가는 다른 문이 어디에 있느냐고 물으니 거기도 사정은 마찬가지일 거라면서 동문을 가르쳐준다. 성벽 안쪽의 길을 타고 동문에 도착하자 잘생긴 젊은 남자직원이 검표하고 있었다. 중국 여행의 팁인데 중국은 잘생긴 남자들이 친절하다. 그는 관광안내소로 나를 인계했고 안내소에서는 뒤편 휴게실에 자전거를 들여놓았다. 정확히 내가 그리던 '아름다운' 광경이다. 따뜻한 찻물을 담아주고 길도 친절하게 안내해준다. 중국에서는 인구가 많기 때문에 원칙을 지키는 사람도, 융통성 있는 사람도 모두 있다. 일희일비하지 말고 포기하지 않는 게 중요하다. 회심의 미소를 만면에 띠며 성벽으로 올라갔다.

성벽 위 담장은 2차로나 다름없다. 탱크도 지나갈 수 있을 만큼 단단했다. 성벽 위에만 몇만 명이 올라와 동시에 수비할 수 있을 것 같다. 높이도 12미터나 돼서 주변의 4, 5층 건물이 아래로 보인다. 그런데 동문에서 시작해 북-서-남의 순으로 세 개의 모퉁이를 돌았는데 동문이 나오지 않는다. 세 개가 아니라 네 개, 다섯 개의 문을 돌아도 나오지 않는다. 외길이어서 도중에 길을 잃는 일은 없다. 혹시 도돌이표 같은 기호에 걸린 게 아닐까 온갖 생각이 든다. 실은 중간에 옹성

비슷한 망루를 지나치면서 문을 지나쳤다고 착각한데다 생각보다 성벽이 길었기 때문이다.

13.74킬로미터. 꼬박 한 시간이 걸렸다. 한대漢代의 장안성은 둘레가 35.56킬로미터였다고 하니까 남아 있었으면 제법 자전거 탈 맛이 났을 것이다. 명대의 성벽이라도 650년이 넘었다. 지금까지 자전거로 다닌 길 중에서 가장 오래되고 특별한 도로일 것이다. 바닥에 벽돌 크기의 포도鋪道가 울퉁불퉁 깔려 있어서 주행이 순탄치 않았지만 시안에서 둘러본 어느 유적지보다도 역사 속을 달리는 기분이었다. 성벽 밖에 밀집한 낡은 아파트 단지들이 오히려 비현실적으로 다가왔다.

어쩌면 여기서 이러고 있는 내가 비현실적이라는 생각이 들었다. 직장을 관두고 상하이부터 자전거를 타고 와서 성벽을 자전거로 돌고 있다. 꿈꿔오던 일이기는 하지만 믿기지 않는 일이다. 경제적인 문제나 사고 위험 등 다른 것을 다 제쳐놓더라도 체력이 괜찮을지 불확실했다. 이번 만리장정은 상하이-시안-베이징을 세 꼭짓점으로 중국대륙에 삼각형을 그리는 여정이다. 시안까지 온 것은 삼각형의 한 변을 완성했다는 것 이상의 수확을 의미했다. 해낼 수 있다는 자신감이다. 이 정도 규모로 자전거 여행을 한 게 벌써 7년 전의 일이다. 중국도 할 수 있다고 큰소리를 쳐왔지만 속으로는 이게 혹시 나이듦에 대한 무망한 저항, 더 나쁘게 말해서 세월의 흐름을 순순히 받아들이지 못하는 발악 같은 게 아닐까 하는 의심을 지울 수 없었다. 그러나 실제 해보니 피로 회복 속도가 느려진 것 외에는 큰 문제가 없는 것 같다. 역시 해봐야 할 수 있는지 알 수 있다. 약간 흥분돼서 마이크로 블로그 서비스인 미투데이의 친구들을 향해 "아메리카 대륙을 횡단하던 나로 돌아갔다"고 소리치는 치기를 부렸다.

대중국의 시작, 시안

내게 시안은 총소리로 기억되는 곳이다. 그것은 1936년 12월 12일 공산당 토벌을 독려하러 시안에 온 장제스蔣介石를 체포, 연금한 군벌 장쉐량張學良 군대의 총소리였다. 이를 계기로 다시 항일전쟁을 위한 국공합작이 이뤄지고 기사회생한 마오쩌둥의 공산당이 결국 13년 뒤 중국을 호령하게 된다. 12월 12일은 한국에서도 1979년에 전두환 합동수사본부장의 하나회가 정승화 육군참모총장을 체포하는 하극상을 일으킨 날이어서 기억이 중첩됐다. 그 총소리로 잠시 혼수상태에서 깨어난 것처럼 보였던 시안은 1974년 우물을 파던 농부에 의해 병마용이 발견되면서 실크로드 이후 비로소 다시 세계인의 발길이 북적대는 도시가 됐다.

원래 시안은 그렇게 쉽게 잊힐 수 있는 도시가 아니었다. 시안은 대중국의 시작이었다. 친링산맥에서 시안 쪽을 바라보면 시안을 수도로 한 진秦이 전국시대를 끝장내고 중국을 통일한 지리적 배경을 짐작할 수 있다. 장성을 쌓은 듯 직각으로 솟은 친링의 지맥을 옆구리에 끼고 망망한 대지가 끝없이 펼쳐진다. 그 안에 웨이수이강渭水이 구불구불 대지를 적시고 지나간다. 무학 대사급 지관이 아니라도 광활한 이 터에 대중국 통일왕조의 도읍지를 정하는 게 어렵지 않았을 것이다. 풍수지리나 도시 설계를 알 바 없는 원시인조차 이곳에 군집했을 정도로 이 분지의 이점은 분명하다. 은신과 전망을 모두 확보할 수 있으면서도 먹거리가 풍부했을 것 같다.

이 분지의 남쪽에 있는 란톈藍田현에서는 1963년 홍적세에서 구석기 초기에 걸쳐 살았던 직립인의 화석이 발견됐고, 이 화석의 주인공을 호모 에렉투스 란톈Homo e. lantianensis이라고 부른다. 최대 115만 년 전에 살았던 란톈 원인猿人의 후손이 중국인이라고 하기에는 시간적 거리가 영원에 가까울 만큼 멀다. 하지만 어쨌든 이 대지에서 삶이, 그리고 문명이 움틀 수 있다는, 그래서 중국의 문명이 메소포타미아에서 전래돼온 것이 아니라 자생적일 수 있다는 가능성을 시사한다.

이곳이 바로 웨이수이평원, 우리에게 익숙한 표현대로 하면 관중關中평원이다. 평원을 둘러싼 첩첩산중 협곡에 네 개의 관이 있어서 그렇게 불린다. 서쪽 다싼관大散關, 북쪽 샤오관蕭關, 동쪽 한구관函谷關, 남쪽 우관武關 네 개의 관문은 궤짝에 달린 자물쇠와 같아서 이 관을 열지 못하면 관중평원 안으로 들어갈 수 없다. 진은 내부 분열이 일어나 안에서 열어주지 않는 이상 쉽게 들어오기 어려운 난공불락의 평원에 위치한 반면, 바깥으로는 동서남북 어디든 우당탕 한달음에 밀고 내려갈 수 있고 그렇게 중국을 통일했다. 하지만 좀더 넓고 비옥한 대지를 따라 왕도가 분지의 문턱을 넘어 동쪽으로, 남쪽으로 이동하면서 시안은 도리어 경제적인 의미에서 난공불락의 섬으로 고립돼갔다.

나는 봄날의 소풍 같았던 성벽 순례를 끝으로 방향을 극적으로 바꿔 뤄양과 카이펑 등 왕도를 따라 동진을 시작한다. 옛 진의 병사들처럼 한달음에 화베이華北평원을 향해 내달릴 수 있으면 좋겠다. 그러나 중국이 그렇게 간단한 나라일까 하는 생각도 피어오른다. 몸으로 확인하는 수밖에.

29

호텔 직원 조회에서 만난 중국의 집체문화

"두드드드……"

우박이 지붕으로 떨어지는 듯한 소리에 잠을 깼다. 전날 시안에서 오후 늦게 출발해 75킬로미터를 달린 끝에 산시陝西성 웨이난渭南시의 한 호텔에 투숙했다. 방을 배정받고 보니 마작 전용실이다. 침대 옆에 마작용 탁자가 검보라색 보자기에 덮여 있고 방에는 창문이 없다. 고문실로도 손색없다. 방문이 열려 있는 앞방에는 이미 판이 소란스럽게 벌어지고 있다. 실내 공기도 탁해 숙면을 취하기는 글렀다고 단념하고 뒤척인 것 같은데, 소리에 놀라 깨어보니 아침이다. 밖에 나가자 우박은커녕 창창한 햇빛이 쏟아지는 기분 좋은 아침이다.

딩리위안鼎立源호텔 앞에서는 대로변에 어울리지 않는 '군사훈련'이 아침 8시부터 벌어지고 있다. 여행중 가끔 마주치는 광경이다. 훈련병들은 군인이나 예비군이 아니라 내가 묵은 호텔의 직원들이다. 직군별로 나눈 듯 '분대'마다 입은 제복도 다르고 연령대도 다르다. 연분홍색 블라우스에 검은색 짧은 스커트를 입은 젊은 여성들은 접객분대. 같은 소속이기에는 키 차이가 많이 나는 아주머니들과 아저씨들로 이뤄진 조리분대. 옥상에서 발을 구르며 우박 떨어지는 소리를 내고 있는 객실분대. 쇼트컷 헤어스타일에 몸에 딱 달라붙는 감색 투피스 차림으로 전문직업인 느낌을 주는 20대 후반의 여직원들로 구성된 지휘부. 이들은 어느 분대 할 것 없이 엄숙한 표정으로 구령한다.

미국이 중국 내륙을 침공할 경우를 대비해 비정규전에 투입될 민간인들이 훈련받고 있는 줄 알았다. '차렷' '열중쉬어' 같은 기본 동작에서부터 '앞으로 가' '뒤로 가' '좌향좌' '우향우'에 이어 일렬종대로 늘어서 행진까지. 행진할 때도 양팔을 앞뒤로 젓지 않고 손을 허리춤에 고정하고 걸을 때도 무릎을 꺾지 않고 다리를 앞으로 번쩍번쩍 든다. TV에서 본 북한 군대와 비슷한데 공산주의풍 행진인 것 같다.

하지만 열이 안 맞고 들어올린 발의 각도가 제각각이다. 특히 조리분대는 차렷 자세로 서 있는 것마저 불편해 보인다. 군대처럼 보이지 않도록 위장술까지 훈련하고 있는지도 모른다. 내가 자리를 옮겨가며 사진을 찍어대자 겸연쩍은 표정을 지으면서 이를 보이는 '분대원'들도 있지만, 전체적으로는 이 정도의 훼방꾼에 대오가 흐트러져서는 안 된다는 듯이 집중력이 유지된다. '지휘관'에게 다가가 물으니 8시에 이런 의식을 거행한 뒤 업무에 들어간다고 한다. 군사훈련이 아니라 일종의 조회인가보다. 하지만 이것이 식재료를 썰거나 객실을 청소하는 일과 어떻게 연결이 되는지 짐작이 안 된다.

"왜 이렇게 하는 건가?"

"회사의 경영 방침이다. 직원들의 단합과 기강 확립을 도모한다. 딩리위안 그룹에 속한 어느 호텔이든 모두 아침시간에 이 의식을 거행한다."

그것도 한 시간씩이나 한단다. 내 생각엔 지쳐서 조회가 끝난 뒤 각자 긴 휴식시간을 가질 것 같다. 이 호텔뿐 아니다. 허베이성의 창저우滄州시에서는 분홍색 셔츠를 입은 남녀 학생들이 미용가위를 손으로 놀리는 동시에 '삼렬종대로 헤쳐 모여'를 하곤 했다. 아파트 관리원들도, 식당 종업원들도, 좀 규모 있는 집단이라면 이런 의식의 유혹에 빠지는 것 같다. 군사문화에 대한 거부감이 많은 한국인 여행자로서는 신기한 광경이다. 그들에게는 지배와 복종의 관계를 내면화하는 의식은 아닌가보다. 그러면 지금은 공산당의 일당독재 외에는 사라져가고 있는 사회주의의 유산인가? 모든 사람이 같은 몸짓을 하면서 연대감을 형성하려는?

집체행동은 이것만이 아니다. 아침부터 저녁까지 내가 가본 중국 전역의 공원이나 도로변에서 다종다양한 집체행동이 벌어진다. 아침에는 보통 태극권太極拳 또는 체조를 하고, 저녁에는 군무를 춘다. 좀 부지런한 사람 같으면 아침에 체조를 하고 출근해서는 제식훈련을 받고 퇴근해서는 군무를 출 것이다. 군무는 보통 큰 녹음기를 틀어놓고 같이 추기도 하지만 어떤 곳에서는 큰북과 꽹과리, 피리의 반주에 맞춰 부채춤을 추기도 한다. 집단 검무를 추는 것도 봤다. 군무 참여자는 대부분 여성이지만 남성도 끼여 있다.

만약 사람들의 이목이 번다한 광장에서 혼자서 추라고 하면 손사래를 쳤을 것이다. 같이 하니까 아무렇지 않다. 이상야릇한 공범의식 같은 것이다. 심지어 외간남자들의 손을 잡고 빙빙 돌다가 그의 가슴에 안겨도 그건 규칙적인 행동일 뿐이다. 이 순간만은 '나'는 종횡의 대열이 교차한 사분면의 한 좌표일 뿐이다. 거기서는 특출하게 잘 추는 사람보다 전체적인 조화가 중요하다.

한국에도 함께 어울릴 수 있는 농악이 있고 서양에도 콘트라댄스contradance와 같은 포크댄스가 있지만, 중국처럼 어느 도시에서나 조금 터가 넓다 싶으면 벌어지는 군무는 내가 가본 세계 어디에서도 보지 못했다. 중국 특유의 풍물로서 자격이 있다. 인구가 많아서 개인이 자유롭게 움직일 수 있는 공간이 적은 탓도 있을 것이다. 그래서 춤조차 일상에서 벗어난 자유로운 몸짓이 아니라 집단적인 운율에 맞추는, 기계적인 동작밖에 허용되지 않는지도 모른다. 하지만 보기만 할 뿐 춤출 기회가 적은 한국을 포함한 대부분의 나라보다 낫다. 언제 어디에서나 편리하게 군무를 추는 건 인구가 많은 중국에서만 가능한 일인지도 모른다.

이렇게 조회를 하고 군무를 추다보면 개인들의 합이 전체가 아니라 전체의 부분이 개인이라는 느낌이 강해질 것 같다. 줄이 틀리거나 동작이 엇나가지 않도록 서로를 의식한다. 모두 집중해서 군중이 일사불란한 전체로 바뀔 때 아름다운 일체감을 느낀다. 서구인들이 잘 이해하지 못하는 중국의 한 측면일 것 같다. 전체라는 것은 선험적으로 주어진 것이고 자신은 선택 이전에 어딘가에 이미 속해 있다는 느낌. 그러니 전체를, 전체의 대표를 내 손으로 선택해야 한다는 의식이 생겨나기 어렵다. '중국인은 정치적인 자유가 없어 억눌리고 있다'는 서구의 선입견으로 본다면 결코 발견하기 힘든 중국인의 특성이라는 생각이 든다.

이 일체감을 담아낸 가장 큰 그릇은 중국이다. 지금도 중화인민공화국이듯 중국의 국호가 중국이었던 적은 한 번도 없다. 하지만 중국인들에게 개인과 대별되는 전체로서의 중국이 있어왔다. 그래서 춘추전국시대나 위진남북조, 오호십육국, 오대십국의, 한 번에 수백 년간 계속된 분열기에도 불구하고 하나의 중국으로 돌아오곤 했다. 중국은 36개국이 있는 유럽 크기의 땅에 서로 철천지원수가 되기에 모자라지 않는 5000년 이상의 역사가 있고, 인종적으로도 남방인과 북방인은 그리스인과 스칸디나비아인만큼 달라 보인다. 그런데 내가 만난 모든 중국인들은 희한하게도 중국이 하나의 전체여야 한다는 사실에 추호의 의심도 하지 않는다. 14억분의 1로 대접받아도 14억 명이 이루는 전체에 강한 소속감을 느낀다.

통일중국의 비밀이 숨겨진 310번 국도

나는 310번 국도를 따라가면서 일체감의 근원인 중국의 통일성을 탐구해볼 작정이다. 이 길에 단서가 있을 것만 같다. 310번 국도는 중국 역사상 가장 중요한 도로라고 생각한다. 장쑤성 롄윈강連雲港시와 간쑤성의 톈수이天水시를 마치 빨랫줄처럼 일자로 잇는 1613킬로미터의 길이다. 이 길을 둘로 나눌 때 중심에서 서쪽의 566킬로미터에 중국 8대 고도 중 진의 시안, 후한과 당의 뤄양, 상商의 정저우, 송의 카이펑 등 4대 고도가 나란히 걸려 있다. 광대한 중국의 면적을 감안하면 다닥다닥 붙어 있다고 말할 수 있다. 310번 국도의 이 구간을 나는 '왕도의 길'이라고 부른다. 통일중국의 비밀이 숨어 있는……

하지만 '왕도의 길'도 종종 고속공로 G30에 징발당해 진입할 수 없었고 우회하는 길은 공사중이어서 가로막혀 있었다. 길을 잃어 웨이난시 외곽에 있는 한 마을로 깊숙이 들어갔다가 빠져나올 때 깜짝 놀라 급제동했다. 내리막길로 좌회전하는데 오른쪽으로 공간이 툭 터져 있었다. 핸들의 회전각이 컸으면 낭떠러지 아래로 추락할 뻔했다. 발아래 장대한 대지가 펼쳐진다. 마른 먼지가 곳곳에서 산불처럼 피어올라 이곳이 황투黃土고원이라는 걸 대번에 확신할 수 있었다. 길을 잃지 않았으면 보지 못했을 장관이다.

한반도보다 더 넓은 평면의 남쪽 끝을 딛고 서 있는 것이다. 지구에서 가장 넓고 침적 상태가 가장 깊은 황투 분포구. 지질이 단단하지 않아 비에 쉽게 씻겨내려가 황허로 흘러들어간다. 황허의 하상이 높아지면서 수로가 가끔 바뀐다. 그러면 중국의 역사적 생태계도 바뀐다. 가만히 누워 있는 저 황투고원이 역동적인 중국 역사를 조각하는 거대한 끌인 셈이다. 천황天黃·지황地黃·하황河黃·인황人黃이라는 황색의 중국도 저 무덤덤한 대지에서 발원했다고 생각하니 말 없는 역사

白水杜康

의 현장을 목도하는 감동으로 가슴 벅차다. 더 높은 곳에서 보고 싶은 욕심에 화산華山으로 달려갔다.

30

일보일생一步一生
한 발 한 발의 분투

산시성 화산의 동봉에선 황투고원이 잘 보인다. 실눈으로 보면 갑자기 좌회전 깜빡이를 켜고 휙 도는 것처럼 황허黃河의 물줄기가 꺾이는 것까지 보인다. 대하大河치고는 기구하다. 칭하이靑海성 산속 호수에서 출발해 동진→북진→동진→남진→동진 등 네 번이나 꺾인 뒤 발해만으로 들어간다. 중국에서는 붓으로 '범凡'자를 대륙에 휘갈긴 형상으로 황허의 물길을 묘사한다(가운데 점만 빼고).

황허는 네이멍구內蒙古에서 남북으로 가로지르는 타이항太行산맥의 수비에 막혀 'ㄱ' 자를 그리며 남하한다. 그렇게 1000킬로미터 가까이 순항하다가 동서를 가로지르는 친링산맥에 다시 가로막혀 'ㄴ'자로 휘도는데, 동봉은 이 마지막 휨과 관중평원을 품에 안은 황투고원, 그리고 황허에 합류하기 직전의 웨이수이강과 뤄수이강洛水이 보이는 인

문지리 명당이다. 해발 400미터의 평지에서 우뚝 솟은 2096미터 고봉이어서 1700미터의 고도 차이를 넓은 시계視界로 실현한다. 마침 날이 맑아서 뭉게구름 넘어서도 망망한 대지가 보일 듯하다.

황허는 이후 동쪽으로 달리면서 친링산맥과 대지를 협공해서 케이크를 짜부라뜨리듯 긴 협곡을 만드는데, 그 유명한 한구관函谷關과 퉁관이 이 협곡의 관문들이다. 한구관 서쪽은 관중평원이고 동쪽은 화베이평원이다. 관중평원에서 땅따먹기를 한다면 한 사람의 몫이 될 것 같다. 나눌 수 있는 지리적 장벽이 없다. 그래서 하나의 나라가 되면 그것만으로도 이미 작지 않은 나라일 텐데 한구관만 넘으면 또다른 평원이 있다. 군침을 흘리면서 관문을 넘어가 화베이평원까지 차지하고 나면 이 대국은 진공청소기처럼 군소 국가들을 빨아들인다. 양대 평원의 자산이라면 중국 어느 곳이든 원정하고 흡인할 수 있는 자력이 생기기 때문이다.

화베이평원을 차지한 쪽도 유혹을 느끼기는 마찬가지여서 『삼국지연의』에서 보듯이 역사적으로 관중평원을 차지하려고 그렇게들 용을 쓴 것이다. 양대 평원 간의 전쟁과 양대 평원을 모두 따먹으려는 북방민족의 남하가 끊이지 않으면서 수많은 피난민을 양쯔강 이남으로 밀어내 중국의 남쪽을 식민지로 삼고 한화漢化하는 연쇄반응이 일어났다. 이것이 화산에서 본, 중국이 통일제국이 될 수밖에 없는 지형적인 배경이다.

만약 중국도 유럽처럼 알프스산맥에서 흘러내린 강들의 물줄기가 사방으로 퍼지면서 교통의 흐름을 교란했다면 같은 평원에 있어도 단일한 영토의식을 갖기 어려웠을 것이다. 황허가 고단하지만 그래도 엇나가지 않고 끝내 동진의 흐름을 지켜준 덕에 중국인들은 같은 방향 의식과 영토의식을 가질 수 있었다. 통일중국의 양대 개국공신은 황투고원과 황허다.

모르는 이들은 믿지 못하는 사람들

나라가 크다고 사는 사람들의 행복도 큰 것은 아니다. 화산에 와 보면 안다. 중국의 오악五嶽 중 가장 험한 이 산에 와서도 줄을 서야 한다. 명대의 화가 왕리王履는 "나는 마음을 따르고, 마음은 눈을 따르며, 눈은 화산을 따른다吾師心, 心師目, 目師華山"고 읊었는데, 화산에서는 줄을 따라야 한다. 사진이 잘 나오는 지점에는 발 디딜 틈이 없다. 비켜달라고 '익스큐즈 미'를 외치는 젊은 여성의 목소리도 들린다. '내가 외국인인 줄 어떻게 알았지?' 약자인 것처럼 가냘프게 해서 양보를 압박하는 그 목소리가 싫다. 새치기가 불가능한 바위 틈새 길에서도 멈칫하는 사이 파고드는 사람들의 행렬. 내겐 중국의 줄서기에 대한 공포가 있다. 4년 전 후난성 창사공항의 입국장 앞에서 있었던 일이다. 옆으로 새로운 줄이 계속 생겨나더니 입국장의 문이 열리자 대오가 무너져버렸다. 앞에 있는 사람들만 통과했을 뿐인데 공안은 입국장을 닫아버렸다. 서울에서 버스를 탈 때 나름의 위치 선정이나 순발력이 좋다고 자신해왔는데 졸지에 낙오자가 되고 말았다.

"저 줄은 아니에요" "저 사람들은 우리보다 뒤에 온 사람들이에요" 이런 외침을 듣지 못했다. 중국에서 줄의 권위는 미약하다. 이럴 때 중국은 서로 모르고 믿지 못하는 사람들의 무더기일 뿐이다. 모르는 사람에 대한 신뢰의 정도가 시민의식을 결정한다면 중국인들은 모르는 사람을 신뢰하지 않는 쪽이다.

국國과 가家로 이뤄진 '국가'라는 한자가 시사적이다. 린위탕은 "중국엔 원래 나라와 가족밖에 없고 사회라는 관념이 없었다"고 말했다. 영어의 'society'를 번역한 일본식 한자인 사회社會는 수입했지만 시민의식public mind은 수입하지 않았다. 가족을 돌보거나 국가에 충성할 뿐이다. 이중톈易中天은 "서양이 그리스시대와 같은 도시국가시대를 거쳐온 것과 달리 중국은 씨족제도가 감쪽같이 국가제도로 바뀌었기 때문"이라고 풀이한다. 서로 알아서 줄을 지키는 문화가 없다면 강력한 권위에 의존해 무질서를 막을 수밖에 없다. 중국에서 공안의 힘, 나아가 공산당의 일당지배가 수용되는 기저에는 이런 집단심리가 있다. 국민은 관광객이다. 서로 밀고 밀치고 올라가 경치를 한번 보고 떠날 뿐이지, 질서를 세우거나 바꾸는 주체라고 생각지 않는다.

화산은 기암괴석이 즐비하지만 사실 길이 20킬로미터, 너비 7.5킬로미터, 높이 2155미터로 이뤄진 한 덩어리의 화강암이다. 이 화강암을 산 밑에서부터 최고봉인 남봉의 정상까지 일일이 쪼아서 지퍼처럼 촘촘하게 만여 개의 돌계단을 새겨넣었다. 만리장성급 대역사는 아니지만 대국의 동원체계가 아니었으면 엄두도 못 낼 일이다. 생고생해서 계단을 만들어놓으니 관광객들이 올라가고, 그들을 먹이기 위한 식료품을 메고 짐꾼들이 올라간다. 철근, 시멘트, 목재도 메고 간다.

예전에는 중국 무협소설에서 5대 문파 중 하나로 꼽히는 화산파의 검술이 화산을 대표하는 무공이었다고 하면 지금은 짐꾼들의 노동이 화산을 대표하는 신공이다. 목재와 철근처럼 가늘고 긴 짐을, 달랑 수건 한 장 덮은 한쪽 어깨에 얹어 마치 시소를 메고 가는 것 같은 '시소 신공', 보따리 두 개를 장대 양쪽 끝에 매달아 마치 저울을 지고 가는 것 같은 '저울 신공', 버섯처럼 아래는 좁고 위는 넓은 질통을 메고 지팡이 짚으면서 올라가는 '버섯 신공'. 평지도 아니고 헛디디면 천 길 아래로 떨어지는 외길을 시계가 확보되지 않은 상태에서 올라간다. 다리가 후들거리는 게 보일 정도이니 처음에는 말 붙이기가 저어됐다.

하지만 몇 번 마주친 뒤 가만히 들어보니 노동요를 부른다. 익숙하고 여유가 있다는 뜻이다. 말을 붙여보니 대답도 시원시원하다. 숱한 질문을 받아본 것 같다. 짐은 60킬로그램 정도고 모든 것을 저울로 달아서 계산하는 중국답게 보수는 킬로그램당 0.8위안(약 150원)을 받는다. 하루 두 번 오르내린다. 내려갈 때 쓰레기를 가져가기 때문에 하루에 120위안(약 2만 원)도 벌 수 있다. 그들에게 허톈우何天武씨의 근황을 물으니 빙그레 웃으며 오늘도 산에 올랐을 것이라고 했다.

화산 짐꾼계의 지존 허씨는 한 팔 없이 질통을 멘다. 그의 사연은 여러 차례 방영돼 중국인들을 감동시켰고 우리나라에서도 EBS '극한 직업'에서 소개된 바 있다. 올해 쉰 살인 그는 20여 년 전 병사한 부인이 남긴 빚을 갚고 아이 둘을 키우기 위해 탄광에서 일하다 왼팔이 절단되는 사고를 당했다. 보상금으로 고작 4200위안(80만 원)을 받고 쫓겨난 뒤 그나마 반은 소매치기 당하고 나머지 돈으로 농사를 짓다가 다시 홍수로 농작물이 유실되는 재해를 입었다. 그래도 구걸은 하지 않겠다고 다짐한 그는 화산에서 벌써 12년을 보냈다.

일보일생一步一生. 한 발 한 발에 목숨 거는 이들의 분투는 놀러온 사람들을 미안하게 한다. 화산은 경치를 완상하는 것보다 사회의 구성원에 대한 예의를 깨닫는 교훈적인 산으로 변모한다. 짐꾼들은 스스로 비천하게 생각하지 않는다. 그들은 탄광 속 갱도에서 일하는 것보다 맑은 공기를 마시며 일하는 게 낫다고 말했다. 무엇보다 그들의 노동은 눈에 보이기 때문에 줄을 안 지키는 관광객조차도 격려하고 먼저 올라가라고 길을 비켜준다. 이렇게만 돌아간다면 괜찮은 사회다. 노동의 신성함과 정직한 땀을 인정해주는 사회. 산 밑의 중국은 그런 사회와 갈수록 멀어지고 있다는 얘기가 들려온다.

허씨에게는 다른 꿈이 있다. 5000미터 장애인 달리기 대회에서 우승해 사람들에게 새로운 희망을 주겠다는 것. 메달을 따기 전까지는 언론의 인터뷰를 사양하겠다고 한다. 몸으로 보여준다는 건 이럴 때 쓰는 표현이다. 하루 쉬었던 페달을 다시 밟는다.

31

도교 본산지에서 **인생 앞길을 묻다**

모퉁이를 돌면 오르막은 끝일까? 맞바람은 잦아들까? 가장 많이 하는 어리석은 생각들이다. 이 시기에 협곡의 요새인 퉁관을 거쳐 한구관으로 가기로 했을 때 이미 310번 국도의 굴곡과 풍향은 결정돼 있었다. 아니, 황허가 친링산맥에 바싹 붙어서 함께 동진하기 시작한 수백만 년 전부터 지세는 형성돼 있었고, 북위 30도 이북에 위치하는 한 제아무리 제갈량이라도 동남 계절풍을 서풍으로 바꾸지 못한다. 다만 내가 모르고 있었을 뿐.

인생도 그런 게 아닐까. 태어날 때부터 행로의 굴곡과 풍향이 정해져 있는 것은 아닐까. 사람들은 미래를 알기 위해 사주팔자를 본다. 역술인을 찾아가 돈 내고 점을 본 적은 없지만 나 역시 궁금해하는 편이다. 그런데 노자가 『도덕경』을 집필한 곳으로 알려진 한구관에서 사주를 보게 될 줄이야. 순전히 호기심에서였지만 직장을 관둔 중년남자가 뭔가 답을 구하고 싶은 마음이 전혀 없었다고는 할 수 없다.

한구관은 '한 사람이 관문을 지키면 만 명이 와도 뚫지 못한다一夫當關 萬夫莫開'는 옛말 그대로였다. 협곡으로 난 길을 단단히 틀어막고 있는 '마개'였다. 찬합처럼 생긴 누각과 망루도 하늘에서 사뿐히 내려앉은 것처럼 주변 경관과 조화를 이루고 있다. 춘추전국시대 동쪽에 있는 5개국 연합군은 진秦을 정벌하러 왔다가 한구관에서 6전 6패를 기록하고 결국 진한테 먹힌다. 관중평원을 버리고 고향인 펑청彭城으로 환도한 항우도 결국 한구관에서 유방에게 패배한다.

그러나 한구관은 지금은 310번 국도와 G30 고속공로가 생겨나 관문으로서의 용도가 폐기됐다. 그 대신 도교의 본산으로 성격이 강화됐다. 한구관에서 제일 눈에 띄는 조형물은 금색으로 도색한 건물 7, 8층 높이의 노자 입상立像이다. 『도덕경』의 전문은 공원 비탈에 세워진 길이 50여 미터의 벽면에 한 자 한 자 새겨져 있다. 아무것도 하지 않고 이뤄지는 것無爲而有爲을 가르친 노자의 뜻과 어긋나는 인공물처럼 보이지만 어쨌든 도교의 본산지라는 분위기를 낸다.

한구관 경내를 끝까지 걸어가 마지막 사원 안으로 고개를 들이밀자 좌상들이 손님을 기다리는 것처럼 한 줄에 세 명씩, 두 줄에 걸쳐 앉아 있다. 중국 창세신화의 주인공 반고는 마치 반장처럼 줄 앞에 혼자 앉아 있고 그뒤로 석가모니, 노자, 공자가 나란히 앉아 있다. 나머지 좌상들이 누구인지 자세히 살펴보려는데 문 앞에 앉아 있는 갈색 승복 차림의 남자가 오라고 손짓한다. 영문을 모른 채 다가갔더니 방

명록 같은 곳에 쓰라고 한다. 이름과 국적, 주소를 쓴 뒤 그가 시키는 대로 '허가평안許可平安'이라고 축원문을 썼다. 뒤늦게 돈 액수를 기재하는 난이 있는 것이 보였다. 위 칸에는 200위안, 300위안 등이 적혀 있다.

노자식 갈취법인가. 물 흐르듯 술술 돈을 뜯기고 있다. 피해를 줄이기 위해 20위안만 써놓자 그는 최소 100위안이라고 못 박는다. 이미 난양에 있는 도관에서 부적을 산 적이 있지만 소용없다. 이곳이 도관의 본산이어서 다시 내야 한다고 한다. 할 수 없이 100위안을 봉헌함에 넣고 부적은 어디 있느냐고 물었다가 "꼭 몸에 지니지 않아도 소원은 성취될 수 있다"는 말을 들었다. 돈도 뜯기고 미신까지 믿는 사람으로 취급됐다.

유교, 불교, 도교를 한꺼번에 모시는 이유가 궁금했다. 그는 나를 문밖으로 데리고 나가서 문에 쓰여 있는 '총회總會'라는 글자를 가리켰다. 묵언수행을 하는지 아니면 말하기가 귀찮은지 그는 모든 걸 손으로 가리킨다. 중국의 모든 전통 종교를 한꺼번에 모시는 곳이라는 뜻. 이곳처럼 중국인들의 종교관을 대변하는 곳은 없다. 중국에서는 절대적인 유일신의 존재가 없다. 그래서 절대적인 진리나 진실도 없다. 모든 게 상대적인 것이고 배타적이지 않다. 그래서 마치 인기투표를 하듯 한자리에 모셔놓고 각자 숭배하는 신에게 참배하도록 한다. 내가 돈을 바친 신이 누구였을까 헷갈린다.

수명 84세, 글재주 보통, 사업수완 탁월… 이게 나?

도교의 본산에 온 김에 인생의 앞길이나 한번 물어볼까. '한구관 주역연구센터'에 들어갔다. "중국에서는 한국과 달리 사주팔자를 많이 안 보는 것 같다"고 말하자 사오훙예邵宏業 대사大師는 "한국의 사주팔자 풀이는 다 여기서 건너간 것"이라며 '원조론'을 펼친다. 젊은 시절 무성했을 것 같은 눈썹에 백발이 성성한 시골 할아버지다. 도사처럼 검은색 도복을 입고 가슴에는 태극 배지를 달았다. 내 생년월일시를 보고 "나이가 그렇게 많으냐"며 놀란다. 기분 나쁘지는 않았지만 '나이도 못 알아맞히다니' 불안해졌다. 사주풀이 책 제목도 대중만년력大衆萬年曆이니 골방에 굴러다니는 책 같다. 그는 중국식 원고지에 한자와 숫자를 한참 쓴 뒤 왼손을 달라고 해서 수상手相을 본다.

이윽고 심판의 시간. '명命 84세'(좀 짧지 않나?) 글재주는 보통이고 사업을 잘한다(여기서 자전거 타고 글 쓰고 있을 때가 아니네). '이마출외以馬出外' 말을 타고 밖으로 돌아다닐 운명이다(이건 맞는 것 같고). 인품은 '충후지인忠厚之人'(맞다고 치고).

여기까지만 풀이했으면 긴가민가하면서 일어섰을 것이다. 그는 연도별 운수를 적어나갔다. 1998년, 1999년, 2005년, 2011년 안 좋았다. 2012년부터 2016년까지 5년간 좋고, 2017년 안 좋다. 2018년부터 5년은 평순지운平順之運이고 2023년 안 좋다. 하지만 이해를 잘 넘기면 2027년까지 운수가 좋다. 65세까지의 인생이 원고지 한 장에 정리됐다. 대충 5, 6년 간격으로 운수 나쁜 해가 끼어든다.

그런데 내 기억에 1998, 1999년은 나쁘지 않았다. 외환위기 당시 워싱턴에서 고생스럽긴 했지만 보람 있게 일할 때였다. 2005년은 사십대에 유학을 가 석사학위를 받고 미국을 자전거로 횡단한 해였다. 그는 해외에 나가 있어서 나쁜 운수를 피할 수 있었다고 풀이했다. 2011년도 운수 나쁜 일은 없었다. 그는 고개를 갸우뚱하면서 혹시 집 주변에 하천이 있느냐고 물었다. 내가 금명金命이어서 물을 가까이하면 액운을 피할 수 있다는 것이다. "탄천이 있기는 한데 천변에 집이 있지는 않다"고 말하자 그는 '그럴 리가 없을 텐데' 하는 표정을 지었다. 그의 권위를 상하게 해서 미안한 마음에 "아침마다 수영장을 다니긴 한다"고 거들었더니 "그래서 액운을 피할 수 있었던 것"이라고 기뻐했다. 그 틈을 타서 "수명이 생각보다 짧게 나왔다"고 운을 떼봤다. 곧바로 그는 "건강 관리하기 나름"이라면서 최소 84세라는 뜻이라고 정정해줬다. 나는 한술 더 떠 "사실 책을 여러 권 썼고 글 쓰는 게 좋아서 업으로 생각하고 있다"고 말했다. "지력에 따라 얼마든지 성공할 수 있다"는 화답이 돌아온다. 사주풀이와 관계없이 그와 나는 마음이 하나가 된다.

질문을 시작했다. "이 일 하기 전에 농사지었지?" "어, 그걸 어떻게 알았지?" "그럼 한 30년 했겠네?" "맞아" "그럼 문화대혁명 끝나고 시작한 거겠네?" "맞아" "그럼 독학해서 주역을 배운 거지?" "응" 그는 신통하다는 눈빛으로 나를 봤다. 문화대혁명기에 역술은 비과학적 미신으로 간주됐고 역술인들은 반혁명분자로 몰려서 완전히 자취를 감췄다. 그래서 지금 사오 대사 같은 연배의 역술인들은 스승이 있을 수 없고 햇볕에 그을린 얼굴과 그의 거친 손은 흙을 만지고 산 인생을 말하고 있었다.

나는 인생의 길 대신 다음 목적지인 싼먼샤三門峽로 가는 길이라도 챙기자고 마음을 고쳐먹었다. 그는 정답이 있는 걸 알려주게 돼서 반가운 마음으로 써내려갔다. "버스 타고 링바오靈寶로 가서 링바오에서 싼먼샤로 가는 버스로 갈아타라" "자전거 타고 가는데?" 그는 황급히 다시 적어내려갔다. 복채로 200위안을 생각했다가 "100위안만 넣을게" 했더니 그는 '친구끼리 뭘' 하는 낯빛으로 그러라고 했다. 문밖까지 나와 길을 일러줬다.

그를 만나고 나서 약도 그리듯 인생의 앞길을 일러줄 수 있는 사람은 없다는 걸 새삼 느낀다. 사주팔자가 굴곡과 풍향에 대해 얘기할 수 있을지 모른다. 하지만 같은 길을 가도 사람마다 다 느낌이 다르다. 가장 큰 차이는 노선을 누가 정했느냐 여부다. 세찬 바람 부는 험한 길이라도 스스로 선택했다면 감수하기 쉬울 것이다. 인생은 天(바람)·地(땅)·人(사람)의 합일이다. 그것의 체험학습이 바로 자전거 여행인 것 같다. 오르막과 맞바람을 견디기가 좀 쉬워졌다. 아무리 험해도 인생의 그것에 비할 바인가. 사는 연습일 뿐이다. 반대로 삶도 연습이라고 생각하면 마음이 가벼워지지 않을까? 그래도 귀국하면 매일 수영반에 등록해야겠다.

32

동굴집, 야오둥에서 들여다본 **농부의 일상**

지금까지 여행하면서 가장 큰 행복과 공포를 차례차례 느낀 날이었다. 허난성 싼먼샤에서 310번 국도 대신 314번 성도로 핸들을 꺾으면서 하루치고는 파란만장한 여정이 시작됐다. 성도를 택한 이유는 어쩌면 황허를 볼 수 있겠다고 기대했기 때문이다. 지도로 보면 바로 옆에서 흐르는 것 같은데 며칠을 동진했지만 아직 황허에 다가서지 못해 약간 조바심이 났다.

황허는 여전히 보이지 않았지만 그랜드캐니언을 연상할 만큼 깊고 넓은 계곡들이 펼쳐진다. 고양이 뺨만한 평지라도 있으면 모두 개간돼 녹색이나 연두색을 띠고 있다는 점이 황량한 캐니언과 다르다. 수확기가 다가온 밀밭에는 농부들이 보이지 않았다. 길은 계곡의 결을 따라가면서 말발굽을 겹쳐놓은 소용돌이처럼 휘돌았다. 역풍이 횡풍으로, 횡풍이 순풍으로, 다시 횡풍으로, 역풍으로. 그리고 오르막에서 내리막으로, 내리막에서 오르막으로 시시각각 변한다. 은하철도 완행선이다.

나부터 여자아이를 아끼고 사랑하자從我做起關愛女孩.

토지를 개발해서 자손을 복되게 하자土地開發造福子孫.

외진 동네일수록 구호가 많다. 잇따른 구호에 불안이 가라앉는다. 만약 강도짓을 한다면 여기만한 곳도 없다. 죽여서 계곡 밑으로 던져버리면 독수리의 밥이 될 테고 내가 왔다는 건 먼 훗날 화석으로 입증될 것이다. 고고학자는 내 두개골을 보고 오히려 이민족의 침입자로 판정할지도 모른다. 억울한 내 원혼은 계곡을 떠돌고…… 반대로 여기처럼 ROI(투자 대비 수익)가 안 나오는 곳도 없을 것 같다. 이렇게까지 외지고 험한 곳에 자전거와 짐을 끌고 오는 사람을 기다리다간 굶어죽을 수도 있다. '그럼 안전한 곳이네' 그렇게 결론을 내려버린다. 구호를 보면 정부의 손길이 여기에도 미치고 있지 않은가. 가끔 뒤에서 과속하며 쫓아오는 오토바이와 트럭이 신경을 쿡쿡 찔렀지만 평안함이 무너질 만큼 자주 다니지는 않았다.

나는 산시陝西성에서부터 꼭 들어가보고 싶은 집이 있었다. 친링산맥을 넘을 때부터 자주 출몰하는 야오둥窯洞. 산비탈을 파고 들어간 집이다. 인류가 혈거인 출신이어서 그런지 동굴에 대해서는 많은 사람이 생래적 호기심을 갖고 있다. 〈인디아나 존스〉를 비롯한 영화적 상상력의 원천이기도 하다. 중간에 몇 군데 가봤는데 버려진 듯 닫혀 있었다.

싼먼샤시의 후빈湖濱구에 속해 있는 취안나오泉腦촌은 마을 전체가 야오둥으로 이뤄져 있었다. 야오둥은 대부분 황토 담벽의 오솔길에 면해 있다. 야오방窯房이 세 개 있는 한 야오둥에서 말소리가 새어나온다. 햇빛을 빨아들여 황토는 주황색에 가까울 만큼 눈부시다. '제발 나와봐야 할 텐데.' 한 아주머니가 대문 틈으로 보인다. "두이부치對不起. 사진 한 장 찍어도 돼?"(다시 말하지만 중국에는 존칭은 있지만 존댓말이 없다.)

똑똑! 허우씨네 야오둥에 초대받다

이 소리를 들은 아주머니가 야오방에 대고 소리치니까 육십대로 보이는 남자가 주발을 걷고 나왔다. 이 집의 주인 허우스스侯石師. 밭에 갔다가 점심 먹으러 들어와서 친구인 양징탕楊景堂과 얘기중이었다. 들어오라고 해서 얼른 자전거를 대문 안에 들여놓았다. 주렴을 양쪽으로 가르고 머리를 집어넣으니 야오방이 한눈에 들어온다. 높이는 3미터, 너비 역시 3미터 정도, 그리고 길이는 6~7미터쯤 돼서 스커드 미사일 한 기 들여놓으면 딱 맞을 격납고처럼 생겼다. 상상한 것처럼 안에서 다른 야오방으로 연결되는 통로는 없다. 중국 라오바이싱老百姓(서민)의 집이 그렇듯 방 안에는 침대와 책상 그리고 서랍 달린 궤짝 두 개밖에 없어서 질박했다.

이 일대에 야오둥이 많은 건 황투고원의 지질 덕분이다. 황토여서 구멍을 쉽게 팔 수 있고, 푸석푸석한 황토는 물에 적셔 불에 구워 말리면 강화벽돌처럼 단단해진다. 황허 일대에 벽돌로 쌓은 전탑이 많은 이유이기도 하다. 야오둥에는 세 가지가 있다. 돌로 쌓아 만든 석체요石砌窯, 벽돌을 쌓아 만든 전요甎窯 그리고 허우스스의 집처럼 벼랑에 굴을 파고 문과 창을 낸 토요土窯. 천장 격인 요정窯頂을 아치형으로 만들어 압력을 분산하기 때문에 수백 년을 내려오는 다리처럼 무너지지 않는다. 집 위로 차가 지나다닌다.

이 집은 20년 됐지만 옆에 딸린 부엌의 시공 연도는 기억하지 못했다. 아득한 먼 옛날부터 있었다고 한다. 과연 서늘했다. 야오둥은 단열과 보온효과가 크고 경작지를 전용할 필요가 없으며 지형을 건드리지 않아서 친환경적이다. 세계적 건축가들이 설계한 제주도의 휘닉스 아일랜드와 롯데리조트의 별장주택에 가보면 지붕 대신 평평한 대지 밑에 주택을 지어놓은 걸 볼 수 있는데 야오둥을 참고했을 것 같다.

다른 효능을 찾자면 공중폭격기 조종사들을 약올리는 용도가 있겠다. 상공에서 맴돌다 목표를 찾지 못해 퍼붓는 그들의 욕설이 들리는 듯하다. 실제 마오쩌둥도 옌안延安으로 도피하던 대장정 당시 야오둥에서 국민당의 폭격을 피했다. 이런 장점에도 불구하고 수백 년 된 집들이 버려진다. 젊은이들의 이농현상 때문이다. 허우스스에게도 두 아들이 있지만 모두 대처로 나갔다. 이 집도 허우 부부와 운명을 같이 하게 될지 모른다.

올해 63세인 허우스스와 65세인 양징탕은 성년 이후 농사 외에 다른 일을 해본 적이 없다. 양징탕이 몇 번 같은 질문을 하는데 사투리 때문에 알아들을 수 없어 써달라고 했다. “你國家有苹果樹, 沒有柿樹?” 빙그레 웃었다. 한국에 사과나무와 감나무가 있느냐는 질문. 천생 농부임에 틀림없다. 농사짓기에 언제가 제일 좋았느냐고 묻자 “농사라는 게 돈 벌 때가 있느냐”며 “그래도 지금이 가장 나은 것 같다”고 말했다. 중국 정부가 펼쳐온 농업, 농민, 농촌의 삼농정책이 효과를 거두고 있음을 안후이성에서 만난 농민들에 이어 그들에게서도 확인한다. 이제 농민들은 세금을 낼 필요가 없이 보조금을 받고 농사를 짓는다. 허우스스는 농촌에 사는 60세 이상 주민은 정부에서 매달 62위안씩 지원금을 받고 있다고 했다.

20일쯤 지나면 밀밭은 황금빛으로 물결치고 밀을 수확한 자리에 옥수수를 심을 것이다. 허우스스의 밭은 1무(666.7제곱미터), 양징탕은 토질이 안 좋아서 2무를 배정받았다고 한다. 올해 밀 수확이 좋을 거라고 하면서도 한국의 농민처럼 곡가에 대해 불만이다. “한 근에 1.05위안(약 190원)밖에 받질 못하니……” 그만 일어서려는데 허우스스가 내 수첩에 써내려갔다. “吃我家飯 都吃手工麵條.” 손으로 뽑은 국수로 식사를 하고 가라는 뜻이다. 그렇게 하겠다고 했더니 그는 기뻐하면서 식사를 내왔다. 자신이 수확한 밀로 직접 손으로 뽑아낸 국수라고 말할 때 농부의 자부심이 느껴졌다. “이거 사먹으려면 얼마나 줘야 해?” 하고 묻는다. “10위안은 줘야 할 것 같다”고 말하자 그가 자신이 창출한 가치에 득의만면한 표정을 지었다. 양고기 국물에 양배추를 넣어서 담백하게 우려냈다. 맛이 지루할 때면 생마늘을 까먹는다. 거기에 큼지막한 찐빵 하나까지. 식사 후 한숨 자고 가라고 했지만 몐츠澠池현까지 가려면 지체할 수 없었다.

오후에 맞바람이 거세졌다. 멀리서 산 하나를 반으로 쪼개듯이 작살내고 있는 게 보였다. 그것이 신호탄이었다. 나는 거대한 채석장에 들어선 것이었다. 돌을 나르는 화물차들은 흙먼지와 매연을 내뿜으면서 도로를 짓누르고 있었다. 내리막에서도 브레이크를 꼭 잡고 시속 10킬로미터로 서행해야 한다. 이제야 그동안 314번 성도에서 차를 볼 수 없었던 이유를 깨닫는다. 계곡을 넘고 넘어도 계곡이고, 도로는 갈수록 날카로운 돌밭으로 변한다.

그렇게 몇 시간을 달렸는데도 몐츠현은 시계에 들어오지 않는다. 해가 져서 어둠이 내렸다. 비가 내렸는지 도로는 군데군데 물에 잠겨 있다. 물을 피하자니 차에 받힐까 두렵다. 가는 길이 맞는지도 잘 모르겠다. '아, 가로등 있는 길은 언제쯤 나올까?' 자전거에서도 고관절에서도 삐걱 소리가 난다. 휴대전화마저 배터리가 떨어져 더이상 지도도 볼 수 없다. 끝없는 오르막에 '해도 해도 너무한다' 고개를 절레절레, '제발 평지야 나와라' 긴 한숨, '아직도

더 가야 하나' 망연자실, 그리고 컴컴한 길을 가야 하는 공포. 이때 누군가 나를 봤다면 내 눈에서 불을 뿜고 있는 것이 보였을 것이다. 그래도 살아야겠다. 페달을 밟는다.

초반 30킬로미터는 천국의 계단, 후반 47킬로미터는 악마의 길로 명명했다. 악마의 길이 기다리고 있는 걸 알았다면 천국의 계단으로 가려고 했을까? 그래서 야오둥에서의 점심이 더 각별했다.

33

출입금지 성벽도 열리게 하는 '따꺼'

선사에서 고대까지 달리는 87킬로미터의 길은 검다. 중국 대륙에서 처음으로 신석기 유물이 발견된 허난성 몐츠현과 화하華夏 민족의 발상지 뤄양을 잇는 310번 국도는 트럭에서 흘리고 간 석탄들로 중앙차선마저 지워졌다. 길가에서는 석탄을 쌓아놓고 판다. 먼지바람에다 공장 연기까지 합세해서 회색의 도시경관에 한 점 부족함이 없다. 마스크의 안쪽까지 시커멓다. 내 수첩에는 이렇게 기록돼 있다. '아황산가스, 일산화탄소, 분진, 소음, 훼손된 노면, 흙바람……'

그래도 길의 굴곡이 점차 내게 유리하게 바뀌면서 친링산맥과 타이항산맥의 포위망을 뚫고 중원으로 내려가고 있다는 게 감지된다. 시안부터 따지면 뤄양까지는 370킬로미터다. 중국 역사에서 쌍벽을 이루는 두 천년제도千年帝都가 의외로 인접한 이유를 알겠다. 시안은 관중평원, 뤄양은 우리가 흔히 말하는 중원을 봉토로 거느린 제후 같아서 천 년의 번영을 누릴 각자의 자산이 있었다. 둘 사이엔 국가의 경계가 되기에는 낮고 수도의 경계가 되기에는 충분히 높은 산지와 협곡이 있다. 둘은 당대唐代까지 통일왕조 수도의 지위를 주거니 받거니 했는데 고대의 통치자들은 둘이 사이좋게 지내도록 동경(뤄양)과 서경(시안)으로 부르기도 했다.

둘 사이에서 가장 헷갈린 게 화산華山이다. 화산은 서쪽에 있는 시안이 수도일 때는 동악東岳, 동쪽에 있는 뤄양이 수도가 되면 서악西岳으로 불렸다. 그건 뤄양도 마찬가지여서 후에 자신보다 동쪽에 있는 카이펑이 오대십국시대의 진晉과 북송의 수도가 되자 졸지에 동경에서 서경으로 바뀌었다. 방위의 어지러운 전환은 다반사였다. 베이징마저 동북부를 장악한 요나라 시절에는 남경南京으로 불렸다. 중국에서 고정불변은 없다.

뤄양과 시안은 중세 이후에는 남하하는 북방 유목민족에게 밀리고 남방의 풍부한 먹거리에 이끌려 수도가 동남쪽으로 이동하면서 동시에 쇠락했다. 중국의 수도는 그후 카이펑, 항저우, 베이징, 난징南京 등 동쪽에서만 맴돈다. 파괴적인 쇠락이었나보다. 뤄양 일대에는 지금도 화려한 중국 최초의 불교 사원 백마사, 관우의 수급首級이 안치돼 있는 관림, 룽먼龍門석굴, 조금 더 남쪽으로 가면 소림사 등 찬란한 유적이 많지만 뤄양이 9개 왕조의 수도였음을 말해주는 위용은 없다. 측천무후가 살던 당대의 천당天堂과 명당明堂은 현재 복구중이다. 북위의 고성은 유적지를 알리는 파란색 펼침막이 없다면 밀밭 한가운데 있는 성가신 돌무더기라고 생각했을 것이다.

시간은 기억을 희롱한다. 기억을 지우기도, 때로는 지워진 기억을 살리기도 한다. 1921년 멘츠현 양사오仰韶촌에서 발굴된 채도彩陶의 도기는 중국에 신석기의 도래를 알렸다. '도래'인 이유는 중국이 시간이 지날수록 문명의 연대표가 올라가는 나라이기 때문이다. 베이징에서 서남쪽으로 50킬로미터 떨어진 저우커우뎬周口店에서는 현생인류로의 진화과정에서 고리 역할을 하는 직립인(호모 에렉투스)의 두개골도 발견됐다. 이 발굴로 중국 땅에서 불이 사용된 흔적은 최대 75만 년 전까지 거슬러올라간다. 양쪽 발굴의 공통점은 모두 스웨덴 고고학자 요한 군나르 안데르손Johan Gunnar Andersson이 발굴을 시작했다는 점이다. 그 역시 '제국주의의 공범'으로 낙인찍혔다가 문화대혁명 이후 '비범한 학자'로 복권되는 곡절을 겪었다.

양사오문화관의 마당에는 네 명의 흉상이 나란히 세워져 있는데 당연히 안데르손이 서열상 첫째다. 지질학자인 그는 남극 탐사에서 허탕치고 실의에 빠져 있을 때 중국 북양정부의 광산고문으로 일해달라는 제안에 응해 중국에서 많은 광산과 유적을 발굴했다. 꿩 먹고 알 먹기였다. 제국주의 공범으로 몰릴 근거가 없는 건 아니었다. 중국과 스웨덴은 그가 발굴한 모든 유적을 스톡홀름의 고고학연구소로 가져가 연구와 고증을 거친 뒤 반반씩 나누기로 했다. 문화유물을 장물처럼 기여한 몫대로 나눈다는 발상이 훗날에 보면 비난의 여지가 있는 것이다.

그러나 중국 문물 침탈의 역사에 비춰보면 오히려 공정한 조건이었다. 중국은 20세기 초까지 서방의 고고학자, 지질학자, 지리학자, 고생물학자 등에게는 골드러시gold rush를 촉발한 미국 서부 못지않은 '황금광'이었다. 문물이 약탈, 매수되고 파괴됐으며 학자들은 이름까지 얻었다. 무력하게 지켜봐야 했던 중국으로선 반분하는 조건조차 고마울 뿐이었다. 그러나 나머지 반도 스웨덴에서 보내 난징에 도착한 것까지는 확인됐지만 이후 행방이 묘연하다. 저우커우뎬에서 발굴된 최초의 두개골 다섯 개 역시 제2차 세계대전중 통째로 사라졌다. 정치적 외풍이 심한 중국에서는 보존도 쉽지 않은 문제였다.

그래서 그런지 양사오문화관은 특수부대가 와도 막아낼 요새처럼 생겼다. 유적지에서 발견된 도기 형상의 건축물이지만 내게는 진짜 뚫고 들어갈 수 없는 철통 진지였다. 낮 12시를 갓 넘겨 도착하니 정문 수위가 점심시간이어서 앞으로 두 시간 반 이후에나 다시 연다고 한다. 두 시간 반을 기다리면 오늘 목적지인 뤄양까지 갈 수 없다. 그렇다고 '선사시대'에 하루를 더 체류할 수는 없다.

국경을 넘어선 의형제 맺기

나는 진입하기 위해 문화관을 한 바퀴 돌았다. 뒤편에 현관문이 있긴 한데 자물쇠로 잠겨 있다. 안에선 인기척이 느껴진다. 문을 흔들고 두드려본다. 반응이 없다. 다시 앞으로 가서 '정면돌파'를 시도하지만 소득이 없다. 곡괭이가 옆에 없었기에 망정이지…… 나처럼 성가시게 하는 사람이 있었던 모양인지, 웬만하면 내다볼 텐데 오불관언吾不關焉이다. 철밥통鐵飯碗이라는 말이 떠올랐다. 중국에서 공무원을 부르는 속칭이다. 대낮에 두 시간 반을 걸어잠그고 있다. 양사오문화관은 유물뿐 아니라 직원들의 점심 휴식을 지키기에 용이하게 설계돼 있다.

사실 문화유적으로서는 더 두려워할 적이 내부에 있었다. 중국은 스스로 파괴한 것에 대해서는 별 말이 없다. 집 안에 가보로 모셔놓은 도자기를 다른 집 아이가 깨뜨릴 때만 심각한 문제가 된다. 중국은 1950년대에 명대 황제들의 능묘인 명십삼릉明十三陵 중 정릉定陵을 발굴했지만 여기서 나온 만력제의 유해와 관은 문화대혁명기에 '착취계급의 우두머리'라는 이유로 소각됐다. 이 문제로 누구도 처벌을 받지 않았다. 시대의 비극이라고만 일컬을 뿐. 한곳에서 5000년 이상 끊이지 않고 이어온 세계 유일의 문화권이라는 영예의 이면에는 과거를 지속적으로 지워온 파괴의 역사가 있다. 그래도 중국이 대단한 건 여전히 많은 문물과 유적이 남아 있고 새로 발굴된다는 점이다. 신석기 유적은 양사오촌에 기대지 않아도 될 만큼 황허 중상류와 양쯔강 하류에서 다양하게 발굴돼왔다. 저우커우뎬에서도 이후 훨씬 많은 베이징원인의 두개골과 뼈가 나왔다.

지금도 과거의 유적들은 생활 속에서 살아 숨쉰다. 뤄양에 남아 있는 성곽은 명대에 쌓은 리징먼麗景門밖에 없다. 아름다운 리징먼의 높다란 담벽에는 '麗景門 KTV'라는 간판이 붙어 있다. KTV는 가라오케 술집을 뜻한다. 서울 동대문에 룸살롱 간판을 붙여놓았다고 생각

弹簧厂
三彩堂

하면 된다. 유적에 대한 결례보다는 어떻게든 유용성을 입증해 살아 보려는 성벽의 악착같은 생활력이 느껴진다.

리징먼도 하필이면 보수공사중이어서 철거되고 얼마 안 남은 성벽조차 걸을 수 없었다. 인부들과 먼저 말을 튼다. 장젠사오姜見召씨는 반농반공半農半工이다. 뤄양 근처에서 농사를 짓다가 일거리가 있으면 뤄양으로 올라온다. 그의 한 달 수입은 4000위안(약 75만 원). 내가 다른 곳과 비교해서 "많네"라고 말하자 장은 "물가가 얼마나 오르는데……" 하고 받았다. 항상 그렇듯 얘기를 나누다보면 꼭 나이 알아맞히기로 화제가 넘어간다. 장은 내 나이를 듣고는 "내가 한 살 많아"라고 소리쳤다. 다가와서 내 눈 밑까지 공민증을 들이민다. 여기도 '민증 까는' 문화가 있다. "그래, 알았어. '따꺼大哥'라고 불러줄게"라고 말하자 네댓 명의 인부들이 한바탕 웃었다. 리징먼 누각에서 국경을 넘어선 의형제가 맺어진다. 이제 성벽은 내게 출입허용지역으로 바뀐다. 동생을 누가 막겠는가.

뤄양은 한글 발음인 낙양으로 불러야 제맛이 난다. '낙양' 하면 마치 다른 나라가 아닌, 한국의 고도와 같은 동질감과 애잔함이 동시에 밀려온다. 리징먼 성벽에서 낙양을 내려다본다. 몰락한 이후에도 민초들의 삶은 면면히 이어져왔음이 분명하다. 세월에 지붕은 잿빛으로 바래고 발길에 포석은 닳아 조약돌처럼 반질반질하다. 난다가南大街는 삐뚤빼뚤 뻗어가고 사람들은 시냇물 위의 낙엽처럼 떠다닌다. 이 표현을 보고 내 중국어 과외선생 주저원은 멋진 칠언절구를 붙였다.

歲月悠悠灰瓦墻　유유한 세월에 기와는 잿빛인데
步履匆匆路石光　발길에 닳아 포석은 총총히 빛나고
洛阳城南蜿蜒路　뤄양성 남쪽 길은 뱀처럼 구불구불한데
行人散落花斜阳　길 가는 사람은 석양에 낙화처럼 흩어진다

리징먼에서는 마치 시간의 전망대에서 초고속 카메라로 찍은 것처럼 시간이 느릿느릿 흐르는 게 보인다.

34

라오바이싱老百姓의 발견

뤄양에서 이틀 묵은 이자易家유스호스텔의 먼지 낀 창밖으로 희뿌연 비가 내린다. 비가 오면 미끄러워 속도를 늦춰야 하고 흙탕물은 튀어서 체인에 엉겨붙는다. 정저우까지 가려면 130킬로미터가량 달려야 하는데 과연 빗속에 닿을 수 있을까? 불안한 마음으로 뻑뻑한 페달을 밟는다. 다행히 비옷을 입을 정도는 아니다. 빗물이 몸으로 스며들기 전 바람에 휘발되면서 몸도 가벼워지는 느낌이다.

동진한 지 얼마 안 돼 중국 최초의 불교 사원 백마사白馬寺를 지나친다. 불교는 백마를 타고 중국으로 왔다. 한 2000년쯤 된 얘기다. 후한 명제明帝의 꿈에서 시작된다. 정수리에 광채가 나는 금인金人이 꿈에 나타났다. 서쪽의 부처라는 인물일 거라고 신하가 말하자 불법佛法을 구해오라는 명령이 떨어졌다. 운수가 좋았던지 아니면 부처님의 뜻인지 특파된 이들이 서역으로 가던 도중 백마에 불상과 불경을 싣고 동쪽으로 오던 인도 승려 두 명과 마주친다. 이들을 뤄양으로 모셔와 마련해준 거처가 바로 백마사다. 신하가 부처를 알고 있었던 걸 보면 이미 불교가 전래돼 있다는 걸 뜻하지만 논외로 하자.

화하문명의 발상지인 이 일대엔 소림사를 비롯해 외래문명인 불교 유적이 많다. 중국의 3대 석굴 중 하나인 룽먼석굴도 뤄양 남쪽에 있다. 북류北流하는 이수이伊水강변의 동산에 벽감을 파고 10만 점의 석불과 나한 등을 조각한 석굴이다. 불교는 백마사가 지어진 뒤 300년쯤 후 특히 북위北魏시대부터 번성했다. 북위는 선비족이 세운 나라로 위진남북조시대의 북조에서 150년가량 존속했다. 학교 다닐 때 박한제 선생님이 북위를 예로 들어 중국의 역사가 오랑캐와 한족의 호한胡漢체제로 이뤄졌다고 설명하던 기억이 무려 28년 만에 떠올랐다. 북위는 뤄양으로 천도하기 전 산시山西성 다퉁大同에 수도를 뒀고 거기서도 윈강雲崗석굴을 팠다. 중국이 자랑하는 3대 석굴 중 둔황敦煌의 막고굴을 제외한 2개의 석굴이 모두 이민족 정권의 작품인 셈이다.

이때부터 불교는 오랜 가뭄에 기다려온 단비처럼 문화적 저항 없이 삽시간에 수용됐다. 기독교가 처음 포교된 지 1400년이 지난 지금에야 퍼지고 있는 것과 대조적이다. 유교라는 문화의 압력으로부터 자유로운 이민족 정권이라는 배경도 중요하지만 무엇보다 끝없는 전란으로 삶의 의미를 잃은 중생들에게 불법佛法은 정신적 암흑을 깨는 날카로운 빛줄기와 같은 것이었으리라. 우리가 잘 아는 현장법사를 비롯해 여러 승려들이 불법을 구하러 심지어 사람들의 백골을 길잡이

삼아 광활한 사막과 파미르고원을 넘었다. 몇 차례 멸불滅佛정책이 나왔지만 교세는 줄지 않았다.

룽먼석굴에서 보는 미륵불과 최근 지어진 절에서 보는 미륵불은 판이하다. 예전의 석불은 명상에 잠긴 듯한 표정에 몸매의 선도 곱다. 허난성 퉁바이현에 있는 허난불교학원을 들렀을 때 윗도리를 풀어헤치고 배를 불룩 내밀면서 눈꼬리가 처지도록 웃고 있는, 뚱뚱하다는 표현으로 부족할 만큼 방대한 미륵불에 대해 얘기한 바 있다. 원래 불교에서 인생은 고苦라고 가르친다. 우리가 괴로운 건 탐욕 때문이고 탐욕은 무명無明에서 나온다고 했다. 깨달음을 통해 무명을 깨쳐야 하는데 핵심은 자신이라는 형체의 내부가 텅 비었다는 걸 깨닫는 것이다. 색즉시공色卽是空이다.

모든 것은 인연에 따라 만났다 헤어질 뿐이고 삶과 죽음은 끊임없는 인과의 사슬일 뿐이다. 이 윤회에서 벗어나는 길은 '무아無我'를 깨닫고 자비의 마음으로 수행에 정진해서 열반에 가는 것이다. 그런데 현대 중국의 미륵불은 웃고 있다. 괴로운 자신이 사실 뜬구름만큼 실체가 없는 것이라고 깨달으면 저렇게 순전한 웃음이 나올지도 모른다. 공즉시색空卽是色이다.

이 미륵불은 오대십국시대의 '보따리중布袋和尙' 계차契此의 모습을 본뜬 것이다. 그는 보따리를 메고 다니면서 수많은 기행을 하다 죽었는데, 그가 사실은 미륵불이었다는 해석이 나돌면서 현대 미륵불의 모델이 됐다. 이후 또 한번 중국식 변용이 이뤄지는데, 그에게 빌면 재물을 얻을 수 있는 '재신財神'으로 통한다. 원래 미륵불은 도솔천에 있다가 석가모니불이 입멸한 뒤 56억 7000만 년이 되는 때에 다시 사바세계에 출현해 모든 중생을 교화하기로 돼 있는데……

그래도 나 같은 속물에게는 룽먼의 석불보다는 계차의 미륵불이 관대해 보여서 더 좋다. 조금 탐욕을 부려도 다 받아줄 것 같다. 실제 그의 불룩한 배는 세상 모든 것을 포용한다는 뜻이라고 한다. 그는 웃통 벗고 다니는 중국의 남정네를 닮아서 더 친근하다. 정숙한 중국 여자라면 초여름부터 거리에서 시선 둘 데가 마땅치 않을 것이다. 근육질의 식스팩이라면 부정함을 무릅쓸 텐데 처진 가슴에 배만 몇 주름이다. 어떤 이는 셔츠를 입고도 배는 드러내고 다닌다. 2008년 베이징 올림픽을 앞두고 중국 정부는 침 안 뱉기와 함께 상의 착용 캠페인을 벌였지만 미륵불도 옷을 입히지 못하는 마당에……

웃통 벗은 '미스터 어깨'의 가슴 찡한 도움

중국에서는 어깨를 드러내놓고 다닌다고 해서 그들을 미스터 어깨라는 뜻의 '방예膀爺'라고 부른다. 벗고 지내는 것치고는 속살이 희어서 원시적인 건강미는 느껴지지 않지만 천연덕스러워 보이기는 한다. 무슨 말을 해도 능청 떠는 것 같다. 레슬링 선수처럼 바지는 긴 것을 입었다. 어떻게 보면 친환경적인 패션이다. 옷도 절약하고 무엇보다 빨래를 안 해도 된다. 나도 상의를 벗고 자전거를 탈까 하는 유혹을 느꼈다. 그런데 사람들 얘기가, 한번 벗으면 거추장스러워져 다시는 상의를 입기 어렵다고 한다. 나는 패드(세칭 뽕)가 달리고 딱 달라붙는 자전거용 쫄바지를 입고 있어서 복장만은 링에 올라가도 될 것이다.

백마사에서 더 동진하다보면 철로 너머로 수확기를 코앞에 둔 밀밭에 북위의 고성 옛터가 나온다. 밀밭 아래에는 저잣거리가 묻혀 있을 것이다. 효문제孝文帝 탁발굉拓跋宏도 저기서 집정했을 것이다. 역대 중국 역사상 걸출한 황제로 꼽히는 효문제는 중원을 장악하기 위해 자신의 문화를 버리고 한족의 문화를 받아들인다. 30세 이하의 관원들에게 선비족의 말을 쓰다가 적발되면 처형하겠다고 엄포를 놓을 정도로 강력한 동화정책을 폈다. 그리고 한족과 통혼정책을 써서 선비족은 절멸됐지만 선비족과의 혼혈 정권인 수·당 제국을 낳는다.

그리고 더 달리니 궁이鞏義시가 나오고 길가에 송나라 4대 황제 인종의 능이 있다. 위진남북조에서 수·당을 거쳐 숨가쁘게 송대에 다다른 셈이다. 그의 영소릉은 백성을 위해 헌신한 황제라는 평판답게 길에서 내려다보인다. 드라마를 통해 익히 알려진 판관 포청천이 활약하던 시기의 황제다. 인종의 지지가 없었으면 포판관도 없었을 것이다. 마침 연날리기를 하는 사람이 상공으로 연을 띄웠다. 능묘를 배경으로 하늘거리는 연을 보면서 황제도, '미스터 어깨'도, 나도, 영겁에 비춰 저 연처럼 잠시 흩날리는 미물이 아닐까 싶다. 그래도 자유로워 보이니 '깨달음'은 멀다.

체인이 신음한다. 기름칠한 지 오래된데다 흙먼지가 달라붙어서 끼익끽 소리가 난다. 자전거 수리점을 찾았지만 전기자전거와 오토바이 수리점에 밀려나 국도변에는 없었다. 이러다 끊어질지 모른다는 다급함에 자동차 정비소로 들어갔다. 'U.S. Army'라는 표지를 가슴에 붙이고 미 군복을 입은 곱슬머리 아저씨와 상의 탈의에 트레이닝복 바지 차림의 아저씨, 그러니까 '미스터 어깨'가 자전거 수리점이 아니라고 손사래를 쳤다. 내가 체인을 가리키며 기름만 칠하면 된다고 말하자 주위를 둘러보는데 당연히 자전거용 기름은 없다. 그들은 자동차 바퀴 베어링에 칠하는 기름덩어리를 보여주며 이것이라도 괜찮으냐고 말했다. 이른바 '구리스'(윤활유)다. 아쉬운 대로 좋다고 하자 '미스터 어깨'가 주저 없이 손가락에 구리스를 묻혀 체인에 바르기 시작했다. 가슴이 찡해온다. 돈을 내려고 하자 그들은 "무슨 돈이냐"고 씽긋 웃는다.

이번 여행은 '미스터 어깨' 아니 중국 라오바이싱의 발견이라고 해도 좋을 듯하다. 그들의 도움으로 나는 하루하루 무탈히 여행하고 있다. 그들은 오늘 이방인과 옷깃을 스친 인연을 소중히 여겨 작지만 아낌없는 자비를 베풂으로써 윤회의 사슬을 조금 느슨하게 풀었을 것이다. 날도 개고 자전거는 씽씽 달린다. 정저우에 닿았을 때 내 다리는 흙탕물로 한 번 도색한 후 마른 먼지 파우더를 덧칠한 것과 같았다. 형용할 수 없는 빛깔의 더러운 다리. 여기에 상의마저 벗고 달린다면 볼만했을 것이다.

자전거를 타고 만난 중국의 초상Ⅱ

이번 여행은 중국 라오바이싱의 발견이라고 해도 좋을 듯하다. 그들의 도움으로 나는 하루하루 무탈히 여행하고 있다. 그들은 오늘 이방인과 옷깃을 스친 인연을 소중히 여겨 작지만 아낌없는 자비를 베풂으로써 윤회의 사슬을 조금 느슨하게 풀었을 것이다.

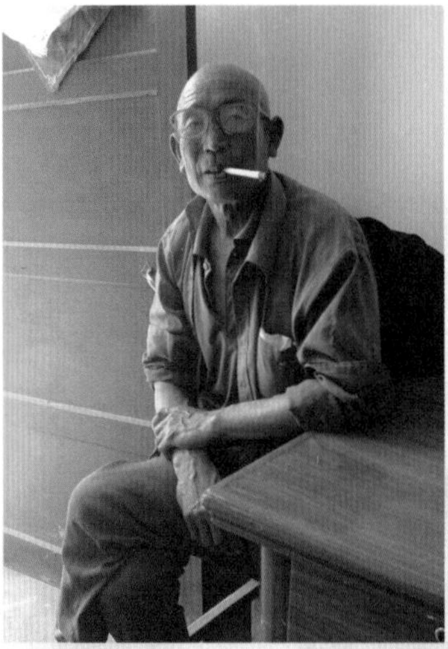

桌 15932282904

35

'양떼의 길'에서
농민공을 생각하다

양떼들이 자주 눈에 띈다. 시작은 허난성 남쪽의 어느 성도省道에서였다. 떼지어 가는 걸 보고 급히 자전거를 멈추고 사진을 찍었는데 지금은 보고도 심드렁하다. 상하이와 시안을 연결하는 310번 국도를 '누들로드'라고 부른다면 시안에서 뤄양, 정저우, 카이펑 등 고대의 왕도들을 연결하는 310번 국도는 '양떼의 길'이다.

원래 광활한 중원의 풀을 뜯어먹던 양들은 초원이 개간돼갈수록 먹잇감이 줄어들자 길가의 자투리땅이나 강둑의 비탈에서 눈칫밥을 먹는다. 이쪽 풀을 다 먹으면 길을 건넌다. 심지어 왕복 10차로 정카이鄭開 대도에서도 손도 안 들고(흠, 당연하겠지, 대신 뿔을 세우고) 횡단하는 양떼도 봤다. 초원이 없는데도 제사용 양이라도 키워보려고 헛힘을 썼던 한국에서는 볼 수 없는 정경이다.

중국 문명에 대한 동물들의 기여도를 가린다면 양은 소와 함께 우승 후보다. 중국에서 인기 있는 어린이용 TV 만화 〈시양양喜羊羊〉을 보면 올해가 양력羊曆 3520년이다. 이 만화에서 시양양은 양을 잡아먹으려는 후이타이랑灰太狼이라는 이리를 골탕먹이고 항상 양족羊族을 지킨다. 그런데 중국의 신석기 유물에서도 양을 그린 도기들이 나오는 걸 보면 양력은 5000년 이상 거슬러올라가야 마땅하다. 양은 화하 문명을 유목시대에서 농경시대로 인도했다. 농업은 위험한 창업투자였다. 병충해와 풍수해로 흉년이 들면 일하는 소는 잡아먹을 수 없고 양이 눈에 들어왔을 것이다.

결국 신석기 농업의 실험은 안정화됐고 중국인은 양을 하늘이 내려준 축복으로 여겼다. 그래서 전한의 대유大儒 동중서董仲舒는 "양羊이 길할 상祥이어서 제사에 쓴다"고 썼다. 제사 때 다른 동물을 잡기도 하지만 희생견이나 희생우는 어감이 어색하다. 희생양犧牲羊이라는 말로 굳어진 것을 보면 양의 상징성을 알 수 있다.

내가 양에 대해 심드렁해진 이유는 또 있다. 처음엔 궁금해서 양고기탕을 시켜 먹곤 했다. 생각보다 노린내가 적고 국물이 진했다. 그것이 시안까지의 소감이었다고 하면 그 이후부터는 물리기 시작했다. 양탕에는 탕에 기대하는 '시원함'이 없다. 링바오靈寶에서 사먹은 양러우파오모는 양탕에 효모를 넣지 않고 구운 빵을 뜯어넣어 건져 먹는다. 처음 먹은 것이라고 하면 맛있다고 생각했을지 모른다. 뤄양의 회족 거리에서 먹은 완쯔탕丸子湯도 마찬가지다. 스크램블처럼 작게 뭉친 두부를 둥둥 띄운 양탕에 역시 빵을 뜯어 적셔 먹는 것인데 국물이

곰탕처럼 맑았다.

문제는 매일 먹어야 한다는 점이다. 어떤 국수를 시켜도 양고기 국물이 기본이다. 친링산맥을 넘는 길목의 장례식장에서 얻어먹은 고양이귀국수도, 퉁관에서 사먹은 치산싸오쯔몐岐山臊子麵도, 야오둥에서 대접받은 국수도, 몐츠현에서 사먹은 후이몐, 그리고 뤄양의 맛집 린자林家반점에서 먹은 다오쉐몐도 모두 양고기 국물이다. 양에게 노린내는 낙지에게 먹물과 같은 자위수단이다. 노린내가 역해 양고기를 못 먹는 중국인도 꽤 있다고 들었다. 먹는 사람들도 이 노린내를 구수하게 여기지는 않는다. 센 불로 탕을 끓이면서 무, 고수, 파, 산초, 계피, 팔각, 고추, 목이버섯, 육두구, 마늘, 라일락, 백지, 식초 등 생각할 수 있는 모든 향신료를 양탕에 투하한다.

또다른 노린내 제거법은 생선과 함께 끓이는 것이다. 왼쪽은 물고기 어魚 자, 오른쪽은 양羊으로 이뤄진 신선할 선鮮 자에서 힌트를 얻은 모양이다. 비린내와 노린내를 서로 이이제이以夷制夷시켜 둘 다 사라지게 하면서 새로운 맛을 우려내자는 것. 양고기 속에 물고기를 넣어 끓인 '양팡짱위羊方藏魚'나 물고기 배 속에 양고기를 넣은 '위푸짱양魚腹藏羊'이라는 요리명이 있었을 뿐 아니라 지금도 어양탕을 시도하곤 한다. 문제는 잘못 끓이면 물고기의 육질은 푸석해지고 양고기는 딱딱해진다는 점. 게다가 비린내와 노린내의 몽환적 조합으로 토하는 것 외에 달리 방법이 없는 식감이 나올 수 있다. 그걸 별미로 여기는 사람이 중국에는 반드시 있을 것 같기도 하다.

오늘만은 양고기 국물이 아니었으면… 제발

이제는 '제발 오늘만은 양고기 국물이 아니었으면' 기도하는 심정이었다. 방법은 좋은 식당에 가는 것이다. 그런데 좋아도 너무 좋은 식당을 골랐다. 정저우의 비사강碧沙崗공원 남쪽에 있는 시화위안西花園 비즈니스클럽은 내가 중국에서 본 식당 중에서 제일 화려했다. 하얀 돔 건물을 중앙에 두고 독수리가 날개를 펼치듯 2층짜리 건물을 좌우로 이은 거대한 서양식 건축물이었다. 어디서 많이 본 듯한데 딱히 집어내기 어렵다. 중국에서는 짝퉁을 산적이 사는 소굴이라는 뜻의 산자이山寨라고 한다. 감시의 눈을 피해 이런 곳에서 짝퉁을 만들기 때문에 생긴 이름이다. 한마디로 '산자이' 미국 국회의사당처럼 생겼는데 정무를 보는 게 아니라 전복과 상어지느러미를 판다. 1991년 세워진 광둥요리 전문점이다.

행색에 신경 쓰였지만 '어쨌든 손님인데' 하는 마음으로 정문을 통과했다. 정원에는 고급 승용차들이 즐비했다. 경비원이 나를 보고 어떻게 해야 할지 모르는 사이 현관 앞에 흙범벅된 자전거를 세우고 자물쇠를 잠근 뒤 태연하게 들어갔다. 돔 건물 내부는 진짜 미국 국회의사당 내부처럼 거대한 회랑과 홀로 돼 있고 식사를 할 수 있는 방은 건물의 날개에 있었다. 근처 관공서에서 온 손님들의 복장에 비춰 내 쫄바지가 본의 아니게 식당의 권위를 비웃는 것 같다. 한쪽 벽면은 어항이었고 어항에는 온갖 물고기가 헤엄치고 있다. 신기해 2층으로 올라가 사진을 찍어대니까 무전기 든 남자가 1층에서부터 달려오는 게 회랑에서 내려다보인다. 그는 테러분자를 적발한 듯 내 팔을 잡고 1층으로 내려갔다. 이어 제복을 입은 여자 매니저가 "무슨 일이냐"고 다가왔다. "점심 먹으러 왔다"는 얘기에 웃음기가 엷게 번진다. 하지만 사근사근하게 "여긴 상 단위로 음식을 차린다"고 말했다. 한국말로는 한 상 차림이다. 나는 호기롭게 "그래서 얼마냐"고 물었다가 한 상에 천 위안(약 18만 원)이 넘는다는 말을 듣고 "다 먹을 수가 없겠네"라고 말했다. 그녀는 "다음에 여러 사람과 같이 오라"고 내 체면을 수습해준 뒤 명함을 건네줬다.

뤄양과 카이펑의 중간에 끼여 역사의 무대에서 내려왔던 정저우가 회생하지 않았다면 이런 식당은 생겨날 수 없었을 것이다. 청대에 부설한, 베이징과 광저우를 연결하는 남북의 징광선京廣線과 동서를 연결하는 룽하이선隴海線의 철로가 정저우에서 교차했다. 남북과 동서 대동맥의 결절점이 된 정저우는 카이펑을 딛고 허난성의 수도로 올라섰고 2010년 현재 인근 소도시와 현의 인구를 합쳐 거의 천만 명의 행정구역이 됐다. 그 개발과정에서 땅을 파헤치자 놀라운 사실이 밝혀졌는데, 3500년 전에는 중국에서 가장 큰 도시였다는 사실이다. 심지어 하夏의 도읍도 정저우 부근에 있는 덩펑登封시였을 것으로 추론되고 안양 이전에 상商의 수도였을 개연성은 더 크다. 둘레 7킬로미터짜리 토성의 유적도 1980년대에 발굴됐다. 역사적 정통성까지 확보하게 된 정저우는 내친김에 중국 8대 고도 대열에 최근 합류했다.

정저우의 위대한 재탄생 이면에는 그늘도 깊다. 제팡로解放路는 정저우에 번영을 수송한 철로 위를 가로지른다. 이 고가도로를 넘어가자 허난 농촌인력자원시장이 나오고 이 앞에서 수십 명이 실랑이를 벌였다. 이번 여행에서 처음 보는 몸싸움이다. 몸싸움은 이내 진정됐지만 더 놀란 것은 사람들이 고가도로 밑에 발 디딜 틈 없이 빽빽이 자리를 펴고 누워 있다는 점. 일자리를 찾지 못한 농민공農民工들이다. 미국도 워싱턴과 시카고의 남부를 가면 폭격 맞은 것처럼 부서진 집에서 흑인들이 산다. 하지만 여기는 헌법상 사회주의국가 아닌가. 장기간 노숙한 듯 여기저기서 썩고 쉰 냄새가 진동했다. 중국의 사회 안정에 대한 물음이 처음으로 떠올랐다.

중국의 통치자들은 백성들이 순한 양 같기를 바랐던 것 같다. 통치자의 언어였던 한자에서 양이 들어간 글자 중 부정적인 뜻은 별로 없다. 아름다울 미美, 착할 선善, 의로울 의義, 키울 양養…… 한자를 배우면서 양의 가치를 내면화한다. 관리들에게 수탈당해도 천하대란이 일어나지 않는 한 세상은 살 만하다고 생각한다. 최근 수치상으로 중국은 상하위 계층의 소득 격차가 미국보다 더 큰 나라가 됐다. 이 추세를 조사하려면 어려운 방법론을 고안할 필요 없이 여기 와서 시화위안과 제팡로 고가도로 밑을 보면 될 것 같다. 고급 음식점을 찾는 사람이 늘어나는 동시에 고가도로를 지붕 삼아 눕는 사람이 늘어난다면 언젠가 경보가 울릴 것이다. 누워 있는 양들이 일어날지 모른다고.

36

카이펑의 유대인들은 모두 어디로 갔을까

북송北宋의 수도였던 허난성 카이펑에 유대인 마을이 있었다고 해서 그 후손들을 만나보고 싶었다. 유대인이라면 나라 없이 세계 곳곳에 퍼져 살면서도 문화의 고유성을 지켜온 민족이라는 인상이 깊어서 이질적인 중국에서 어떻게 살았는지 궁금했다. 후손의 수가 500명 남짓이라니까 만날 가능성은 높지 않았다. 그런데 일이 술술 풀렸다.

정저우에서 카이펑으로 가는 정카이 대도에 자전거동호인들이 출몰했다. 정카이 대도는 국토가 비좁은 한국은 물론 미국에서도 보지 못한 어마어마한 도로다. 두 도시를 잇는 60킬로미터가 처음부터 끝까지 왕복 10차선이다. 자동차 전용 고속공로가 별도로 있어서 차량 통행도 한산하다. 거기다 완전 평지다. 최적의 마라톤 코스를 계획하다가 중간에 도로용으로 설계변경이 된 게 아닐까 싶을 정도다. 나중에 물어보니 실제 마라톤 대회가 매년 이 도로에서 열린다고 한다. 평소에는 자전거인들의 천국이 된다.

같은 동호회에서 온 듯 떼지어 자전거를 탄다. 자연스럽게 한 부부와 주행을 함께하게 됐고 카이펑의 입구에서 그들을 기다리고 있는 20여 명과 합류했다. 그들은 내 여정을 듣고는 너도나도 기념사진 촬영을 청했다. 내가 카이펑의 야시夜市 근처에 묵고 싶다고 말하자 바로 숙소를 알아보기 시작했다. 한 여성은 '자전거인들은 다 한 가족'이라고 자전거 사해동포주의를 선포했다. 나로서는 중국에서 중요하게 여기는 '관시關係'가 생긴 것이다.

두 사람이 뽑혀 앞뒤에서 나를 호위했다. 낯선 도시에서 의지할 사람들이 있다는 건 든든한 일인데다 셋이서 함께하니까 거칠 게 없이 루자주뎬如家酒店까지 내달렸다. 루자는 전국적인 프랜차이즈 모텔이어서 그동안 몇 번 묵었고 꼬박꼬박 가격표대로 돈을 냈었는데 관시로 연락해놓으니 30퍼센트 깎아준다. 다만 접객부 직원은 관시가 있다는 직원이 전화를 걸어와 직접 관시 유무를 확인해줄 때까지 수속을 미뤘다. 반고 사당이 있는 퉁바이산에 입장할 때도 퉁바이현의 문화관장이 미리 전화를 해줬지만 입구에서 다시 확인 전화를 하고 나서 70위안짜리 입장표를 5위안(현지인용)짜리로 바꿔준 적이 있다. 관시가 인정에 이끌려 호의를 베푸는 정도가 아니라 확인절차를 거쳐야 하는 사회규범 같다. 그냥 '나 누구 아는데……'로는 통하지 않는 것이다.

직원과의 관시가 확인되자 이 여관과의 관시가 생겼다. 직원들이 한 가족 같다. 야시에 가려고 길을 물어보면 길 밖에 나와 택시를 잡아주고 택시기사한테 한참 설명한 뒤 나를 태운다. 그래서 혹시나 하는 마음에 "유대인 후손 아는 사람 있느냐"고 물었더니 여직원이 자기 시아버지가 바로 유대인 후손이라고 한다. 그는 곧바로 시아버지와 통화한 뒤 다음날 저녁 내 방으로 찾아오기로 했다고 말했다. 일사천리, 관시의 힘이다.

그런데 가만 보니 이 여직원의 얼굴도 허난성에서 보는 일반적인 중국 여성과 다르게 얼굴이 각지고 이목구비가 뚜렷하다. 조상 중에 이슬람 계통인 회족이 있다고 한다. 회족의 피가 섞여 있는데 시아버지는 유대인이다. 그럼 그녀의 남편도 유대인의 피가 흐른다고 봐야 하고, 둘 사이에 낳은 아이는 유대인과 회족과 한족의 피가 섞이게 될 것이다. 세계 평화가 여기에 있다.

지금까지 여행하면서 지역에 따라 신체 특징이 조금씩 다르다는 걸 느껴왔다. 혈액유전학자인 자오퉁마오趙桐茂는 Gm 혈액형을 근거로 북위 30도를 경계로 남북 간 민족 기원이 다르다는 것을 발표한 바 있다. 남방인은 남방계 몽골 인종으로부터 기원해서 양쯔강 하류에서, 북방인은 북방계 몽골 인종으로부터 기원해서 황허 중상류에서 각각 살았다는 주장이다. 남방인과 북방인은 모두 근처에 있는 소수민족의 Gm 혈액형과 유사성을 보여 민족의 융합이 광범위하게 이뤄진 걸 알 수 있다고 한다.

Gm 혈액형은 '인류면역 글로불린 동종이형 유전표시' 방식으로 혈청의 세번째 단백구에 자리잡고 있어서 혈청형血淸型이라고 부르기도 한다는데, 이렇게 복잡하게 따질 것 없이 중국 전역을 여행해보면 된다. 같은 민족이라고 하기에는 키 차이가 너무 큰 남왜북고南矮北高를 대번에 알 수 있다. 눈꼬리가 올라간 정도나 콧등 높이, 코 넓이, 입술 두께, 피부색 등에서도 많은 차이가 있다. 하지만 세세하게 따지지 않는다면 내가 본 중국인들은 남북 할 것 없이 대체로 얼굴이 둥글고 평평한 편이다. 속된 말로 '왕서방' 하면 연상되는 그런 얼굴형이다.

왕서방과 오이형 미녀들

그런 전형과 조금 다르게 느껴져 메모를 해놨던 곳이 허난성 신양, 산시성 시안 그리고 카이펑이다. 신양은 유독 여자들이 예뻐 보였다. 한국에서는 중국 여배우 중 영화 〈색, 계〉의 탕웨이를 좋아하지만 중국에서는 탕웨이보다 판빙빙을 좋아한다. 탕웨이의 얼굴은 거위알鵝蛋형이고 큰 쌍꺼풀이 특징이어서 김태희와 비슷한 유형인 반면, 판빙빙은 오이瓜子형 얼굴에 봉황의 눈을 닮아 눈꼬리가 위로 올라갔다고 해서 단봉안丹鳳眼이다. 신양 여자들은 피부가 희고 판빙빙처럼 오이형이다. 신양이 중국의 가운데에 위치해서 남북의 장점을 골고루 흡수했다고 하는데 남자들에 대해서는 왜 그런 느낌이 없지? 혹시 남북의 단점만 취한 것일까? 아니면 내가 남자여서일까?

어느 지역을 가든 남자들은 머리 모양이 똑같아서 비슷하게 보인다. 모두 깍두기형이다. 머리카락이 자라는 꼴을 보지 못한다. 어릴 때부터 중처럼 삭발한다. 성인이 돼 다소 관용을 베푼 게 한국 조폭들의 머리 모양이다. 한국인들이 중국에 와서 불필요한 불안감을 느끼는 이유 중 하나라고 추정해본다. 중국도 이전에는 머리를 길러서 성인이 되면 상투를 틀었다. 청淸을 세운 만주족이 변발을 강요하자 모두 머리를 길게 땋아서 뒤로 늘어뜨렸다. 그러다 서양처럼 강국이 되기 위해 신식을 받아들이자고 해서 단발령을 내리고 '마지막 황제' 푸이溥儀부터 먼저 잘랐다. 그러자 한족들은 조선에서처럼 '신체발부수지부모身體髮膚受之父母'를 외치며 부모 잃은 것처럼 슬퍼했다고 한다(원래 이민족의 헤어스타일 아니었나?). 하지만 싹둑 꽁지를 자르고 나니 머리 감기에도 편하고 빗질할 필요도 없으니 이렇게 좋은 머리 모양이 또 있을까 싶었나보다.

머리카락이 짧으니 둥근 두상이 한눈에 들어오는데 카이펑에서는 시안에서와 마찬가지로 두상이 장방형이고 이목구비가 큰 사람들이 눈에 많이 띈다. 아랍 계통이나 유대인 또는 캅카스 인종의 피가 섞였을 개연성을 떠올리게 했다. 카이펑은 생각한 것보다 국제화된 도시가 아니었을까. 그렇게 내 방문을 열고 들어올 사람의 얼굴을 상상하고 있었다.

그랬는데…… 처음엔 누가 방을 잘못 찾아왔나 싶었다. 그도 눈치챘는지 "전혀 유대인처럼 생기지 않았지?"가 첫마디였다. 그렇게 말하면서 한족 마스크를 벗을 줄 알았다. 하지만 그는 여전히 머리카락은 흑색에 직모이고 눈은 가늘게 찢어지고 코는 남방인처럼 벌렁했다. 유대인 하면 연상되는 외모의 특징이 전무한 그의 조상은 더 놀랍게도 북송 때까지 거슬러올라가지도 않았다. 바로 할머니가 유대인이었다. 할머니는 1930년대 동유럽에서 나치의 학살을 피해 가족들과 상하이로 피신해온 유대인이었다. 중국인과 결혼했고 둘 사이에 낳은 자식 역시 중국인과 결혼해 낳은 아들이 바로 내 눈앞에 있는, 올해 예순일곱 살의 둥젠파董建法다. 몸에 흐르는 피 가운데 4분의 1은 유대인일 텐데…… 외모를 결정하는 유전자 중 한족이 우성임에 틀림없다.

카이펑에서 유대인은 명대에 5000명까지 이르렀던 것으로 추산된다. 둥은 "그 이후 유대인들이 한족에 동화됐고 1949년 이후 민족을 선택하라고 할 때 일부는 회족이나 장족을 선택했다"고 말했다. 중동에서는 두 종교의 갈등으로 피 마를 날이 없는데 여기서 유대인들은 이슬람교도인 회족 거리에 살면서 회족을 자신의 민족으로 선택했다. 그들은 아예 '푸른 모자를 쓴 무슬림藍帽回回'이라고 불렸다. 유대인 회당은 폐허가 됐다.

일부 중국학자들은 반反유대주의가 없었던 유일한 나라가 중국이라고 말한다. 하지만 내가 보기에는 더 무시무시하다. 정복자든 피정복자든, 상인이든 군인이든 중국에 들어가면 민족성을 잃어버린다. 그러니 반유대주의도 있을 수 없다. 모계 혈통의 이스라엘은 카이펑 유대인 후손들을 유대인으로 인정하지 않는다. 최근 들어 모국을 찾아 이스라엘로 간 중국계 유대인들은 모두 유대교도로서의 전환교육을 받았다. 사실 그 교육을 받으면 누구라도 유대교도가 될 수 있기는 하다.

둥은 히브리어를 할 줄 모르고 믿는 종교가 없으며 스스로 중국인이라고 말했다. 혼혈 비율만 보면 당연하다. 중국에서는 이것을 용광

로와 같은 문화의 힘이라고 믿는다. 나는 인구의 힘이라고 생각한다. 이민족을 복속하는 데 통혼通婚 이상 좋은 방법이 없다. 결국 인구가 많은 쪽이 이기는 게임이다. 그래도 전쟁보다는 낫다.

37

꺾이고 휘돌지만
점점 넓어지는 황허…
난, 그런가?

드디어 황허를 건넜다. 화산의 동봉에서 어렴풋하게 물길을 내려다본 이후 열흘 만이다. 그동안 황허는 보이지 않는 옆에서 나란히 동진했다. 이제 나는 북진할 때다. 허난성 카이펑에서 안양, 베이징까지 치고 올라가려면 기수를 왼쪽으로 틀어야 했다. 그러자 바로 황허를 만난 것이다.

또하나의 진기록도 세웠다. 북송의 수도 카이펑에서 상商의 수도 안양으로 하루 만에 들어갔다. 조금 멋을 부린다면 서기 960년에서 기원전 1300년으로 2200여 년의 시간을 하루 만에 훌쩍 건너뛴 것이다. 물리적 거리만 해도 185킬로미터나 됐다. 4년 전 서울에서 해남까지 480킬로미터를 29시간 만에 달린 적이 있지만 그때는 차량의 호위를 받으며 200여 명이 함께한 '백의종군 기념 랠리'였다. 혼자 여행하면서 180킬로미터를 찍은 적은 미국 여행 때에도 없었다. 남풍의 덕을 봤다.

그러고 보면 뤄양에서 정저우, 정저우에서 카이펑으로 갈 때도 모두 하루 거리였다. 중국 8대 고도 중 안양을 포함한 네 곳의 고도가 자전거 길로 하루 걸러 하나씩 있는 셈이다. 그만큼 몰려 있다는 건데 그 이유는 황허에 있다. 황허는 황투고원을 관통해 퉁관에 이를 때까지만 물살이 세고 뤄양 근처의 멍진孟津부터는 잔잔해진다. 계단 세 개로 이뤄진 중국 대륙의 마지막 계단으로 내려온 것이다. 황허가 발해만으로 들어갈 때까지 700여 킬로미터 내내 평평하다. 밀가루 반죽을 프라이팬에 부어서 부침개를 부치듯 황허는 황투고원의 황토를 세찬 물길로 계속 쏟아부어 기름진 화베이평원을 빚어냈다. 그리고 물결이 잔잔해져 수운에도 편리하니까 화베이평원과 황허를 낀 왕도들이 생겨난 것이다.

당대唐代에 시안(옛 장안)에서 뤄양으로 천도한 이유 중 하나도 바로 뤄양 서쪽으로 물살은 세고 육로는 험난한 한구관函谷關과 퉁관이 있어 곡물 운송이 어려웠기 때문이다. 중국사에 '식량 구하러 다니는 황제(축량천자逐糧天子)'들이 등장하는 지리적 배경이다. 첫 통일왕조 진秦을 배출한 관중평원은 과밀해진 인구를 먹여 살리기에는 협소해 기근이라도 닥치면 황제마저 손가락을 빨고 있어야 했다. 참지 못하고 문무백관을 데리고 뤄양까지 370킬로미터를 행차한 축량천자들은 의외로 중국 역사에 이름 있는 황제다. 수隋 문제와 당 고종, 당 현종…… 중국에서 경제 중심의 이동을 몸소 보여줬다.

이때 이미 기름진 곡창지대는 화베이평원을 거쳐 화이허강과 양쯔강 하류 지역으로 이동했다. 수양제는 이 문제를 해결하기 위해 양쯔강, 화이허강, 황허의 세 강을 연결하는 운하를 구상했고, 그 핵심은 화이허강과 황허를 연결하는 운하였다. 그 운하가 황허와 교차하는 지점에 카이펑이 있다. 그렇다면 굳이 뤄양으로 도읍할 필요가 있을까? 송을 건국한 조광윤趙匡胤이 카이펑을 낙점한 이유다. 왕도의 변천은 밥 먹는 것과 관련이 있다.

구글 지도는 만약 자동차로 안양에 가려면 다시 정저우로 돌아가서 107번 국도를 타라고 안내한다. 되돌아가는 것처럼 끔찍한 일은 없다. 나는 자전거의 기동성을 살려 219번 성도로 질러가기로 했다. 지방도로여서 황허를 안내하는 이정표가 없다. 혹시 모르고 지나치지나 않을까? 웬만한 크기의 하천만 봐도 사람들에게 '이게 황허냐'고 물었다. 사람들은 어이없어하며 북쪽을 가리키곤 했다. 드넓은 밀밭을 지나가자 습지가 나오는가 했더니 황허인지 물어볼 필요 없이 강가에 당도해버렸다. 넓고 탁한 물이 시야에 가득하다. 흐른다기보다는 대지가 물에 잠긴 것 같다.

황허의 안부가 궁금하다

화 안 내는 사람이 한번 화나면 무섭듯이 물살이 빠른 협곡보다 잔잔히 흐르는 이런 강이 그렇다. 밀가루 반죽을 너무 많이 부으면 프라이팬이 넘친다. 황허의 강물은 1세제곱미터당 35킬로그램의 진흙을 포함하고 있어 물이 아니라 묽은 황토 반죽이다. 그 반죽을 계속 하류에 쏟아부으니 강바닥이 점점 높아져 급기야 물은 낮은 곳으로 흐른다는 중력마저 벗어난 듯한 지상하地上河가 됐다. 강바닥이 주변보다 높아서 그대로 놔두면 물줄기가 어디로 튈지 몰라 '황허대제'라고 불리는 1200킬로미터의 강둑을 쌓았다. 마음대로 흐르지 못하게 된 황허가 울분을 터뜨리면 강둑이 무너지고 해발고도 50미터가 안 되는 화베이 평원의 도시들은 수몰이 아니라 황토 반죽에 매몰된다. 카이펑만 해도 지하 20미터 밑으로 세 층의 도시가 차례로 묻혀 있다고 한다.

안 그래도 쌓이는데 인간이 건드려서 황허가 폭발한 적도 있다. 1938년 중일전쟁 때의 얘기다. 국민당 정부는 일본군의 침략을 저지하기 위해 살수대첩 이후 들어보지 못한 수공을 써서 정저우 근방 화위안커우花園口에 있는 둑을 다이너마이트로 터뜨렸다. 마른하늘에 갑자기 밀려드는 검은 물기둥에 주민들은 속수무책이었다. 89만 명이 목숨을 잃고, 800만 명이 집을 잃었다. 더욱 억울한 건 일본군의 정저우 점령도 막지 못했다는 점. 중국에서는 자연을 잘못 건드렸다가 치르는 대가의 단위가 다르다. 지금도 황허 하류의 강바닥은 매년 10밀리미터씩 높아지고 있다.

이렇게 무섭도록 넓은 황허가 한동안 단류됐다는 게 믿기지 않는다. 황허는 칭짱고원 동북부 '별이 잠드는 바다星宿海'에서 발원해 발해만까지 5464킬로미터를 흐르는데, 20세기 마지막 10년 동안 매년 중간에 말라버렸다. 끝내 바다를 찾지 못하고 도중에 길을 잃은 날들은 늘어만 갔다. 1997년에는 226일 동안 바다로 가지 못했고 심지어 발해만에서 700여 킬로미터 떨어진 카이펑 인근까지 단류지점이 거슬러올라오기도 했다. 물고기들이 얼마나 당황했을지 상상해보라. 알을 낳기 위해 강으로 올라오는 회귀성 어류가 바다에서 느낄 공허함은 제쳐놓더라도 자고 일어나면 언제 물 밖으로 내동댕이쳐질지 모르는 물고기들의 필사적 유영을…… "황허는 동해(황해를 지칭)에서 수명을 다하고 만 리는 가슴에 새겨진다黃河落天走東海, 萬里寫入胸懷間"는 이백李白의 「증배십사贈裴十四」를 떠올린다.

황허가 바다에 들어갈 때까지 온갖 고난을 겪어야 하는 만리역정을 기리는 이 시는 이제는 바다를 그리워하면서도 갈 수 없는 슬픔을 노래해야 마땅하다. 아니면 시적 상상력으로만 황허는 바다로 갔다. 여기까지 오는 동안 허난성 곳곳에 하천들이 바닥을 드러내고 있어서 황허의 안부가 정말 궁금했다. 지류들이 말라버리니 황허인들 버텨내겠는가.

화하문명의 상징인 황허가 마르자 정부에 비상이 걸렸다. 자연의 이변은 통치의 정당성에 대한 의문으로 번지기 쉽다. 황제는 하늘의 아들이기 때문에 자연의 이변은 하늘이 아들을 버렸다는 뜻으로 읽혔다. 선출된 권력이 아닌 중국 공산당도 마찬가지였으리라. 황허수리위원회는 황허의 지류에 작은 유수지들을 파서 물을 담아뒀다가 강이 마르기 시작한다는 징후가 포착되면 수문을 열었다. 2000년부터 지금까지 단류현상은 발생하지 않았다. 나는 그 치수의 현장을 보고 있다. 하지만 황허의 수량은 1960년대에 비해 절반으로 줄어든 상태여서 물

부족의 근본 원인을 해결한 건 아니다.

도도한 황허엔 고기잡이배들도 눈에 띄지 않고 사람들도 적어서 적막함이 흘렀다. 건널 다리라고는 작은 철선들을 묶고 그 위로 철판을 얹은 부교밖에 없었다. 흙을 실은 화물차들이 누런 먼지기둥을 뿜으며 왕래하는 틈바구니에서 우둘투둘한 상판을 달리다 중간에 멈춰 섰다. 이렇게 건너버릴 강이 아니다. 철선 사이로는 물살이 제법 세차다. 모처럼 어딘가로 가야 한다는 생각을 잊고 한곳에서 오래 머물렀다.

아름답다기보다는 아득함이다. 주위에 거치적거릴 게 아무것도 없는 평원에서 황허는 더 광활하다. 인지할 수 없는 넓이와 깊이의 사물을 대하면 자신이 얼마나 미소한지 느끼게 된다. 그리고 이백처럼 황허의 역정을 떠올리면 그동안의 성취와 좌절 모두 부질없어 보인다. 어떤 일이든 결국 흘러간다. 그런데 황허는 수없이 꺾어지고 부서지고 휘돌지만 점점 더 넓어져서 바다로 흘러간다. 나는 그런가? 나이가 들수록 넓어지고 있는가? 실패와 좌절조차도 발 딛고 더 멀리 볼 수 있는 삶의 지반으로 꾹꾹 다지고 있는가? 황허가 묵시하는 인생의 길이다.

'수심이 깊으니 물속으로 내려가지 말라'는 경고문들이 난간에 붙어 있다. 괜히 물에 뛰어들고 싶어진다. '수심이 얕으니 물속으로 내려가도 별게 없다'고 쓰여 있었으면 유혹을 느끼지 않았을 것이다. '원래 나는 이런 인간인가보다. 그러니까 여기서 강을 건너고 있지.' 이어서 자전거 통행금지 표지판이 보인다. 원래 자전거를 타면 안 되는 부교였던 것. '어쩌라고?' 속으로 한마디 하고 마저 건넜더니 요금 받는 부스에서 아저씨들이 창문을 열고 쳐다본다. 돈 달라거나 왜 건넜느냐고 타박하는 눈치가 아니다. 그냥 나를 구경하는 거라는 느낌이 들어 손을 흔들어주고 표표히 강을 떠났다.

38

신성불가침의 한자?
나라 망해먹을 한자!

중국의 8대 고도 중 여섯번째인 허난성 안양을 하루종일 쏘다녔다. 서울을 떠나온 이후 한 번도 하지 않았던 면도도 했다. 거리의 이발사는 가죽에 날을 벼린 칼 대신 거품비누도 바르지 않은 채 바리캉을 들이대서 반사적으로 일어날 뻔했다. 다 밀어버리지는 말라고 신신당부했다. 수염은 자라기 시작할 때 지저분해 보인다. 수염을 좀 놔두면 앞으로 여행 끝까지 안 다듬어도 될 것이다. 그런데 나중에 거울을 보니 턱수염보다 코밑수염이 길다. 코믹하긴 하지만 방진防塵효과는 있을 것 같다.

전부터 꼭 보고 싶었던 문자박물관에 마침내 도착했다. 입장권을 사전 신청해야 한다는 여관 직원들 얘기에 밤새 불안했지만 여권이 있는 외국인에게는 바로 입장권을 준다. 문자박물관 정문에는 글자 자字

를 형상화한 높이 18.8미터의 자방字坊이 세워져 있다. 지붕 밑에 아이가 서 있는 모습이다. 아이를 낳으면 사당으로 데려가 이름字을 받는 데서 이 글자는 유래했다. 행운의 황금열쇠처럼 보이기도 한다. 오늘 이 열쇠로 한자의 비밀을 풀어볼까?

그 여정을 함께할 해설사를 신청했다. 흰 블라우스에 빨간 유니폼을 입은 해설사 친잉秦穎은 사범대 출신으로 자세가 반듯했다. 다만 4층으로 된 방대한 박물관에서 꼭 봐야 할 곳만 짚어주는데 약간 서두르는 기색이다. 100위안(약 1만 8천 원)에 한 시간 이상 할애하지 않는 것 같다. 그래서 여유 있게 보기 위해 혼자 다시 돌았다.

중국에선 하늘을 나는 건 비행기, 땅에 서 있는 건 의자 빼고 다 먹는다는 말이 있다. 안양에서 갑골문자가 발견된 것도 일단 식용으로 놓고 보는 관습 덕분이었다. 최장 70만 년 전에 살았던 베이징원인의 발견도 저우커우뎬에서 나오는 고생물의 뼈가 '용골'이라는 이름의 약재로 팔리는 게 단서가 됐다. 갑골도 '용골'로 팔리고 있었다. 용골은 갈아서 탕약에 타먹었는데 만병통치약인가보다. 약으로 쓰려다 용골에서 갑골문자를 발견한 왕의영王懿榮은 학질에 걸렸다. 그런데 용골을 지혈제로 썼다는 설도 있다. 국자감國子監 교장 격인 좨주祭酒이자 고문을 잘 아는 금석학자인 왕의영이 아플 때까지 얼마나 많은 사람이 상商의 역사를 갈아 마셨는지 모른다. 그때가 1899년이다. 갑골문자의 발견은 19세기가 20세기로 넘어가기 전 인류에 준 최대의 선물이었다고 한자학의 권위자 시라카와 시즈카白川靜는 말했다.

갑골은 생각보다 작았다. 책 크기였고 갑골의 한구석에 새겨진 글자는 손톱 크기밖에 안 돼 왕의영이 눈여겨본 게 신기할 정도다. 갑이 거북이 등인 줄 알았는데 한결 부드러운 배 껍데기다. 균열을 내고 글자를 새기기도 용이했다고 한다. 친잉은 “당시 허난 일대는 아열대 기후여서 거북이가 살았다”고 말했다. 자동차 번호판에서 보이는 허난성의 간칭簡稱 '예豫'도 코끼리를 뜻한다. 갑골문에는 '코끼리를 잡을 수 있겠는가 아닌가'를 묻는 점복이 있다. 거북이, 코끼리, 호랑이, 소, 사슴…… 이때의 허난은 동물의 왕국이기도 했다.

갑골문의 발견으로 상나라는 신화에서 역사로 내려왔고 주나라(기원전 1046년 건국)에 걸려 있던 중국 역사는 기원전 1600년까지 치고 올라갔다. 한자의 기원에 대한 수수께끼도 풀렸다. 그 전까지는 동한 허신許愼이 쓴 『설문해자說文解字』가 주류적 해석이었지만 그는 갑골문자를 못 보고 추론한 것이었다. 예컨대 왕王 자의 경우 천지인天地人을 각각 상징하는 가로의 세 획에 세로의 획이 관통, 천지인을 연결하는 존재로서의 왕을 뜻한다고 그는 풀이했지만 실제 와서 보니 딴판이다. 갑골에 새겨진 왕은 밑변이 부채꼴로 넓고 위는 좁은 도끼의 날처럼 생겼다. 도끼는 왕의 재판권, 곧 왕권을 상징한 도구였다. 허신보다 1900여 년 뒤에 태어난 내가 원형에 가까운 한자를 보고 있는 것이다.

갑골에는 점복이 주로 적혀 있는데 정반의문문 형식이다. '오늘 비가 올 것인가 아닌가' '다음 열흘간 이변이 있겠는가 없겠는가' '올해 풍년이 들겠는가 들지 않겠는가'. 그리고 긍정문과 부정문 아래 각각 홈을 파고 달군 꼬챙이로 지져서 균열을 냈다. 균열을 보고 해석하는 이는 다름아닌 왕이었다. 왕의 권위는 신의 뜻을 읽는 능력에 달려 있었다. 점을 친 뒤에는 결과를 기록해놓아 나중에 주역의 기초 데이터가 됐다고 하는데, 만약 예측이 틀려도 기재해놓았을까? 친잉은 답하지 못했다.

어쨌든 그렇게 해서 문자가 생겨났다. 베이징원인의 구강 구조를 보면 이미 말을 한 것으로 추측되기 때문에 인류는 몇십만 년 동안 말만 하고 살아 답답했다는 증거(?)는 없다. 문자가 생긴 건 몇천 년도 안 된다. 그것도 갑골문에서 보듯 의사소통을 하거나 공부하기 위해 만든 건 더욱더 아니다. 신과 대화하기 위해 쓰다가 왕의 명령을 하달하는 용도로 사용되는데 써보니 꽤 쓸 만하다. 생각을 정리하는 데도 요긴하고 심지어 의사소통도 된다. 계산기로 발명된 컴퓨터가 지금 전방위로 쓰이고 있는 것과 같다. 친잉은 "한자를 배우고 익히는 일은 춘추시대부터 가능했다"고 말했다.

한자는 가리키는 사물과 일대일 대응관계를 이루면서 글자 수를 늘려나가다 시간이 지나니까 별개의 상징체계로 독립한다. 어떻게 보면 화폐랑 비슷하다. 교환의 용이성 때문에 생겨난 화폐는 시간이 지나면 그 자체가 추구의 대상이 되고, 자본으로 집적되면 물건과의 교환관계를 초월해 독립된 실체로 움직이면서 현실에 거꾸로 영향을 준다. 돈이 돈을 번다는 말이 그래서 나온다.

왕조는 교체됐지만 한자는 그대로였다

한자도 그렇다. 자음과 모음으로 분절되지 않고 한 글자가 하나의 뜻을 이루는 고립어여서 통달하겠다고 하면 5만 자를 외워야 한다. 그런 불편함 때문에 외려 한자는 발음의 변화에 영향을 받지 않고 같은 자형을 유지할 수 있었다. 특히 진시황이 문자를 소전체小篆體로 통일한 이후 왕조는 자주 교체됐지만 한자는 그대로였다. 그러자 문자가 현실을 가리키는 게 아니라 현실이 문자의 눈치를 보는 관계로 전도된다.

중국에서는 우산을 선물하지 않는다. 우산의 산傘은 헤어진다는 뜻의 산散과 발음이 같다. '산'이라고 말하면 실제 헤어질 수 있다고 믿는 것이다. 연인 사이에는 과일을 먹더라도 배는 피한다. '배를 자른다'의 리카이梨開와 '헤어진다'의 리카이離開의 발음이 같기 때문이다. 나이든 분에게 괘종시계鐘를 선물하는 것도 금기다. 마칠 종終과 발음이 같아 '어서 돌아가시라'고 재촉하는 것과 같다.

글자는 주술적인 힘을 발휘한다. 그 때문에 복福자를 거꾸로 붙여 놓는 것도 '거꾸로'의 다오倒와 '온다'는 뜻의 다오到의 발음이 같아 복이 올 수 있다고 믿는 것이다. 설날이 되면 고궁의 정원 바닥에 있는 다섯 마리의 박쥐 문양을 밟는다. 박쥐라는 뜻의 볜푸蝙蝠가 두루 복을 밟는다遍福와 발음이 같기 때문이다. 다섯 마리는 오복五福을 뜻한다. 신부의 치마에 대추와 밤을 던지는 것도 대추棗와 일찍早의 발음이 '짜오'로 같고, 밤의 '리栗'와 서다라는 뜻의 '리立'의 발음이 같아 신부의 배 속에 일찍 아들이 들어서기를 바라는 뜻이 담겨 있다. 글자는 표기의 수단에서 토템이 된다. 여전히 신과 소통하는 매개다.

신성불가침의 한자에도 위기가 있었다. 마오쩌둥은 불편한 한자를 라틴글자로 대체할 것을 심각하게 고려했다. 마오쩌둥이 존경한 루쉰魯迅도 한자가 망하지 않으면 나라가 망한다고 했다. 문자박물관에서는 이런 사실이 당연히 누락돼 있다. 1950년대 문자개혁위원회에서 2000여 건의 새로운 문자체계 제안을 접수했다는 점도 찾아볼 수 없다. 한글도 그 제안 중 하나였다. 그사이 마오쩌둥은 스탈린에게 의견을 구했는데 스탈린이 "고유글자를 왜 바꾸느냐"고 해서 한자가 살아남았다는 일화가 있다. 그 대신 간체자와 발음을 표시하는 병음체계가 도입되는 선에서 한자개혁은 마무리됐고 2000년대 들어 한자의 성소聖所(문자박물관)까지 생겨났다. 한자의 질긴 생명력을 보면 정말 주술성이 있는지도 모르겠다. 한자가 중국의 종교 아니냐고 묻자 친잉은 "중국인의 정체성"이라고 힘줘 말했다.

문자박물관에 이어 갑골이 출토된 샤오툰촌小屯村의 은허殷墟에 들렀다. 은허는 왕들의 능묘다. 봉분을 쌓지 않고 지하에 묘를 팠다. 어두운 실내에 순장한 사람들과 말의 백골들이 마차와 함께 그대로 놓여 있다. 너무 생생해 수천 년의 세월이 지났지만 그 잔인함과 고통이 전해지는 것 같다. 유리막 속에 널브러진 유골들이 불쑥 나타난다. 그런

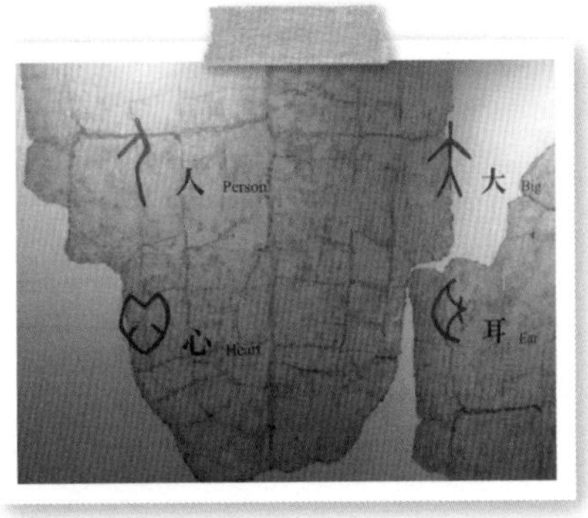

데 능묘 위 풀밭에서는 살아 있는 사슴 세 마리가 노닌다.

이 능묘를 파헤쳐 한자의 신비는 밝혀졌지만 한자의 주술은 사라지지 않았다. 신과 대화할 수 있었던 왕들이 살아나 갑골에 점을 치면 어떻게 나올까? "3300여 년을 살아남은 한자는 또다른 3000년을 살 것인가, 아닌가?"

39

권력자는 당대를, 시인은 천 년을 사는구나

여행한 순서로 중국 8대 고도 중 여섯번째인 허난성 안양에서 일곱번째인 베이징까지는 520킬로미터의 거리다. 안양에서 출발할 때 나흘 뒤 톈안먼광장에서 약속을 잡았다. 여행하면서 소셜네트워크서비스인 미투데이에 사진을 연재했는데 베이징에 있는 '미친(미투데이 친구)'들이 날 만나고 싶어했다.

하루 130킬로미터씩이라면 무리가 되지도, 여유롭지도 않다. 혼자 하는 여행의 재미는 중간에 새는 데 있다. 그러려면 여정을 넉넉히 잡는 게 좋지만 비자기간 두 달 안에 여덟 개 고도를 돌아야 해서 마음 가는 대로 갈 수는 없었다. 아쉬웠지만 퍼지지 않고 매일 짱짱하게 여행하는 맛도 있다. 가는 길에 의외로 『삼국지』의 영웅들이 나타난다. 유비가 나라를 세운 곳은 촉蜀, 그러니까 여기서 서남쪽으로 2000킬로미터 떨어진 쓰촨이니 1800여 년 전에도 이미 중국인들은 땅을 넓게 썼던 것 같다. 처음 마주친 건 조조였다. 여기는 그가 세운 위魏의 땅이다. 안양 시내를 벗어나 안펑安豊향에 접어들자 '조조 고릉高陵은 좌회전하라'는 표지판이 나타났다.

고민에 빠졌다. 길가 가게에서 물어보니 16킬로미터를 가야 한단다. 왕복 32킬로미터에다 관람시간까지 감안하면 최소 세 시간을 할애해야 하는데…… 조조의 묘라는 확신이 있으면 갔을 것이다. 조조는 72개의 가짜 무덤을 만들었다고 전해진다. 누구도 사후를 지켜줄 수 없다는 걸 알았다. 후대의 황제들마저 지하궁전을 써서 영화를 이어가려고 발버둥친 데 견줘보면 그는 역시 현명했다. 묘가 화려할수록 더 많은 도굴꾼을 부를 뿐이다.

엿새 전 뤄양에서 정저우로 가는 길에 두보의 묘를 참배한 것도 영향을 미쳤다. 310번 국도에서 좌회전해 500미터만 가면 두보의 묘가 있다는 안내판을 보고 횡재한 느낌이었다. 민초의 고통을 절절하게 표현한 시성詩聖의 묘에 이렇게 쉽게 갈 수 있다니…… 마을 안으로 들어가 골목길을 한참 헤맨 끝에 묘가 옌스청관싼偃師城關三중학의 교정에 있다는 걸 알아냈다. 그런데 학교는 문이 닫혀 있다. 교사들에게 행정처리 시간을 주기 위해 오후 2시에 연다고 한다. "묘를 찾아 한국에서부터 수천 킬로미터를 자전거로 달려왔다"는 내 말에 수위의 마음이 움직였다. 정확히는 500미터다. 능치는 솜씨가 갈수록 는다.

교문이 열리고 내 덕분에 일찍 등교할 수 있게 된 남학생 두 명이 앞장섰다. 건물 뒤 교사들이 일구는 텃밭 사잇길로 걸어가자 능묘가 담벼락에 바싹 붙어서 무성한 숲에 가려 있다. 사람들이 찾지 않는 외진 곳에 잠들어 있다는 게 부평초 같았던 그의 삶과 어울리는 것 같아서 숙연해졌다. 시상詩想마저 떠오를 것 같았다. "세상을 바꾸기 전에 내 묘지를 찾지 마라. 나는 괜찮다. 내 시를 읽는 당신의 가슴이 내가 있는 곳이니……"

그런데 알고 보니 두보의 묘임을 주장하는 여덟 곳 중 하나였을 뿐이다. 두보는 후난에서 세상을 떠났다. 그 지점이 기록마다 달라서 둥팅호洞庭湖의 배 위에서 숨졌다는 기록에 따라 후난성 핑장平江현에, 배에서 내려 레이양耒陽에서 숨졌다는 설에 따라 레이양에 두보의 묘가 각각 있다. 고향에 묻어달라는 유언을 받들어 그의 손자 사업嗣業이 허난성 궁이에 이장했다는 설과 유골을 가져와 100마리 까치들이 내려앉은 곳에 묻었다는 설이 있다. 내가 간 곳이 바로 까치가 점지한 묘지다.

너무도 다른 두보와 조조의 묘

엉뚱한 곳에 절을 한 것 같아 개운치 않았지만 유골이 어디 있든, 고난에 찬 그의 삶과 시를 잠시 돌아본 것만으로도 좋았다. 특히 조조와 비교해보면 더욱 그렇다. 두 사람의 묘소 모두 뭇사람의 관심 대상이지만 이유는 다르다. 두보는 서로 모시겠다고 해서 묘가 사방에 생겨났지만 조조는 강탈당하지 않으려고 숨기는 바람에 사람들이 찾고 있는 것이다. 권력자는 당대를 살고 시인은 천 년을 산다.

안평향에서 발견된 능의 주인에 대해 2009년 12월 허난성 문물국은 출토된 창과 돌베개에 '위魏 무왕武王이 사용한'이라는 명문銘文이 새겨져 있는 점 등을 들어 위 무왕, 즉 조조의 무덤을 드디어 찾았다고 발표했다. 그러나 이 무덤에서 나온 60세가량의 남자 유골과 조씨 후예들의 DNA를 대조하자는 푸단대학의 제의를 허난성이 거절한 사실이 밝혀지면서 조조 묘 찾기는 원점으로 돌아간다. 만약 조조의 것이 맞다고 하면 그 역시 도굴의 수모를 피하지 못했을 것이다. 이미 도굴꾼이 몇 차례 다녀갔다.

> 간웅은 죽음에 이르러서도 여전히 사람을 속이나니 奸雄至死尙欺人
> 가짜 무덤들이 장하의 강변을 어지럽게 덮었도다 疑塚累累漳河濱

명대의 시인이 조조를 비난한 이 시구는 여전히 유효하다. 그러나 조조가 '난세의 간웅'이라는 데 동의하지 않는 사람들은 조조가 아무도 모르게 검소한 장례를 한 것이라고 옹호한다. 조조의 문장을 사랑하는 현대의 문필가 위추위余秋雨는 "없는데 어떻게 찾는단 말인가"라고 일갈한 바 있다.

107번 국도가 허베이성 정딩正定현을 들어설 때 조자룡趙子龍이 진격하려는 것처럼 고삐를 잡아당겨 말이 앞발을 든 동상이 보인다. 그리고 베이징에서 70킬로미터밖에 떨어지지 않은 줘저우涿州시의 국도변에는 유비, 관우, 장비 세 의형제가 말 위에서 남쪽을 바라보고 있다. 유비와 장비는 여기서 태어났다. 두 사람의 집은 4킬로미터 거리다. 산시山西성 윈청運城현 출신인 관우는 악한을 죽이고 떠돌다 줘저우까지 왔다. 유비와 장비의 동향 인맥에 조자룡과 관우가 합세해 '4의義'를 이룬 것이다.

국도에서 가까워 들러본 장비의 옛집에는 그를 모신 사당 외에 '도원결의 현장'이라는 비석과 그뒤로 앙상한 복숭아나무 몇 그루가 있다. 관리인은 "나무는 최근 심은 것이지만 비석 앞에 놓인 석단만은 도원결의 당시의 것"이라고 주장했다. 도원결의는 나관중羅貫中이 삼국시대로부터 1200여 년 뒤에 쓴 소설 속의 장면일 뿐이다. 그것을 재연한 것이라고만 해도 괜찮을 텐데 진짜 결의한 곳이라고 강변한다. 그러니 중국식으로 말하면 더욱 산자이(짝퉁) 도원 같아 보인다. 석단에는 플라스틱 복숭아가 몇 알 놓여 있다.

장비의 집에서 나오자 비를 동반한 역풍이 불어왔다. 평원에서 풍향은 종잡기 어렵다. 남풍에서 갑자기 북풍으로 꺾일 줄이야. 여기 사람들은 삼국시대든, 지금이든 바람을 항상 지켜봐야 할 것 같다. 베이징 시계市界에 들어와서 많이 헤맸다. 톈안먼광장엔 약속시간보다 두 시간 늦은 밤 9시 무렵 도착했다. 자전거 타고 퇴근하는 버스기사가 동행해주지 않았다면 더 늦었을 것이다. 푸싱로復興路를 탄 이후는 그대로 직진이다. 상하이보다 교통질서를 잘 지켜서 놀랐다. 심지어 길을 양보하기까지 한다.

톈안먼과 광장 사이 대로변에 자전거를 세웠다. 공안들이 정차를 금할 거라는 말을 들었지만 중국에서는 일단 해봐야 한다. 비가 왔다가 갠 톈안먼의 하늘은 코발트빛 먹장구름으로 덮여 있고 북적대는 사람들 머리 위로 마오쩌둥의 초상화가 유독 빛난다. 반면 톈안먼 맞은편에 있는 광장은 폐쇄돼 텅 비었다. 광장은 이번이 세번째인데 올 때마다 울타리가 더 촘촘해지고 높아진다. 울타리 친 광장은 좁아 보인다. 상하이의 런민광장은 공원으로 분할됐고 톈안먼광장은 구속돼 있다. 광장 안의 가로등들은 사방으로 무거운 감시카메라를 달고 있다. 사람들이 모이는 게 두려운가보다. 내가 만난 중국의 라오바이싱들은 태평한 편이던데 권력자들은 필요 이상 겁을 내는 듯하다. 뭔가 찔리는 게 있나?

광장 남쪽 끝에는 마오쩌둥의 묘소가 있다. 투명한 유리관 속에서 영면하고 있는 그의 모습을 보려고 수많은 사람이 줄을 선다. 저우언라이나 덩샤오핑은 모두 화장을 했다. 중국인들에게 물어보면 하나같이 "마오쩌둥은 70퍼센트는 잘했고 30퍼센트는 과오가 있다"고 말한다. 이 말은 언젠가는 그 비율이 바뀔 수 있다는 걸 암시한다. 그는 도굴되고 파괴된 역대 권력자들의 운명을 피할 수 있을까? 지금 중국을 지배하는 공산당이 어떻게 하느냐에 달려 있다.

'미친'들이 길 건너 톈안먼 앞에서 우산을 흔들어 보였다. 그리고 공안이 다가온다. 이제 움직일 때다. 나는 태연히 안장에 올라탔다. 상하이를 떠난 지 37일 만에 삼각노선의 첫 꼭짓점 시안에 이어 두번째 꼭짓점을 찍었다. 이제 마지막 꼭짓점인 항저우杭州만 남았다.

中华人民共和国万岁
世界人民大团结万岁

40

황당하고도 요상한 **베이징 단체관광단 체험**

새벽 4시 반에 전화를 받은 건 정말 오랜만이었다. 예전에 사회부 기자로 일할 때 새벽에 전화를 받고 뛰쳐나가곤 했다. 유괴 살인사건이나 대형화재가 발생했다며 현장으로 달려가라는 지시 전화여서 벨이 울리면 잠이 달아나면서 동시에 불길한 느낌이 찾아왔다. 하지만 여기는 베이징의 톈안먼 동쪽에 있는 호텔방이다. 대체 무슨 일일까?

"일어났수? 곧 호텔 앞으로 갈 테니 준비하쇼."

여행사 운전기사의 전화다. 6시 반에 데리러 온다고 했는데 어처구니가 없다. 전날 나는 호텔에서 준 안내지도를 보고 하루짜리 단체여행상품을 골랐다. 더 편안히 여행할 수도 있었다. NHN의 중국법인 대표를 맡고 있는 오경식씨는 운전기사 딸린 차를 내주겠다고 호의를 베풀었지만 그렇게 하면 왠지 안 될 것 같았다. 관광을 해도 중국인들과 같이 하고 싶었다. 과연 중국식 단체여행은 어떨까?

여덟 개의 노선 중 제1선을 선택했다. 꼭 가고 싶었던 만리장성과 풍수지리의 명당으로 꼽히는 명십삼릉이 포함돼 있고 그 밖에 지하궁전, 십삼릉저수지, 쥐융관, 수정궁, 석패방 등을 도는 데 불과 150위안(약 2만 8천 원)이었다. 여기에는 왕복차비, 고속도로 통행료, 관광 안내비, 점심 그리고 각종 입장료 등이 포함되고 사고가 났을 경우 15만 위안(약 2800만 원)까지 보상받을 수 있다. 물가가 싼 중국이라고 해도 믿을 수 없는 가격이었다. 바로 아래에 빨간 글씨로 인쇄된 베이징시 관광국의 특별지시를 읽고 마음이 조금 놓였다. 버스정류장이나 톈안먼광장 주위에서 여행단을 모집하는 광고에 속지 말라는 지시다. 그 말은 이 지도에 인쇄된 단체여행은 믿을 수 있다는 걸 관광국이 보증하는 게 아닐까?

잠이 많은 나는 새벽에 일어나는 게 고통스럽다. 6시 반 기상도 큰 일인데 4시 반에 깨우다니…… "나는 6시 반으로 얘길 들었으니 나중에 오라"고 했더니 기사는 "그러면 맨 나중에 태우러 오겠다"고 선선히 받아들인다. 여러 호텔을 돌면서 사람들을 태우고 있는 중이란다. 다시 잠을 청했는데 15분 만에 전화 벨이 또 울렸다. 내 말을 못 알아들었나 화가 나서 받아보니 이번엔 여행사다. "기사가 데리러 왔느냐"고 확인하는 전화다. 부아가 치밀어 언성을 높였지만 저쪽은 어조에 변함없이 "아침에 차가 막힐 수 있으니 일찍 서두르는 게 낫다"고 말했다.

나는 행여 잠이 달아날까봐 빨리 전화를 끊어버리고 잠깐 눈을 붙였다고 생각했는데 벨이 울렸다. 5시 20분. "호텔 앞에 도착했으니 내려오라"는 기사의 전화다. 막무가내다. 내가 화를 내든 말든 그들은 생각한 대로 집행한다. 5시 반 집결지인 중산공원 앞 정문에는 나처럼 불의의 시간에 소형승합차에 태워져 불려나온 손님들이 눈곱을 떼고 있다. 우리가 탈 관광버스 옆에는 그 이른 시간에 노점 아줌마가 젠빙煎餠을 부치고 있다. 관광버스가 악어라면 노점 아줌마는 악어새다. 악어는 출발하려면 멀었다. 부침개라도 사먹어 배를 채우는 것 외에 달리 할 일이 없다. 3위안이면 젠빙치고는 조금 비싼 편이다. 거기다 더우장豆漿이라는 콩우유 한 병을 사서 마셨다.

놀랍게도 버스는 예정시각보다 20분 빠른 6시 10분에 출발했다. 그러더니 베이징을 빠져나가기 전 손님들을 더 태웠는데 6시 반까지 중산공원에 갔다가 버스가 떠난 것을 알고 황급히 택시 타고 쫓아온 관광객들이다. 한국 같으면 대판 싸움이 벌어질 일일 텐데 그들은 버스에 올라타게 된 게 다행이라는 표정으로 통로를 걸어들어왔다. 여성 가이드가 안내방송을 시작하자마자 다들 머리가 무거운 듯 이리저리 도리질을 친다. 그걸 보고 나도 곯아떨어졌다. 이렇게 특별한 중국 단체여행의 하루가 시작됐다.

나는 11번, 번호로 통하는 단체관광

손님들은 스물댓 명인데 가이드는 세 명이나 된다. 가이드들이 각자 어떤 역할을 분담하고 있는지 잘 모르겠다. 손님들은 중국인 여자친구와 같이 온 백인남자 빼고는 모두 현지인들인데 연령층이나 출신 지역이 다양했다. 비록 하루지만 공동운명체라는 동질감 같은 건 없고 형성하려 하지도 않는다. 각자 가이드의 안내에 따라 움직이면서 내리라면 내리고 보라면 볼 뿐이다. 승차 여부를 확인하기 위해 이름 대신 번호를 매겼다. 나는 11번이었고 서로들 번호로 통했다.

오전 7시 무렵 바다링八達嶺에 도착해 첫 관광지인 만리장성에 올랐다. 가이드는 8시 반까지 하차한 곳으로 돌아오라고 말하면서 "다시 말하지만 5분 이상 기다리지 않는다"고 말했다. 이유는 다른 사람들을 기다리게 해서는 안 된다는 것이었지만 위압적인 어조에 마음이 위축된다. 어쨌든 아침 일찍 오니 관광객도 덜 붐비고 아침햇살도 눈부셨다. '이런 점들을 다 배려한 거구나.' 아침 일찍 깨운 것에 대한 미움이 사라지려고 한다. 그렇게 산뜻하게 만리장성을 돌아보고 혹시 버스가 먼저 떠날까봐 서둘러 내려왔다.

길가의 가게에서 곰을 우리에 가둬놓고 곰 먹이를 팔고 있다. 한 접시에 3위안. 아침에 내가 먹은 젠빙과 같은 가격이다. 괜찮은 비즈니스 같다. 곰 한 마리 사놓으면 그다음부터는 관광객들이 곰도, 자신들도 먹여 살린다. 관광객들의 불규칙한 자선에 끼니를 때워야 하는 곰이 불쌍해 보이긴 한다. 어떨 때에는 관광객들이 너도나도 음식을 사서 주기 때문에 배가 불러도 먹어줘야 주인의 배를 불릴 수 있다.

나뿐만 아니라 다들 일찍 내려와 버스를 탔다. 아침에 기다리지 않고 일찍 출발한 것을 본 터라 얼차려를 한 번씩 받은 사람들처럼 절도 있게 행동한다. 아니 사육된 곰처럼 행동한다.

두번째 목적지는 비취보석 가공공장이다. 여행상품 소개에는 나오지 않는 목적지다. 가이드는 가짜 비취가 많은데 여기는 진짜를 파는 세공공장의 직영점이어서 데려왔다고 말한다. 이런 상술은 예전 하와이에서나 이탈리아 단체여행할 때 이미 경험한 바 있어서 나름 대처법을 알고 있다고 생각했다. 가이드의 눈치를 보며 슬쩍 중간에 새거나 빠지려고 했는데 중국은 감시나 동원의 측면에서는 간단한 나라가 아니다. 그렇게 허술했으면 만리장성을 쌓을 수 없었을 것이다. 장성의 벽돌을 보면 사람 이름이 적혀 있는 것을 볼 수 있는데, 이것은 위대한 건축에 기여한 사람들을 기억하기 위해서가 아니라 책임을 묻기 위한 것이다. 금이 간 벽돌이 나오면 금세 누구의 잘못인지 알 수 있다.

가게 입구에서 원치도 않는 입장권을 나눠준 뒤 출구에서 회수하겠다고 한다. 입장권을 받은 바에야 빨리 통과하자 하고 들어갔더니 이런 낮은 수준의 잔꾀는 이미 간파하고 있다. 세공 공정별로 여러 개의 어두운 방으로 나누고 각 방의 출입문은 공장의 안내원만이 열고 닫을 수 있다. 지루한 공정 설명이 끝나고 마침내 드넓은 매장으로 안내됐을 때는 해방감마저 느꼈다. 내 눈은 출구를 찾았지만 화살표로 그려진 이동경로는 모든 매대를 거쳐가도록 설정돼 있다. 이제 유일한 방법은 보속을 높이는 수밖에 없는데 사람들에 치여서 빨리 갈 수도 없다. 할 수 없이 점원들의 설명을 듣게 되는데 몇 명은 설득에 넘어가 비취와 옥 목걸이, 팔찌를 산다. 나도 생각해보니 귀국 선물로 팔찌 정도는 가볍고 괜찮을 것 같다. 평생 처음 이런 선물을 받아보고 놀랄 아내의 표정을 생각하니까 지갑을 더듬게 된다. 그러다 일찌감치 지갑을 잃어버렸다는 사실을 새삼 깨닫는다.

아직 10시 반인데 다음 행선지는 식당이다. 열 명쯤 둘러앉을 수 있는 원탁이 100개쯤 있는 식당이다. 원탁 위에 밥이 든 큰 양푼과 대여섯 가지 반찬 접시가 놓여 있는데 어느 관광버스에서 왔는지 상관하지 않는다. 단체여행객 전용 식당이다. 사람들은 각자 먹을 만큼 그릇에 담아 먹는데 서로 더 먹겠다고 싸울 일은 전혀 없다. 음식을 사랑하는 중국답지 않게 전혀 먹을 만하지 않기 때문이다. 사람들은 꾸역꾸역 우겨넣으면서도 불평 한마디 하지 않는다. 놀라운 인내심이다. 자꾸 머릿속에서는 '만약 한국에서라면……' 하는 가정이 떠오른다.

다음으로 데려간 곳은 지하궁전이라고 하는데 내가 기대한 정릉定陵의 지하궁전이 아니다. 정릉은 창핑지구에 있는 명대 황제 13명의 무덤인 명십삼릉 중 유일하게 발굴 작업이 이뤄진 만력제萬曆帝의 능이다. 만력제는 임진왜란 때 명군을 한반도에 파병한 신종神宗으로 30년 동안 조정에 나가지 않은 것으로 유명한 황제다. 그만큼 중국에서는 조롱받는 황제지만 조선에서는 심지어 청나라가 중국을 통일한 이후에 창덕궁 뒤편에 크게 보답한다는 뜻의 대보단大報壇을 쌓고 제사를 올린 '은인'이었다.

정릉 발굴 후 그의 시신은 문화대혁명 기간에 '착취계급의 표상'이라며 불태워졌다. 능 내부는 이후 지하궁전으로 명명돼 개방했다. 하지만 아직 우리는 명십삼릉에 오지 않았기 때문에 여기는 아무래도 해적판 같다. 내부에 실물 크기의 인형으로 명대의 중요한 역사적 현장을 재현한 방들이 이어져 있다. 당시의 황제나 황후 복장을 입고 사진을 찍을 수 있다. 물론 돈을 내야 한다.

다음 목적지로 가는 버스 안에서 가이드는 "이렇게 새벽부터 일해봤자 받는 돈이 120위안(약 2만 원)밖에 안 돼 가게에 들르지 않을 수 없다"며 "가게에서 여러분이 물건을 사면 그 돈의 일부를 받는다"고 털어놓는다. 하지만 양해를 구하는 게 아니라 통보에 가까운 어투다. 그리고 데려간 곳이 베이징 오리구이 식당. 밥 먹은 지 얼마 되지도 않았는데 하는 생각을 꿰뚫고 있는 듯 포장이 된다고 알려줬다. 가이드와의 원만한 관계를 포기하고 버스에서 안 내리고 퍼져 자는 사람도 있었지만 대체로 가이드의 처지를 이해하면서 가게 안으로 들어간다.

여기서도 입장권을 나눠준다. 구운 오리 한 마리에 75위안으로 만 원도 안 하지만 혼자 먹기에 너무 커서 매장을 빠져나갔더니 출구는 안 나오고 과자 매장이 나온다. 미로를 찾듯이 'ㄹ'자 동선을 따라 빠르게 빠져나가니 이번에는 젤리와 사탕을 파는 매장이 나온다. 이중, 삼중으로 덫을 놓고 있다. 결국 마지막 덫에 걸려들었다. 견물생심. 물건을 보니까 갖고 싶어진다. 자전거 탈 때 비상연료로 젤리가 가벼워서 적당할 것 같다는 생각에 한 봉지를 사들고 나왔다.

휘둘리고 뜯겨도 불평 한마디 없는 사람들

이제는 명십삼릉에 가겠지. 이미 오후 1시가 넘었다. 지금까지 제대로 본 유적이라곤 아침 7시경에 본 만리장성밖에 없다. 아니나 다를까 가이드는 이제 명십삼릉으로 직행한다면서 멀리 손가락으로 가리키며 "저곳에 명십삼릉 저수지가 있는데 거기 가봤자 그냥 다른 저수지와 똑같다"며 건너뛰겠다고 말했다. 그리고 "빨리 돌아가야 베이징의 퇴근길 교통 체증을 피할 수 있다"고 덧붙였다. 아침에도 교통 체증을 피해 일찍 출발했으니 여행의 목적이 베이징의 교통 체증을 피하는 데 있는 것 같다.

고대하던 명십삼릉에 도착했다. 오후 1시 40분이다. 무슨 일인지 명십삼릉의 정문으로 데려가지 않고 거기서 5킬로미터가량 떨어진 소릉昭陵으로 데려간다. 소릉이 13기 중에서 특별한 능은 아니다. 그래도 군말하는 사람은 아무도 없다. 뚱뚱한 여성 문화해설사가 우리를 인계받았는데 유격조교처럼 우리를 통솔했다. 조금이라도 열에서 뒤처지면 소리를 질러댔다. 사람들은 긴장하면서 바싹 뒤따랐다. 그녀는 주의부터 줬다. "여기는 죽은 사람의 영혼이 사는 곳이니까 절대 사진을 찍어서는 안 된다. 문지방을 절대 밟아서는 안 되고, 여자는 오른쪽 다리부터, 남자는 왼쪽 다리부터 넘어야 한다."

문지방이 제법 높아서 나는 부지불식간에 문지방을 밟았다가 해설사한테 적발됐다. 그녀가 심하게 야단을 치자 우리 가이드가 가서 낮은 소리로 '저 사람은 외국인'이라고 알려줬다. 하지만 그녀는 분이

안 풀렸는지 나를 노려봤고 동료 관광객들도 '왜 해설사를 화나게 했느냐'는 표정으로 쳐다봤다. 한 여성은 내게 문턱을 넘는 법에 대해 특별 과외까지 해줬다. 내가 사진을 찍으려다가 해설사한테 다시 걸렸을 때에는 동료들이 이구동성으로 "11번, 여기는 사자死者가 사는 곳이어서 사진을 찍으면 안 된다니까" 하고 나를 힐난했다. 여기까지 같이해온 동료들이 해설사와 한통속이 돼서 몰아붙이니 야속했다.

해설사는 대충 설명을 끝낸 뒤 사람들을 사당으로 몰고 갔다. 그러더니 부적을 쓰게 한다. 나는 이전에 두 차례 이렇게 당한 경험이 있어서 줄을 이탈해 지켜봤다. 예상한 대로 일단 부적을 쓴 뒤에 가격을 적도록 한다. 그러고 나서 부적을 황제의 영전에 바친다. 이미 부적을 쓴 이상 가격을 적지 않을 수 없고 기왕 그렇게 된 바에 축원이 확실히 이뤄지도록 숫자를 좀더 높게 쓰게 된다. 대체로 200위안 이상 쓰도록 안내받기 때문에 오늘 단체여행 요금보다 비싼 대가를 치르고 만다. 지금까지 가게를 들를 때마다 한 번도 물건을 안 산 사람도 있지만 마지막에는 모두 위압적인 해설사한테 크게 털렸다. 그리고 그게 명십삼릉 관광의 끝이었다.

버스에 올라탄 관광객들은 해설사가 너무 "슝凶했다"고 구시렁거렸다. 너무 흉악했다는 뜻이다. 나를 바라보는 얼굴들이 다시 부드러워진다. 아까는 그렇게 해설사의 말을 잘 듣던 사람들이 뒷말을 한다. 그렇다고 집단적으로 항의하는 분위기는 아니다. 이제는 모두 교통체증을 피해 베이징으로 돌아갈 생각만 한다. 오후 2시 반밖에 안 됐다. 결과적으로 제대로 본 건 만리장성 한 곳밖에 없는데……

베이징 시내에 들어서자마자 운전기사는 지하철을 타는 게 제일 빠르다고 하면서 시 외곽에서 내리기를 유도한다. 원래 교통 체증을 피해 편히 버스로 돌아오려고 여행 목적지들을 생략한 것 아니었나? 결국 버스에는 나 혼자밖에 남지 않았다. 운전기사는 계속 지하철을 타라고 재촉한다. 버티다가 원래의 출발지인 중산공원까지 못 가고 톈안먼광장 부근 사거리에서 내렸다.

톈안먼광장을 남쪽에서 북쪽으로 가로질러 걸어올라갔다. 다음날은 톈안먼 사태가 일어난 지 23주년이 되는 날이다. 광장은 이미 초여름의 강렬한 태양으로 후끈 달아오르고 있지만 어떤 불온한 징조도 느껴지지 않는다. 제복을 입은 공안들이 관광객들 속에 섞여 있다. 하물며 본인이 돈을 낸 관광여행에서 가이드한테 이렇게 휘둘리고 뜯겨도 불평 한마디 공개적으로 하지 않는 어진 사람들인데 쉽게 끓어오르지 않을 것 같다. 개인이 아니라 일련번호 중 하나의 번호로 대접받는데 익숙하고 권력에 대한 복종심이 거의 내면화돼 있다. 관광 가이드는 어쩌면 공산당의 다른 이름이고 관광객들은 14억 명의 인구 중에서도 모래알처럼 뿔뿔이 흩어져 있는 라오바이싱을 상징하는지도 모른다. 비록 관광은 제대로 못 했지만 지금까지의 어떤 경험보다도 중국 사회의 단면을 이해할 수 있었던 하루짜리 단체여행이었다.

길 위에서 본 중국의 오늘Ⅱ

상하이, 난징, 시안, 뤄양, 베이징, 톈진…… 변화의 바람을 거세게 맞은 대륙의 도시들. 지금은 경제 개발이라는 바람이 불고 있지만 언제 풍향이 바뀔지 모른다.

售 房
售房

41

위안스카이 옛 저택에서 역사의 평가를 마주하다

중국 북방에는 폭력범이 많고 남방에는 사기범이 많다고 한다. 한쪽은 주먹, 다른 한쪽은 머리를 많이 쓰기 때문이다. 그러나 북방이라고 해서 늘 쿵푸 영화를 찍고 있다는 뜻은 아니다. 실제 한국에 비해 멱살잡이조차 구경하기 힘들었다. 한국에서 폭력사건의 절반은 술, 나머지 절반은 반말 시비 때문에 일어나고 두 가지가 겹치면 확률은 100퍼센트가 된다. 중국인들은 왁자지껄 술을 마시긴 하지만 해롱거리는 모습은 잘 보이지 않았다. 취중 실수를 체면이 깎이는 일로 생각한다. 평소 반말을 쓰니 이로 인해 싸울 이유도 없다. 이 점이 술 마시다 반말 시비 끝에 '싸워도 될걸 말로 하고 있구나(?)' 깨닫는 다혈질의 한국인과 다른 점이다.

어쨌든 중국에서 주먹과 머리로 남북이 갈리는 현상은 꽤 뿌리깊은 것 같다. 정치권력은 북쪽, 경제력은 남쪽으로 치우친 지 오래됐기 때문이다. 경제가 발달한 곳에선 돈을 잘 세야 하니까 머리를 많이 쓴다. 역사적으로는 1400여 년 전 수양제隋煬帝가 대운하를 판 게 그 증거다. 북쪽은 쌈박질로 날을 지새워 평야가 피폐해지자 남쪽의 풍부한 물산을 가져오려고 하는데 강들이 도와주지 않는다. 남북으로 흐르는 강이 한 줄기라도 있으면 좋으련만 서고동저의 지형에 따라 한결같이 서에서 동으로 흐른다. 남북으로 도로를 닦자니 수많은 다리를 놓아야 한다. 그럴 바에는 강들을 엮어보자. 마치 바느질하듯 황허, 양쯔강, 화이허강, 첸탕강錢塘江, 웨이수이강 등의 수계를 운하라는 실로 꿰맸다. 이렇게 해서 동남쪽에 있는 양쯔강 삼각주에서 생산한 곡식이 서북의 장안西安까지 2500여 킬로미터의 물길로 이동했다.

원元이 베이징을 수도로 정한 뒤에는 시안까지 갈 필요 없이 곧장 북으로 직선화했다. 곡식들은 쓰수이강泗水, 하이허강海河 등을 거쳐 자금성 뒤에 있는 첸하이前海까지 실려왔다. 지금은 유원지가 된 첸하이는 상선 100척이 동시에 정박할 수 있는 부두가 있었다고 한다. 내가 여행하는 삼각노선의 마지막 빗변은 바로 이 첸하이부터 항저우까지 1700여 킬로미터의 징항대운하 노선이다. 근대 이전 중국 물동량의 75퍼센트를 차지한 이 운하의 중요성은 아편전쟁에서 확인된다. 나는 아무리 함포의 성능이 좋다 해도 군함 40여 척, 병력 4천 명인 영국군에게 4억 3천만 명의 청이 항복한 이유가 궁금했는데 바로 이 운하의 봉쇄가 결정적이었다. 영국군이 양쯔강의 전장 일대에서 식량의 북송을 차단하자 베이징에 있는 청 도광제道光帝의 목을 조르는 효과가 나타났다.

톈안먼 앞길인 창안가長安街를 따라가면서 이제는 개천으로 졸아든 대운하의 마지막 구간 퉁후이허강通惠河과 나란히 동진한다. 그리고 퉁저우通州에서 웨량허강月亮河을 만나 남진을 시작하자마자 운하와 헤어져야 했다. 그 대신 103번 국도를 타고 내려간다. 운하는 내 옆 어딘가에서 흐르고 있겠지.

첫 기착지 톈진天津에는 고풍스러운 유럽 건물이 많이 남아 있다. 외세 침략의 상흔인데 이럴 때 난감하다. 아름답다고 느끼면 침략을 정당화해주는 것 같다. 그냥 침략의 작은 대가로 톈진의 문화적 다양성에 일조한 것으로 치자. 어쩌면 이게 톈진의 숙명이다. 톈진이라는 이름의 유래에 관한 다수설은 명나라 때 베이징에 있던 주체朱棣가 이 나루를 건너 난징으로 쳐들어가 조카인 건문제建文帝의 자리를 빼앗은 후 '천자天子가 건넌 나루'라는 이름을 하사했다는 것이다. 그가 바로 정화함대를 세계에 보낸 명의 영락제永樂帝다. 영락제가 수도마저 난징에서 베이징으로 천도하면서 베이징 턱밑에 있는 톈진은 더욱 중요해졌다. 그러니 서구 열강이 목구멍과 같은 이 도시를 내버려둘 리 없다. 1860년 영국, 프랑스에 이어 1900년에는 러시아, 이탈리아 등 8개국이 베이징의 목을 한 번씩 조르고 나서 톈진에 살림을 차렸다.

조계지에서 만난 신화통신사의 류샤오촨劉小川 기자는 "건물들이 사회주의 건국 이후 관공서로 쓰이는 바람에 철거를 피했다"고 말했다. 그중에는 하이허강海河을 바라보고 있는 위안스카이袁世凱의 옛 저택도 있다. 위안스카이는 한국에서도 그렇지만 중국에서도 평판이 안

좋다. 1911년 신해혁명 이후 처음으로 맞이한 민주 헌정의 싹을 짓밟고 황제를 자칭한 인물이다. 중국 대륙은 그 이후 민주 헌정을 경험하지 못하고 있다.

허난성 안양에서도 그의 묘소를 둘러봤는데 비석에 '대총통大總統 위안스카이지묘袁世凱之墓'라고 적혀 있다. 신해혁명 후 그에게 대총통직을 양보한 쑨원의 난징에 있는 묘비명이 '총리總理 쑨선생孫先生'이듯 아무리 역사에 죄를 지어도 그가 지낸 직함을 사실대로 적어놓았다. 하지만 차이점은 총리 묘소에는 수많은 인파가 몰려들지만 대총통의 묘역은 한산하다는 점. 역사의 평가는 이렇게 내리는 것이다.

대총통의 묘역 게시판에는 그의 후손들의 동정을 전하고 있다. 후손들의 단체기념사진을 보고 위안씨 종친회인 줄 알았는데 모두 직계 후손들이다. 도대체 다 몇 명이야? 자세히 읽어봤다. 57세에 타계한 그는 처 한 명에 첩 아홉 명을 두고 아들딸 합쳐 32명을 낳았다. 이들이 다시 47명을 낳아서 직계 후손만 79명이다. 가족이 아니라 부족 같다. 쑨원은 총리였지만 국민의 대표, 위안은 국가의 대표였지만 부족장이었던 것이다. 위안스카이는 23세에 1882년 임오군란이 발생하자 조선으로 건너간다. 1895년 청일전쟁에서 중국이 패해 귀국할 때까지 이십대의 대부분을 조선에서 보냈다. 그는 권세가의 딸인 안동 김씨를 둘째 첩으로 들이는데, 김씨는 정실인 줄 알고 출가했다고 한다. 게다가 자신의 몸종으로 따라온 이씨와 오씨마저 위안스카이가 첩으로 들어앉히면서 첩의 서열에서도 나이 많은 이씨한테 밀렸다. 졸지에 셋째 첩이 된 김씨는 낙담의 세월을 보냈다고 한다. 조선인 첩 세

명에게서 낳은 아들과 딸은 32명 중 15명이다.

그의 묘역은 여러 차례 파헤쳐질 위기에 놓였으나 마오쩌둥이 반면교사로 놔두라고 해서 살아남았다. 톈진 하이허강변의 그의 저택은 식당으로 살아남았다. 보통 대총통의 집이라면 기념관으로 지정하고 보호할 텐데…… 어쨌든 생명력이 길다. 꽃자주색 지붕과 엷은 회색 벽이 강렬한 대조를 이루고 있는 화려한 3층 양옥이다. 서우푸주러우首府酒樓라는 이름의 광둥요리 전문식당이다. 황제급 식사를 할 수 있다는 기대감으로 발길이 이어진다.

젊은 부부에게 듣는 오늘날의 중국 문제

이 식당 앞에서 베이징에서 놀러온 젊은 부부를 만났다. 27세인 부인 장젠옌張劍妍은 영어교사, 29세인 남편 장레이張雷는 군인이다. 예쁘고 성격이 급한 부인 젠옌은 오늘날의 중국에 대해 묻자 '문제투성이'라고 열을 냈다. 환경오염을 첫째로 꼽으며 "내 고향 산시山西성의 타이위안太原은 매연이 심해 흰 옷을 입을 수가 없다"고 말했다. 그리고 "농민공들이 도시에 올라와서 일해야 하기 때문에 고향에 있는 아이는 아버지를 모르고 자란다"며 안타까워했다. 신랄한 비판은 식품 안전과 교육문제 등으로 이어진다. 정부에 대해서도 "영토분쟁에서 미국과 일본, 필리핀 등 주변국들에 대해 말만 하고 행동하지 않는다"고 불만이다. 믿음직스럽고 느긋한 성격의 남편은 듣고만 있다가 한마디 했다. "시간이 필요해. 기다릴 줄 알아야 해."

그녀가 "산적한 문제들을 해결하기 위해 법을 바꿔야 한다"고 말하기에 어떻게 바꿀 수 있느냐고 묻자 따발총같이 쏘아대던 그녀의 말문이 막혔다. 위안스카이가 짓밟은 민주 헌정을 부활해 선거를 하면 국민의 대표들이 법을 바꿔주지 않겠느냐고 하자 그녀는 "이렇게 인구가 많은데 내 표가 어떻게 이용될지 누가 아느냐"고 말했다. 런타이둬人太多. 사람이 너무 많다. 너무 많아서 서로 믿기 어렵고, 너무 많아서 자유를 허용하면 혼란이 올지 모른다는 불안감. 이번 여행에서 만난 대학교수, 대학생, 농민, 상인, 노동자 등에게서 공통적으로 느껴지는 정서다.

진짜 총선거를 실시하기에는 '런타이둬'라면 '알맞은 규모로 나라를 쪼개면 어떨까' 싶다. 이렇게 물어볼 때마다 중국인들은 경기를 일으킨다. 천하통일이 되지 않으면 천하대란이 일어난다는 고래古來의 이분법을 여전히 믿고 있다. 이것이 혹시 일당독재가 받아들여지는 심리적 기저가 아닐까? 그럼 위안스카이가 잘못한 게 뭔지 헷갈린다. 그에 대한 수식어는 '반동反動'이다. 근대에 봉건적 권력을 추구한 사람. 하지만 권력의 성격은 여전히 봉건적이지 않은가?

수양제가 황허와 화이허강을 잇는 운하의 핵심적인 구간을 팔 때 불과 5개월밖에 걸리지 않았다고 한다. 매일 200만 명을 동원했기 때문이다. 런타이둬여서 할 수 있는 일이었다. 백성들은 늘 자주적 인격체가 아니라 동원의 대상이었고, 그 대가로 전쟁에 불려나가지 않을 정도의 안정을 소망했다.

조계지를 둘러보고 하이허강변으로 와서 다시 장씨 부부와 마주쳤다. 어느새 남편은 부인의 무릎을 베고 벤치에 누워 있다. 이마를 간질이는 바람까지 불어서 더욱 사랑스러운 정경이다. 지금의 중국은 비판할 자유가 있고 부부가 평일에 휴가를 내고 데이트할 수 있는 평안까지 온 것에 자족해야 하는 단계일까? 그다음 단계로 어떻게 나아갈 수 있을까? 공산당이 계몽군주처럼 스스로 변하기를 기대하는 것밖에 가능성이 잘 보이지 않는다.

42

중국의 수능시험, 가오카오高考 보는 날

여행이라는 것은 자신을 유동적인 상태로 만드는 것이다. 그래서 어떤 사소한 일도 나비효과처럼 새로운 변화를 촉발하는 계기가 되고 여행의 경험이 바뀌는 단초가 된다. 항상 그렇듯 길을 잃으면서 그런 과정이 시작된다. 나는 여행하면서 중국의 대입 고사장 밖에서 시험이 끝나기를 기다려 수험생들을 인터뷰하고 또 언론에 인터뷰를 당할 것이라고는 상상도 못 했다.

대도시는 빠져나가는 것도 무척 어렵다. 미로처럼 얽힌 톈진의 길타래를 풀고 남진하다가 언제나 그렇듯이 길을 잘못 들어 톈진사범대학 교정에 들어선 것이 발단이었다. 나는 거기서 대학 1학년생들을 인터뷰했고 소셜미디어인 미투데이에 올리자 중국의 대학 1학년생인 미투데이 친구 AJ가 그것을 보고 일 년 전 대입시험을 치르던 자신의 경험이 생각났고, 내게 이틀 뒤인 6월 7일부터 중국의 수능시험인 가오카오高考가 시작된다면서 고사장에 가보라고 댓글을 달았다. 이틀 뒤면 산둥성의 더저우德州를 지나갈 때다. 이제 한국에서 사회부 기자를 할 때처럼 중국에서 취재현장을 제보받고 200여 킬로미터 떨어진 낯선 도시의 고사장을 검색하고 있다.

먼저 톈진사범대학교 교정에서의 인터뷰. 자전거를 세우고 길을 물어보려는데 여자 기숙사 앞이다. 여학생들이 점심을 먹고 방에 쉬러 들어간다. 중국 대학생들은 거의 대부분 기숙사 생활하면서 집으로부터 독립한다는 점이 한국의 대학생들과 다르다. 여기서 만난 미술과 1학년생 쉬영, 손푸치와 이런저런 얘기를 나누는데 모두 공산주의청년단 단원증을 들고 있다. 18세 이하의 학생들은 예외 없이 모두 가입해야 한다고 한다. 새삼 중국이 공산주의 국가라는 것을 알게 된다. 공청단을 거쳐 공산당에 가입하게 되지만 입당 여부는 자유의사다. 손푸치는 입당할 생각이 없다고 잘라 말한다. 이유는 "해외에 가고 싶은데 공산당원이면 다른 나라에서 비자를 안 줄지 몰라서"란다. 그럴 리가 없다고 말하자 "어쨌든 불교를 믿고 있기 때문에 종교를 부정하는 공산당의 이념과 맞지 않는다"고 한다. 그녀에게서도 정치에 대한 대학생들의 무관심이 읽힌다.

물론 공산당을 열렬히 지지하는 학생도 있다. 역시 미투데이 친구인 장자치張佳期는 자신은 입당할 거라면서 "많은 사람들이 자격에 미달하기 때문에 입당할 생각을 하지 않는 것"이라고 말했다. 그녀는 "입당 심사에서는 생활, 학습, 노동, 사상, 도덕, 품성 등을 고려하게

되며, 일과 학습성적이 특출하면 일찍 입당할 수도 있다"고 덧붙였다

가오카오의 정식 명칭은 '보통고등학교초생전국통일고시普通高等學校初生全國統一考試'로 한국의 수능시험과 같은 것이다. 중국의 학제는 한국과 달리 9월에 시작하기 때문에 6월에 전국에서 동시에 가오카오를 치른다.

허베이성의 창저우滄州와 우차오吳橋현을 거쳐 이틀 만에 더저우에 다다라 고사장을 수소문했다. 오전 11시 30분이면 시험을 마치고 나오는 학생들을 볼 수 있다는 말에 황급히 자전거를 몰았다. 더저우 제1고교 앞 도로는 양쪽으로 경찰관들이 차량 통행을 통제하고 있고 수험생을 마중 나온 사람들로 정말 북새통을 이루고 있었다. 시험을 치른 수험생들이 하나둘씩 고사장을 빠져나온다. 이들은 점심을 먹고 다시 귀교해서 오후 3시부터 마저 시험을 치른다. 중국에서는 성마다 다르지만 대체로 오전 오후로 나눠서 이틀 시험을 보는데 산둥성처럼 하루 반나절 더 시험을 보는 성도 제법 있다.

매년 가오카오의 화제는 작문 문제

수험생과 고사장을 스케치하기 위해 방송사와 신문사에서 나온 기자들도 제법 있어서 나도 자전거를 한쪽에 세워놓고 카메라를 들고 취재경쟁에 뛰어들었다. 아직 시험 볼 때의 긴장이 덜 풀린 수험생 셋을 붙잡고 "시험 잘 봤느냐"고 묻는 내가 우스웠다. 어려웠든 쉬웠든 사

실 전혀 궁금하지 않다. '기자놀이'를 하고 있다는 생각이 들었다. 총명하게 생긴 남학생 두 명과 여학생 한 명은 "잘 봤다"고 말하면서 싱그러운 웃음을 짓는다. 이제 고작 국어 한 과목을 치렀을 뿐이다. 그들은 한국에서는 하루에 시험을 다 본다는 말을 듣고 부러워 죽겠다고 말했다. 그런데 긴장해야 하는 기간은 늘어나도 사흘에 걸쳐 보는 게 실력을 다 쏟는 데는 나은 것 아닌가? 아니면 어차피 같은 조건이니까 하루에 몰아치기 하는 게 더 나은가?

매년 가오카오에서 화제가 되는 것은 작문 문제다. 간단한 지문을 던져주고 한 시간 동안 800자 이상 작문하도록 한다. 이 지문이 얼마나 참신한가에 따라 사회적 화제가 되기도 한다. 기자들이 수험생들에게 작문의 지문이 무엇이었는지를 묻고는 난이도를 확인해본다. 수험생 한 명이 쑨원의 어록 중 일부였다고 하면서 까다로웠다고 말했다. 나중에 확인해보니 산둥성에서는 다음과 같은 어록을 주고 느낌과 떠오르는 생각을 작문하도록 했다.

> 나는 오직 중국을 개혁하고 발전시키는 것을 평생의 소임으로 삼아 노력했다. 비록 바위가 문드러지고 바다가 마른다고 해도, 이 몸이 살아 있는 한 이 마음은 죽지 않을 것이다. 실패한다고 해서 낙심하지 않으며 곤란이 닥친다고 해서 위축되지 않는다. 정신을 집중해서 앞을 향해 맹렬히 전진해 세계 진보의 조류에 부응하고 선한 것을 장려하며 악한 것을 소멸시키는 하늘의 뜻에 부합하고자 한다면 끝내는 성공하는 날이 오게 될 것이다.

은연중에 애국심과 헌신 같은 가치를 주입하는 지문이다. 중국 대학 작문시험의 특징은 작문에 필수적인 비판적 사고력critical thinking을 측정하지 않는다는 것이다. 비판적 사고력이 공산주의체제로 향하게 될 것을 걱정해서 그런가? 문제들은 대체로 당위적인 글귀를 주고 그에 대한 생각을 묻는다. 같은 날 베이징에서 치러진 작문 지문이 좀더 노골적이다. 얼마 전 중국 중앙방송에서 방영된 철로순찰원 라오지老計의 얘기를 지문으로 냈다.

> 라오지는 깊은 산 외진 곳에서 일하는 노동자다. 철로를 순시하며 낙석과 산사태를 방지하고 나무가 쓰러져 철길을 덮치는지 여부를 감시하는 책임을 맡아 매일 혼자서 20여 킬로미터를 다닌다. 열차가 지나갈 때면 라오지는 쏜살같이 질주하는 기차를 향해 엄중히 거수경례를 하고 이때 기차 역시 기적을 울린다. 기적 소리는 깊은 산중에 오래오래 메아리친다……

문제는 '깊은 산 외진 곳에서 혼자 돌아다니는 것, 엄중히 경례하는 모습, 오래오래 메아리치는 기적 소리…… 이런 장면들이 어떤 느낌과 생각을 주고 있는가'다. 어떤 일을 하든 그 직업에 대한 열정과 헌신을 다하는 사람이 아름다우며 그런 사람들로 인해 사회는 안정과 조화, 즉 중국 정부가 표방하는 '허셰和諧 사회'를 이루게 된다는 답을 유도한다는 게 뻔히 보인다. 다른 성의 작문시험 문제에서도 어떤 금기나 조심스러움이 느껴진다. 그나마 안후이성의 작문 지문이 재치 있었다.

어느 회사 작업장 구석에 작업용 사다리가 세워져 있었다. 사다리가 넘어져 사람들을 덮치는 것을 막기 위해 옆에 '안전 주의'라는 경고문을 붙여놓았다. 몇 년이 지났지만 사다리가 넘어져서 사람을 상하게 하는 일은 일어나지 않았다. 어느 날 사업 협의를 하러 온 손님이 경고문을 보고 한참 생각하더니 경고문을 이렇게 고쳐 쓰면 어떻겠느냐고 제안했다. '사다리를 쓰지 않을 때에는 눕혀놓으시길 바랍니다.'

습관적으로 살지 말고 항상 새로운 눈으로 근본적인 해결책을 구하는 태도를 갖추라는 일화다. 정말 중국의 인민들이 이런 눈으로 개혁을 요구하기 시작하면 중국 공산당이 감당할 수 있을까?

수험생들이 다 빠져나가자 교문 앞은 한산해졌다. 1교시를 치렀을 뿐인데 벌써부터 진학에 실패한 학생들을 위한 상담 전단을 나눠주던 사람들도 흩어졌다. 그러자 마치 썰물에 드러난 조개처럼 내 모습이 눈에 들어온 모양이다. 이곳 언론사인 치루만보齊魯晩報 기자 두 명이 인터뷰를 요청한다. 사실 교문 풍경은 어디라고 해서 크게 다를 바 없는데 한국에서 온 '작가'가 중국의 가오카오에 관심을 갖고 취재한다는 것이 도리어 낙숫거리는 된다고 본 모양이다. 졸지에 취재하는 처지에서 취재당하는 처지로 바뀐다. 그들은 한국도 이렇게 가오카오에 대한 관심이 크냐고 묻는다. 나는 그렇다고 하면서 일장 연설을 늘어놓는다.

“중국이나 한국 모두 대입시험을 잘 보느냐 못 보느냐에 따라 직업이 결정되고 인생이 결정되는 것처럼 생각하기 때문에 가오카오가 옛날 과거처럼 중요한 국가적 행사로 취급되는 것이다. 사회는 단 한 번의 시험이 아니라 제2, 제3의 기회를 줄 수 있어야 한다.”

마치 사회의 지도자 같은 어법이다. 속으로 ‘내가 왜 이런 말을 여기서 하고 있지?’ 하는 자의식이 든다. ‘여행하러 와서 별짓을 다 하는군.’ 어색한 ‘기자놀이’와 ‘선생님놀이’를 그만두기 위해 잽싸게 자전거에 올라타고 남진을 계속했다.

43

들어나봤나, 개구멍으로 **태산 오른 이야기**

'태산泰山이 높다 하되 하늘 아래 뫼이로다'의 그 태산으로 간다. 산둥성에서 더저우를 거쳐 지난濟南까지 온 뒤 지난에서 남쪽으로 76킬로미터 똑바로 내려가면 닿을 것처럼 보였다. 넉넉잡아 서너 시간 거리다. 점심 먹고 출발해 103번 성도로 두 시간쯤 달리니 왼쪽으로 진궁金宮산장이 보였다. 너른 호수가 내려다보이는 산기슭에 한 채에 200만 위안(약 3억 8천만 원) 이상 하는 별장들이 수십 채 모여 있다. 당연히 외부인 출입금지다. 이제 중국에서도 빈부의 차이가 지역적 분리로 나타나도 괜찮은가보다.

거기서부터 103번 성도와 55번 현도의 V자 갈림길이 나와서 55번을 택했다. 103번은 태산에서 점점 벌어진다. '이제 두 시간이면 너끈히 들어가겠지.' 한 시간쯤 지나 휴대전화로 위치를 확인해보니 103번 성도였다. 처음에는 길을 잘못 들었다고 생각했다. 거리도 줄이지 못했다. 주민들은 태산까지 35킬로미터나 남았다고 한다. 다시 현도로 갈아타고 큰 고개를 넘은 뒤 '이제 정말 얼마 안 남았겠지' 싶어 확인해보니 다시 103번 성도 위다. 귀신에 홀린 것 같다. 더구나 주민들은 여전히 35킬로미터 남았고 해지기 전에는 넘기 어려운 험한 고개가 있다고 한다. '마법'에서 풀려나기 위해 강행하기로 했다. 여기서 일박하면 어떤 일이 닥칠지 모른다.

해 떨어지는 속도와 다투면서 인적이 끊긴 산길을 숨가쁘게 올라간다. 길은 친링산맥처럼 말발굽을 겹쳐놓은 형세로 굽이굽이 돈다. 고갯마루에 턱걸이했을 때 해는 깊은 산중에 떨어졌지만 어둠은 아직 깔리지 않았다. 이젠 무서울 만큼 경사진 내리막이다. 계곡에는 밤꽃 냄새가 가득 찼다. 질주, 질주…… 두 시간 후 겨우 마을에 닿았을 때 아직도 30킬로미터가 남았다는 말을 듣고 무릎이 꺾였다. 이미 어둠은 내 다리로 부인할 수 없는 실재다. 그리고 여전히 103번 성도였다.

다행히 황첸黃前 저수지 근처에 식당 겸 여관이 있었다. 그런데 손님을 처음 받아본 듯 3층의 구석진 방으로 안내하더니 부랴부랴 시트와 베개, 두루마리 휴지, 칫솔 등속을 가져왔다. 인육으로 만두소를 만들기에 이상적인 장소다. 주위에 인가도, 불빛도 없고 굉음이 이따금 어둠의 장막을 찢는 가운데 물안개가 뭉실뭉실 밀려온다. 휴대전화마저 터지지 않는다. 내가 여기에 왔다는 어떤 증거도 없다. 방문이 잠기지 않는다. 짐 속에 흉기에 근접한 건 연필만큼 가느다란 공기펌프밖에 없다. 오늘 일어난 모든 일이 이런 결말을 향해 치닫기 위한 것이었다는 불길한 예감에 사로잡혔다. 1층에서 칼 가는 소리가 들리는지 귀를 쫑긋거리다 잠이 들었다.

모기떼의 습격만 받았을 뿐이나. 간밤의 두려움을 여관 주인이 알았으면 포복절도했을 것이다. 만두속을 넣지 않은 걸 여기서는 만터우饅頭라고 한다. 소가 든 건 바오쯔包子다. 이 집은 만터우밖에 없다. 아침식사로 뻑뻑한 만터우를 한 개 먹고 한 개는 가방에 넣어 태산으로 향했다. 어제의 악몽을 복기해보니 구글 지도가 안내한 길은 등산로여서 애초부터 자전거가 갈 수 없었다. 자전거 탈 수 있는 길로 가다보니 103번 성도로 계속 되돌아갔고 성도가 사선으로 벌어지면서 태산과 일정한 간격을 유지한 것이었다. 오늘은 일찍 가서 태산을 오른 뒤 타이안泰安 시내까지 가는 게 목표다.

분명 태산은 유명 관광지인데 길가에 수석 파는 가게만 즐비하다. 다진커우大津口에서 길을 물어보니 노점상과 손님이 언쟁을 벌인다. 노점상이 목청으로 손님을 제압했다. 그가 가리킨 길을 따라 허벅지가 터지게 페달을 밟으니 마지막 마을이 나오고 탁자 두 개밖에 없는 작은 식당이 있다. 그런데 주인아주머니 왈 "여기는 뒷산"이라고 한다. 앞산으로 가려면 40킬로미터를 내려가라고 한다. 기절하기 직전 다행히 뒷산으로도 올라갈 수 있다고 한다. 두 시간 반이면 정상에 올라간다고 해서 자전거와 짐을 식당에 맡겨놓고 물 한 통과 만터우 하나만 들고 나섰다.

태산을 오르는 두 가지 방법

원래 태산은 중국의 오악五嶽 중에서 해뜨는 동쪽에 있기에 가장 중요한 산이었다. 통치를 잘하고 있다고 자신하거나 그렇게 보이고 싶은 황제들이 하늘을 상징하는 해를 보고 봉선식을 거행했다. 황제의 가마가 올라갈 수 있도록 꼭대기까지 7천 개의 계단이 놓여 있다. 그러나 뒷산에는 계단 하나 없다. 등산객도 안 보인다. 허청허청 한 시간쯤 올라가자 관리초소가 나타났다. 젊은 관리인과 나이든 인부가 가로막았다. '위험해서' 등산로가 폐쇄됐다고 한다. 이틀간 무진 고생 끝에 왔는데 여기서 내려가라니……

승강이가 시작됐다. 관리인은 초소에서 포스터를 가져온다. 올해 2월부터 등반을 금지한다는 방榜이 실제로 있다. "외국인이 어떻게 알았겠느냐, 한국에서부터 여기까지 왔다"며 통사정을 했다. 두 사람은 방을 벽에 붙이고 나서 두 손을 탈탈 털었다. 인부가 더 설친다. 손사래를 치며 등까지 떠민다. 융통성 있는 중국의 맛을 본 나는 농성에 돌입한다. 벌금을 내야 한다면 지금 내겠다고 유혹도 하고 산 밑에 방을 붙여놔야지, 여기에 그것도 지금 붙이는 게 어디 있느냐고 소리도 질러본다. 관리인의 눈빛이 흔들리는 기미가 보여 언성을 더 높이기도 했지만 30분에 걸친 떼쓰기는 실패했다.

힘없이 터덜터덜 내려가는데 한 청년이 커다란 부채를 부치며 올라온다. 제약회사에 다니는 스물네 살의 쑨차오孫超. 그 역시 초행길이다. 올라가는 수고를 덜어줄 요량으로 길이 폐쇄됐다고 알려줬다.

그는 싱긋 웃으며 올라가보겠다고 한다. 인상이 편안하다. "저 초소를 통과할 수 있으면 너는 세상에서 못하는 일이 없을 것"이라고 말해주고 혼자 내려갔다.

등산객 두 명과 마주쳤다. 50세치고는 다람쥐처럼 산길을 오르는 장충張瓊과 뚱뚱한 그의 친구. 장충은 내 말을 다 듣기 전에 닥치고 따라오라고 한다. 지형을 훤히 알아서 우회로를 탄다. 구세주를 놓칠세라 뒤에 바싹 붙어서 올라가는데 반대편 능선의 등산로로 내려오던 관리인에게 들켰다. 그는 소리를 고래고래 질렀다. 장충은 "좀만 더 올라갔다가 내려갈게"라고 둘러댔다. 그러자 관리인은 나를 지목했다. 정상까지 가려는 의도가 나로 인해 드러났다. 괜히 나 때문에 일을 그르칠까봐 조마조마했다. 하지만 장충도 뭐라고 맞고함을 치니까 관리인은 성가신 듯 그냥 내려갔다.

철조망 사이 개구멍으로 빠져나가는데 초소가 있는 곳에서 시끄러운 소리가 났다. 아마 쑨차오가 인부와 언쟁하고 있을 것이다. 그때 누군가 내 미투데이에 댓글을 단 듯 휴대전화에서 '삥뽕' 하고 알림 소리가 났다. 장충이 나를 돌아보며 검지를 입술에 댔다. 소리를 급히 끄면서 영화를 찍고 있다는 느낌이 스쳤다. 낮은 포복으로 초소를 우회한 뒤에는 등산로에 접어들었다. 득의만면해진 장충은 "나라에 정책이 있다면 우리에게는 대책이 있다上有政策 下有對策"고 말했다.

그런데 얼마 안 있어 쑨차오가 그 인부와 함께 올라오고 있지 않은가. 그는 힘차게 올라와 반갑게 악수했다. 어떻게 설득한 거지? 그는 "관리인이 점심 먹으러 내려가길 기다렸다가 올라왔다"고 말했다.

"그럼 인부는?" "인부는 관리인 있을 때만 엄하지, 사실 개의치 않거든." 우리가 낮은 포복으로 기어오는 동안 그는 권력관계를 활용해 등산로로 올라온 것이다. '뛰는 놈 위에 나는 놈人外有人'이다. 아무리 라오바이싱이 꾀를 내봤자 머리 좋은 사람을 못 당한다.

장충은 내게 올라온 길을 잘 기억해두라고 말했다. 그들은 모두 앞산으로 하산한다. 나는 벌써 물이 떨어졌다. 뒷산은 깊고 아름답지만 식당 주인의 말과 달리 오르는 데 세 시간 반이나 걸려서 물 한 통으로는 어림없다. 태산 정상에서는 물 파는 곳이 없다. 장충은 쑨차오에게 산정 부근에 있는 건물 안 화장실에서 물통에 물을 받아오라고 시켰다. 자신은 너무 자주 가서 얼굴이 팔렸다는 것. 내 마음을 읽었는지, 그쪽 화장실 물이 용천수여서 괜찮다고 덧붙인다. 그러나 쑨차오는 빈 통으로 돌아왔다. 사람마다 잘하는 게 따로 있다. 그들과 헤어지기 전 내가 내일 공자묘가 있는 취푸曲阜에 간다고 하자 장충이 마지막 인사를 건넸다. "거기는 뒷구멍 없어. 그냥 표 사서 앞문으로 들어가."

내가 입장료를 아끼려고 이 고생을 한 걸로 생각했던 모양이다. 하긴 외국인이 정문을 놔두고 현지인만 알 수 있는 길로 돌아온 걸 보면 그렇게 생각할 만도 하다. 하지만 왜 이렇게 웃긴지 하산길에 생각할수록 입을 다물 수 없다. 내가 진짜 거지로 보이나?

식당 아주머니는 하루 묵고 가라고 잡는다. 하지만 여정이 빡빡했다. 무화과나무 아래에서 영어숙제 하다가 내게 먹을 걸 만들어주던 여중생 딸도 서운한 눈치다. 아버지는 타이안으로 돈 벌러 가서 모녀만 사는 단출한 산골집에 모처럼 돌았던 활기는 이내 식었다. 고맙고 미안했다. 누구든 일부러 길을 잃지는 않지만 길을 잃으면서 여행은 깊어진다.

44

맥도널드 맞먹을 '홍샤오빙' 제국을 꿈꾸다

징항대운하는 말이 1700여 킬로미터일 뿐 실제로는 절반도 안 된다. 역시 자연에 없는 걸 억지로 만들어내면 오래 못 간다. 운하라면 배가 다녀야 하는데 황허 이북에서는 운송 기능을 상실했다. 폐수와 쓰레기 때문에 녹조현상도 심각하다. 만리장성과 함께 중국의 2대 역사役事인 대운하가 세계문화유산으로 등록되지 못한 이유이기도 하다.

대운하와 나란히 달리고 싶은 소망은 장쑤성까지 내려와서야 실현됐다. 대운하에서 가장 아름다운 길은 화이안淮安에서 장두까지 가는 150킬로미터의 337번 성도다. 왼편에는 천년의 마을이 드문드문 나타나고 오른편에 운하가 흐른다. 화물차도 없어 호젓한 느낌이 났다. 여기서는 수상 물동량이 육상운송을 압도한다. 남쪽에서 곡식을 실어와 북쪽에 부리고, 북쪽에서는 모래, 자갈, 석탄을 싣는다. 연료를 아끼기 위해 10여 척을 연결해 길쭉한 선단으로 운항하는 모습도 눈에 띈다. 선원들이 배와 배 사이를 겅중겅중 건너다닌다. 군복 색깔의 선체에 빨간 오성홍기가 나부낀다. 배들과의 승부는 싱겁다. 빨래를 널어놓은 배가 앞서가고 있다. 잽싸게 페달을 밟아 키 큰 가로수 사이에서 기다리면 배가 카메라 렌즈 안에 미끄러져 들어온다. 시속 10노트밖에 안 되는 속도지만 그래도 나보다 먼저 항저우에 닿을 것이다. 배는 쉬지 않고 밤에도 운항한다.

중국이 분할되지 않고 통일국가가 될 수 있었던 요인 중에는 대운하의 몫도 있다. 유럽은 강을 경계로 부족, 나아가 국가가 나뉘었는데 중국에서는 대운하가 동서로 난 강들을 남북으로 꿰어내자 사람들의 머릿속에도 전국이 거미줄처럼 연결된 지리적 정체성이 각인된다. 이뿐 아니라 대운하를 통해 전쟁은 북쪽에서 하고, 보급은 남쪽에서 하는 분담체제가 일찍부터 자리잡았다. 대운하로 내륙운송이 발달하니 해상운송이 발달할 기회를 갖지 못한 점도 있다. 정화함대 파견과 같은 예외를 제외하고는 바다 너머를 바라보지 않았다. 그러다 어느 날 '노란 머리'들이 바다로 쳐들어왔다.

나는 선상생활이 궁금해 배에 올라탈 기회를 노렸다. 나루에 배가 정박하고 그 배 선주의 아량이 넓어야 하는 두 가지 조건이 맞아야 한다. 화이안 부근에서 한 여인과 초등학생 딸이 나루에 정박한 배에서 내린다. 득달같이 달라붙었다. 수상생활을 하는 아이는 어떻게 교육을 받을까 궁금했는데 이 동네에 집이 있어서 학교에 다닌다고 한다. 나는 21세기를 사는 집시의 이미지를 상상하고 있었던 것 같다.

챙이 넓은 밀짚모자를 쓴 엄마는 얼굴이 희고 홍조가 돈다. 장쑤 여자답다. 대운하를 따라 여행하는 즐거움은 남북의 차이를 관찰할 수 있다는 점이다. 허베이성 여자들은 키와 골격이 다 크다. 산둥성도 그런 편인데 바로 아래에 있는 장쑤 여자들은 키가 작고 피부가 얇고 희다. 인물도 좋다. 대운하로 남북 교류가 일어나고 또 전란을 피해 대거 남방으로 이주해 피도 많이 섞였을 텐데 이런 차이가 남아 있는 게 신기하다. 북방에서 내려온 피란민을 지금은 해외동포한테나 붙이는 이름인 '교민僑民'이라고 불렀다. 서로 그만큼 낯설었을 것이다. 하지만 벌써 1000년도 넘는 과거부터 일어난 일이다. 그런데도 아직까지 그 차이가 남아 있다면 예전에는 정말 다른 인종이었을 것 같다. 한 가지 미스터리라면 남방 남자들 피부는 왜 희지 않은 걸까?

모녀는 수줍음이 많아서 대화가 쉽지 않다. 바로 배를 구경해도 좋으냐고 물어봤더니 선선히 고개를 끄덕였다. 기쁜 나머지 서두르다 강물로 떨어질 뻔했다. 나루에서 배로 가려면 한쪽으로 기울어진, 좁고 기다란 판자를 건너가야 한다. 기우뚱거리며 배 안에 착지를 하니 아뿔싸, 남편이 있다. 남편은 눈을 부라린다. 나루에 있는 부인을 가리켰지만 남편은 무뚝뚝한 건지, 이미 불쾌해진 감정을 수습할 생각이 없는 건지 말이 없다.

등을 떼밀지 않는 바에야 염치 불고하고 둘러본다. 고기잡이배다. 선실에는 마루와 같은 큰 침상이 있다. 천장이 낮아서 일어나다가 머리를 많이 찧었을 것 같다. '그래서 남편의 머리숱이 별로 없나?' 침상은 책상이기도, 식탁이기도 하다. 딸이 쉽게 글자를 배우도록 그림과 한자를 대조해놓은 포스터가 침상에 붙어 있다. 한 뼘의 공간도 허투루 쓰이는 데가 없다. 강 위의 오두막에서 이렇게 붙어 살면 가족의 거리가 멀어질 수 없을 것이다.

남편이 드디어 한소리를 했다. "그만 가봐." 나라고 해도 어이없었을 것이다. 방 안에 누워 있는데 삐쩍 마른 몸에 쫄바지를 입은 괴상망측한 녀석이 갑자기 들어와 세간을 들춰보고 집 안 곳곳에 셔터를 눌러댄다면…… 하지만 등을 떠밀지는 않는다. 엉금엉금 하선하면서 다음에는 좀더 큰 배를 타고 싶다는 생각이 드니 나도 참 질긴 놈이다.

귀국하면 회사 앞에 샤오빙 노점이나 차릴까

여행 초반에 장쑤성을 거쳐갈 때는 잘 몰랐는데 북방을 한 바퀴 돌고 와보니 남방의 특징이 눈에 들어온다. 남으로 갈수록 지붕이 뾰족해진다. 남쪽일수록 비가 많이 오기 때문에 빗물을 빨리 배출해야 한다. 그렇게 흘러내린 물은 강과 호수를 채우고 논밭을 촉촉이 적신다. 겨울에도 평균온도가 영하로 내려가지 않기 때문에 벼의 이모작이 가능하다. 그동안 밀가루 음식만 먹어온 나는 덮밥의 세계를 발견한다. 중국 음식이 기름지다고 느끼는 여행자들에게 권하고 싶은 음식이다. 중국 이름은 가이자오판蓋浇飯. 특별한 조리법은 아니고 채소와 고기 등을 볶아서 밥에 끼얹어주는 것이다. 만약 파란 고추와 가늘게 썬 소고기를 볶은 것이라고 하면 칭자오러우쓰青椒肉絲 가이자오판이다. 어쨌든 밥은 볶지 않았기 때문에 느끼함이 덜하다.

'귤이 화이허강淮河을 건너 북으로 가면 탱자가 된다'는 말처럼 화이허강을 경계로 남북에서 나는 작물이 다르기 때문에 내가 먹는 주식도 달라졌다. 상하이에서 시안으로 서진할 때는 주로 국수를 먹었다면, 시안에서 베이징으로 동진할 때는 한국에선 찐만두라고 부르는 바오쯔와 샤오빙燒餠을 먹었다. 그리고 베이징에서 남진하면서 산둥성의 취푸까지는 젠빙, 그 이남으로는 가이자오판이었다.

바오쯔가 밀가루에 효모를 넣고 찐 것이라면 허난의 샤오빙은 효모 없이 밀가루 반죽을 화덕에서 구운 것이다. 그런 뒤 햄버거처럼 가운데를 벌리고 소스를 바르고 철판에서 익힌 계란, 햄, 숙주, 상추 등을 넣어서 먹는다. 내가 좋아하는 맥도널드의 아침메뉴 맥머핀보다 낫다. 가격은 2위안(약 480원) 안팎. 귀국하면 뭘 할지 고민하지 말고 전에 다니던 회사 앞에 샤오빙 노점을 차릴까. 직원들은 옛 정을 생각해 오가는 길에 사먹어줄 테고 입소문이 나면 프랜차이즈화해서 맥도널드에 필적하는 '홍洪샤오빙' 제국을 건설하게 될지도 모른다. 왜 '홍' 자를 붙이는지 궁금한 분들은 내 성을 참고하시라. 싼먼샤三門峽에서 샤오빙 파는 부부한테 한국에 가자고 했더니 차비를 대라고 한다. 그뿐 아니라 비자도 받아줘야 하고 화덕이랑 철판을 이고 지고 한국에 가면 부부가 잘 곳을 마련해야 하고 아이는 어떤 학교로 보내야 할지…… 골치 아프다. 그럼 그냥 소스의 비밀이나 알아가서 내가 직접 할까 생각하니까 도둑놈 심보 같다. 그냥 자전거나 타자.

반면에 젠빙의 종류는 지역마다 너무 달라 그냥 철판 위에 기름을 두르고 지지는 것이라고만 정의해두자. 파전처럼 재료들을 한꺼번에 반죽해 부쳐 먹기도 하고 부침개 위에 여러 가지 재료를 넣고 둘둘 말아 먹기도 한다. 톈진에서는 부침개를 넓게 부친 뒤 꽈배기처럼 기름에 튀긴 유탸오를 넣어서 말아준다. 이름하여 젠빙궈쯔煎餠果子. 산둥에 가면 젠빙을 꼭 먹어야 한다고 해서 타이안의 시장에 갔더니 어마어마하게 큰 가마솥 뚜껑을 회전시키면서 그 위에 반죽을 얇게 부쳐 멍석만큼 큰 젠빙을 만들어준다. 먹는 방법을 몰라서 이 젠빙을 잘라서 먹었는데 역시 채소나 고기를 넣고 싸먹는 용도였다. 어쩐지 맛이 심심하더라니…… 나중에는 젠빙을 가지고 다니면서 식당에서 마파두부와 같은 요리만 시켜서 싸먹곤 했다.

먹는 얘기는 이만하고, 이제 운하와 함께 달리는 337번 국도와도 작별할 때가 됐다. 저문 강에서 남편은 투망하고 부인은 노를 젓는 고깃배가 은빛 물결을 헤쳐간다. 집 생각이 났다. 나도 돌아갈 때가 머지않았다. 다시 양쯔강을 만났다. 난징에서 안후이성으로 갈 때 창장대교로 건넜기 때문에 으레 다리를 건널 것이라고 생각했는데 큰 페리선을 타고 간다. 소원한 대로 큰 배를 탔다. 50여 일 전 펄 벅의 옛집에 가기 위해 들른 전장이 강 너머에 보인다. 자동차들처럼 배에서 힘차게 페달을 밟아 자전거를 타고 상륙했다. 삼각노선의 마지막 꼭짓점은 이제 코앞에 있다.

중화반점에는 없는 중국의 맛

더우장, 바오쯔, 젠빙, 유탸오, 샤오빙, 쫑쯔…… 헤아릴 수 없이 많은 중국의 먹거리. 이 모든 것을 통칭해서 담대하게도 간단한 식사라는 의미의 샤오츠라고 부른다.

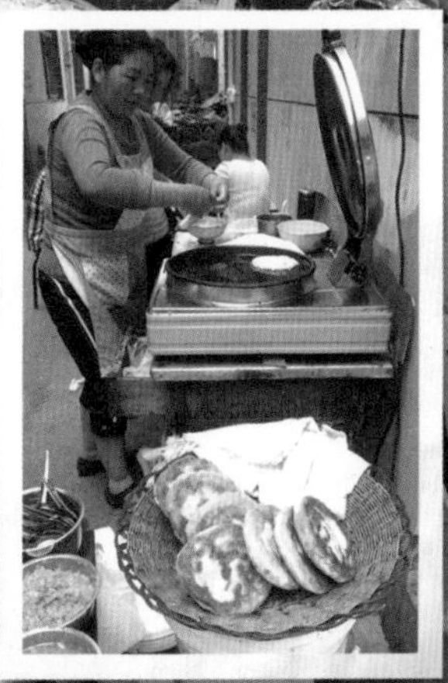

特色海鲜
爆炒小龙虾
特色水席
洛阳炒扁垛

45

삼각노선의 마지막 꼭짓점을 향하여

양쯔강을 건넌 뒤 항저우로 가는 길에는 타이후호太湖가 가로막고 있다. 중국에서 장시江西성에 있는 포양호鄱陽湖에 이어 두번째로 큰 담수호다. 원래는 세번째였으나 수역이 줄어든 후난성 둥팅호洞庭湖를 최근 제쳤다. 타이후호는 면적이 2338제곱킬로미터로 그 안에 제주도(1848제곱킬로미터)를 넣어도 둘레에 있는 창저우常州나 우시, 쑤저우, 이싱宜興, 후저우湖州에 물이 튀지 않을 것이다. 물론 제주도를 세로로 돌려서 살살 집어넣어야겠지만.

타이후호를 어떻게 우회할까. 동쪽으로 가면 쑤저우, 자싱嘉興을 거쳐 징항대운하를 따라간다. 하지만 시안으로 갈 때 간 길과 겹친다. 서쪽으로 가면 운하에서는 벗어나지만 더 가깝고 안 가본 길이다. 이틀 안에 항저우에 닿으려면 서쪽으로 가자. 아주 먼 옛날이었으면 이런 고민을 하지 않았을 것이다. 타이후호는 원래 황해의 굽은 해안이었다. 실제로 104번 국도를 타고 바라본 타이후호는 망망대해 같다. 이 어마어마한 만을 호수로 만들어야겠다고 결정하고 기공식을 연 적은 없었지만 양쯔강과 첸탕강은 부지런히 흙과 모래를 실어날랐고 만이 가로막히자 빗물을 집어넣어 소금기를 뺐다. 그러자 은어와 강준치, 흰새우가 사는 담수호가 완성됐다. 물론 베이징원인조차 태어나기 전의 일이다. 5000만 년 전 운석이 떨어져 생긴 구멍에 4000만 년 동안 물이 스며들어 1000만 년 전부터 호수가 됐다는 설도 최근에 제기되고 있다. 자연의 시간으로 보면 인생은 하루살이다.

서행 길에는 생각보다 고개가 많았다. 시안이나 베이징에서 항저우로 간다면 타이후호의 서쪽이 더 가까운데도 그동안 왜 동쪽으로 다녔는지 알 것 같다. 갈림길이 나올 때마다 가보지 않은 쪽이 더 나았을지 모른다는 생각에 마음이 쓰인다. 하지만 여행을 길게 하다보면 어떤 나쁜 길도 항상 나쁘지만은 않고 좋은 길도 항상 좋지만은 않다는 걸 깨닫는다. 좋은 길과 나쁜 길은 이어져 있다. 오늘 타이후호를 서쪽으로 돌면서 경험한 것 역시 되풀이할 수 없고 되돌릴 수도 없는, 내 삶의 일부가 될 것이다.

북받쳐오르기도 하고 두근대는 마지막 날

마지막 날은 저장浙江성 창싱長興현에서 출발했다. 전날 호텔 직원은 옷차림을 보고 내가 사이클 대회에 참가하러 온 선수라고 착각해서 큰 방을 내줬다. 하지만 밤새 위층의 가라오케에서 음역을 벗어나 노래를 불러대는 통에 잠을 이루지 못했다. 보통은 어떤 훼방에도 불구하고 곯아떨어지는데 이날은 예민해져 있었다. 이제 여행은 끝이 난다. 그동안 준비해온 과정이 생각나면서 뭔가 묵직하게 북받쳐오르기도 하고 가슴이 두근대기도 한다.

7년 전 미국 횡단여행을 마치고 미주리 주 컬럼비아에 있는 집으로 돌아왔을 때의 일이다. 앞집에 사는 상하이 출신 아주머니한테 중국어를 배우면서 이 여행은 시작됐다. 아주머니에겐 두 살짜리 딸 '안싱'이 있었는데 안싱은 엄마의 관심을 내가 잠시 가로채는 것도 못 견뎌하며 떼를 썼다. '아기들이 다 그렇지 뭐.' 먹을 것을 떠먹여주면서 공짜 수업을 이어가려고 했지만 안싱은 밥그릇을 걷어차며 깽판(?)을 계속 쳤다. 결국 수업을 포기하고 아주머니에게 발음을 녹음해달라고 해서 혼자 녹음기를 틀곤 했는데, 안싱은 그 이후로도 마주칠 때마다 경계를 풀지 않았다. 그 아이가 왜 생각날까? 그때 내 중국어 수준은 안싱만도 못했다. 아마 그렇게 시작한 일이 오늘이면 마무리된다는 것을 곱씹고 싶어졌나보다. 어쨌든 사표까지 내고 떠나온 여행 아닌가. 하지만 감격하기에는 이르다.

오늘은 후저우에 들러 붓 박물관을 관람한 뒤 항저우로 남하하는 115킬로미터의 길이 예정돼 있다. 실제 얼마나 걸릴지 알 수 없다. 산둥성의 취푸 이후로는 매일 목표한 곳에 도달하지 못했다. 벌써 총 주행거리는 4700킬로미터를 넘어섰다. 항저우에 도착하면 4800킬로미터를 넘어선다. 원래 집에서 구글 지도로 계산했을 때 3748킬로미터로 나왔다. 여기에 길을 잃고 헤매는 허용오차 10퍼센트를 얹어서 삼각노선의 총 주행거리가 4200킬로미터라고 생각했다. 자전거로 1000킬로미터를 가라고 해도 쉽지 않을 텐데 헤맨 거리만 그만큼 되는 셈이다.

이걸 초과 달성이라고 할 수는 없다. 홍차오虹橋공항에 도착하는 날부터 떠나는 날까지 매일 80킬로미터를 달려야 하는 거리라는 걸 예상했다면 이 노선을 포기했을 것이다. 미국을 횡단할 때도 6400킬로미터를 80일에 달렸으니까 하루 주행거리는 80킬로미터로 똑같다. 하지만 같은 80킬로미터를 가도 이제는 매일 한두 시간 더 페달을 밟아야 한다. 그만큼 느려졌다는 뜻이다. 길눈도 어두워져 헤매다보면 체력이 고갈된 채 길에서 해가 진다. 근처 아무 마을에서나 잠을 청할 수밖에.

다음날 미달한 거리를 만회하려고 채찍질을 가한다. 초반에는 능히 그럴 수 있을 것 같지만 결과는 마찬가지. 길에서 날이 저물고…… 그렇게 매일 작은 좌절의 연속이었는데 희한하게도 항저우가 눈앞에 있다. 이걸 어떻게 설명해야 하나. 흠, 그것은 오랜 가학적, 아니 피학적 습관이었다. 매일 공격적인 목표를 정해두고 끊임없이 스스로를 몰아붙인다. 그러다보면 매일 조금씩 모자라도 결과적으로는 너끈히 최종 목표에 이르는 것이다. 유유자적한 자전거 여행자가 되고 싶지만 나의 DNA는 여행을 경주로 바꿔버린다. 비자기간 60일 동안 중원에서 펼치는 1인 레이스. 목표가 주어지면 몰입해버리는 기질 때문에 오히려 길을 잃고 헤맨 1000킬로미터가 소중했다. 만약 헤매지 않았으면 좀더 여유 있게 여행하는 대신 60일짜리 코스를 50일 만에 주파하려고 덤벼들었을 것이다.

매일 뜻밖의 곳에 머물게 되면서 항우項羽의 옛집, 묵자墨子기념관, 저우언라이와 주쯔칭朱自淸의 옛집을 들를 수 있었고 공자와 맹자가 100여 년의 시차는 있지만 산둥성의 인접한 동네에서 자라난 선후배라는 것도 알게 됐다. 무엇보다 라오바이싱과의 만남은 이번 여행의 정수였다. 물질적으로 풍요롭지는 않아도 각박하지 않고 낙천적인 라오바이싱은 서방작가의 책이나 신문기사에서는 볼 수 없었던 새로운 모습이었다. 그들과 함께 내 여행은 무탈했고 풍요로워졌다.

길을 잃고 헤맨 소중한 1000킬로미터

삼각노선의 마지막 꼭짓점은 구체적으로는 징항대운하의 남단인 궁천拱宸교로 잡았다. 마지막 날마저도 많이 헤매서 심지어 길조차 끊긴 농촌으로 들어갔다. 저장성의 농가들은 미국의 농가 저리 가라 할 만큼 커서 놀랐다. 3층짜리 단독주택들이 열지어 있다. 집은 크지만 구조는 나무 위의 새집 같다. 대부분 1층은 곡식이나 농기구를 보관하는 창고로 쓰고 2층부터 거주한다. 그래서 남소북혈南巢北穴이라고 하나보다. 북방은 춥기 때문에 동굴처럼 바람이 잘 들어오지 않도록 사방이 가로막힌 사합원四合院에 사람이 산다면, 남쪽은 덥고 습하기 때문에 바람이 잘 통하도록 집을 크고 높게 지은 뒤 되도록 높은 곳에 산다. 그래서 그런지 남방의 삶은 정치에 짓눌린 북방에 비해 밝고 가벼워 보이기도 한다.

항저우 안에 들어와서 더 헤맸다. 길은 휘고 갈라지고 모이고 꺾어지고 가지치고…… 그럴 때마다 자전거에서 내려 휴대전화의 지도를 보고 길을 더듬는다. 성가시고 조바심이 났다. 두 달을 자전거를 탔는데 아직도 엉덩이가 아프다. 해지기 전에 궁천교에 가야 기념사진이라도 찍을 수 있을 텐데…… 격자무늬로 도로를 낸 사각형의 북방 도시와 달리 항저우는 시후호西湖를 품고 있어 지형이 복잡한 탓도 있는지 도시의 형태가 무정형적이고 길은 꼬여 있다. 그래서 획일화되지 않은 남방의 문화가 꽃피울 수 있었는지도 모르지만 초행길의 내게는 오리무중의 산길을 걷는 것과 같다.

'결승선까지 100미터, 50, 10, 5, 4, 3, 2, 1'과 같은 카운트다운 대신 "궁천교가 어디 있느냐"를 몇 번이나 물었는지 모른다. 해질 무렵 찾아낸 궁천교는 보행자 전용 아치형 다리인데 금세 무너지지 않을까 걱정될 정도로 사람으로 가득 차 있다. 자전거를 밀고 올라가는 것조차 눈치가 보였다. 만리장정의 종지부를 찍는 이 순간을 음미하고 싶지만 인파에 둘러싸이고 만다. 어디서 출발했느냐고 묻는다. 상하이라고 하니까 불과 몇백 킬로미터를 달려와서 이 법석을 떠느냐는 눈치다. 그래서 시안과 베이징을 거쳐왔다고 하니까 눈이 휘둥그레지면서 사진을 찍어대고 같이 사진 찍자고 조른다. 갑자기 환영 인파로 돌변한 군중의 관심은 고맙지만 혼자 있고 싶다. 서둘러 다리를 내려오는데 몇 사람은 계속 따라붙는다. '제발 좀 내버려둬' 속으로 외치지만 여기는 중국이다.

46

이곳에선
일어날 수 없는 일은 없다

항저우의 시후호四湖변에 있는 유스호스텔에서 사흘을 보내면서 귀국을 준비했다. 준비는 별 게 아니고 자전거와 짐을 포장하는 일인데 잘 아는 자전거포가 있는 게 아니어서 만만치 않았다. 중국의 검색 엔진 바이두에서 검색해 찾아간 자전거포에서는 마음씨 좋게 생긴 주인아저씨가 근처 택배가게에서 상자를 구해놓을 테니 다음날 오라고 말했다. 다음날 그는 상자를 구해놓지 않았다. 같이 가본 택배가게에서는 자전거 크기에 맞는 상자가 없었다. 젊은 직원은 어딘가 전화해서 알아본 뒤 두 개의 상자로 나눠 부쳐야 한다고 말했다. 비용을 무려 1200위안(약 22만 원)이나 불렀다. 항공기에 짐으로 부치면 되니까 택배로 부칠 필요가 없다고 하자 젊은 직원이 담배를 권했다. 협상을 시작하자는 뜻이다. 중국에서는 담배를 피우면서 밀고 당기기를 시작하고 악수를 하면서 거래를 매듭짓는 걸 여러 번 봤다.

이건 협상이고 뭐고 말도 안 되는 가격이다. 담배를 뿌리치고 자전거를 끌고 나오면서 포장해줄 자전거포를 찾아 항저우 시내를 헤맸다. 자전거포가 어디로 숨었는지 보이지 않는다. 포장을 못하면 내일 귀국할 수 없다. 내일 귀국하지 못하면 이미 비자기간 60일을 하루 넘겼는데 가중처벌을 받을 수도 있고 다음 입국할 때 불이익을 받을 수도 있다. 60일 동안 내 반려자였던 '만리마'가 일순 애물단지로 전락한다. 다급해져서 여기저기 전화를 걸었다. 다혼 매장에서 일단 와보라고 한다. 시후호변에서 한참 떨어진 곳에 있다. 40분을 달려 도착하자 젊은 직원이 내 자전거가 다혼 제품인지 물어본다. 가슴이 덜컹 내려앉았다. 집에 다혼 자전거가 있다는 말로 스캇 제품인 이 자전거를 포장해달라고 설득할 자신이 없다. 그래서 대신 이번 자전거 여행에 대해 얘기했더니 그는 엄지손가락을 들어보이며 "니쩐빵你眞棒(너 대단해)!"을 연발했다. 그러고는 새 상자에서 자전거를 빼내 그 상자로 포장을 해줬다. 상자비와 포장비를 주겠다고 하는데도 상자비만 달라면서 2위안을 청구했다. 2위안 대 1200위안. 어느 사회든 좋고 나쁜 사람들이 있다. 하지만 중국 사회에서 겪을 수 있는 경험대역은 600배만큼 매우 넓다.

그걸로 문제가 끝난 게 아니었다. 자전거 상자의 운반. 다혼대리점의 길 건너편까지는 끙끙대며 상자를 옮겼지만 차가 서지 않는다. 택시들은 안에 들어가지 않는다며 거절했다. 평소에 자주 보이던 삼륜차들은 다 어디로 갔는지…… 일단 바로 앞 식당에서 밥부터 먹었다. 식당 주인아주머니의 얼굴을 보니 희고 네모난 게 회족 계통이다. 착한 사마리아인이라면 이렇게 생겼을 것이다. 내 사정을 듣고는 한참 남편, 아들과 논쟁을 벌였다. 원래 내 계획은 다음날 아침에 기차역으로 가서 고속철도인 가오톄高鐵를 타고 상하이 훙차오공항 근처 역에 내린 뒤, 택시를 타고 공항으로 가 오후 3시 30분 비행기로 귀국할 예정이었다.

그건 다음날 일이고 일단 여기서 시후호변에 있는 숙소까지 자전거 상자를 운반할 일부터 갑갑하다. 알고 보니 시후호변은 관광특구여서 보기 흉한 삼륜차는 진입할 수 없다고 한다. 설령 지금 가져간다고 해도 다음날 아침에 기차역까지 운반하는 것도 막연하다. 이럴 때 SUV를 가진 친구 한 명 있으면 모든 게 해결될 텐데……

더구나 주인 부부의 얘기가 가오톄에 이렇게 부피가 큰 상자는 실을 수 없을 것이라고 한다. 그 대신 시외버스를 타고 가면 짐도 실을 수 있고 훙차오공항에 바로 내려준다고 한다. 버스터미널도 여기서 가까우니 자전거 상자를 놓고 가면 터미널까지 짐을 실어줄 차를 구해놓겠다는 것. 50분 걸리는 가오톄에 비해 버스는 두 시간쯤 걸려 느리기는 하지만 오전 10시 버스를 타면 전혀 차질이 없을 거라고 했다. 그들의 말대로라면 훙차오공항에 낮 12시쯤 도착할 테고 비행기 출발 시간은 오후 3시 30분이니까 버스로 가도 3시간 반가량 여유가 있다는 계산이 나왔다. 감사히 자전거 상자와 짐을 맡기고 숙소로 돌아왔다.

서로를 마음속에 들여놓는 과정

이제 떠날 준비를 갖췄으니 마음 편히 시후호를 돌아볼 때다. 시후호 안에 있는 작은 섬을 둘러보고 오는 배 안에서 여고생 두 명이 사진을 찍어달라고 부탁해서 말을 텄다. 둘은 가오카오 그러니까 대입시험을 마치고 타이저우台州에서 놀러온 고3이다. 중국에서 마지막 저녁을 혼자 먹고 싶지 않았는데 동반자가 생겼다. 돈이 좀 나올 것 같은 퓨전식당에서 음식을 잔뜩 시켜 함께 먹었다. 계산하려고 하는데 두 사람은 확인할 게 있다면서 계산서를 달라고 한다. 나는 이들의 잔꾀를 알고 있다. 손님한테 돈을 내게 해서는 안 된다는 중국식 예법을 실천하려는 것이다. 나는 어린 학생들까지 그렇게 한다는 게 놀라웠다. 내가 말도 안 된다면서 계산해버렸더니 둘은 한순간 마법을 잃어버린 동화 속 소녀처럼 시무룩해했다.

두 사람뿐 아니었다. 여행하는 동안 수많은 중국인들의 호의를 입었다. 허베이성에서 창저우로 가는 지방도로변의 허름한 식당에서 혼자 음식을 시켜먹고 있는데 방에서 식사를 하던 한 중년남자가 와서 탕을 하나 더 시켜주고는 모두 계산해버렸다. 산둥성 더저우에서는 식당 주인이 돈을 받지 않았다. 그리고 태산을 등산하고 내려온 날 타이안으로 가는 길에서 만난 두 가족은 나를 저녁식사에 초대하고 그 식당까지 가는 동안 시속 20킬로미터대의 내 자전거 뒤에서 SUV를 몰며 나를 호위해줬다. 뒤에서 경적을 아무리 울려도 한 차선을 막고 따라오는 SUV 덕분에 나는 중국에서 가장 편안한 주행을 할 수 있었다.

나는 그들의 선의에서 동시에 내외內外의식을 느낀다. 중국인들은 안과 밖의 구분이 엄격하다. 부정적인 의미에서 쓰일 때가 많다. 내외의식이 강해서 공과 사를 구분하는 의식이 없다는 얘기도 많이 한다. 관시를 맺으면 자기편이 된다. 길을 여행하면서 느끼지만 길은 바깥의 영역이어서 먼저 쓰는 사람이 임자다. 길을 무단 점유하고 자동차 정비공간으로 쓰거나 노점을 차려도 대도시가 아닌 이상 무방하다. 길에 연한 가게에서는 쓰레기를 길에다 버린다. 노변은 세상에서 가장 길고 긴 화장실이기도 하다.

하지만 긍정적인 의미에서도 내외의식이 강하다. 안에서는 서로 욕하고 싸워도 바깥에는 그런 모습을 보여주고 싶어하지 않는다. 자신의 가장 좋은 것만을 바깥에 보여주고 싶은 마음이 있다. 그래서 내가 만난 중국인들은 대체로 사회에 불만이 있어도 내게 다 털어놓지 않았을 것이다. 때로는 외국인들한테 너무 잘해줬다가 자국민들에게서 조롱을 받기도 한다. 내가 자전거 여행을 시작하기 두 달 전 우한에서는 자전거 도난사고가 발생했다. 매일 수천 대의 자전거가 분실되지만 이 자전거는 세계 여행을 다니고 있는 일본 청년의 것이었다. 그러자 우한시 경찰은 시 전역에 경찰 총동원령을 내려 자전거를 수배했고 결국 사흘 만에 자전거를 찾아주기는 했는데 경찰력의 낭비라는 비판을 받았다.

그러나 내외의 경계는 고정돼 있지 않다는 데 묘미가 있다. 같이 밥을 먹고 술을 마시면서 점차 손님을 안으로 들인다. 어느새 손님은 친구가 되고 '따꺼大哥(형)' 또는 '디디弟弟(동생)'가 되면서 같이 나란히 바깥을 바라보게 된다. 그게 한족이 무력 외에 수많은 이민족을 복속시켜 중국의 외연을 확장한 방법이기도 하고 21세기에도 여전한 중국인의 사교법이기도 하다. 그것은 서로 마음속에 서로를 들여놓는 과정이고 그 시작은 안에서 밖으로 먼저 베푸는 것이다.

떠나는 날 아침 중국의 모바일 메신저 서비스인 웨이신으로 음성 메시지가 왔다. 전날 헤어진 두 여고생이다. 떠나기 전 얼굴을 한번 보고 싶다고 해서 유스호스텔에 있는 카페로 오라고 했다. 얼마 후 들이닥친 그들의 손에 보따리 세 개가 들려 있다. 원래 본인들이 내야 할 밥값을 내가 냈기 때문에 그만큼을 더 얹어서 잔뜩 선물을 사가지고 온 것이다. 이럴 수가…… 나는 이미 자전거 상자에다 따로 빼놓은 가방 두 개까지 합치면 다른 짐을 들 손이 없었다. 항저우의 각종 특산 과자와 차, 맥주까지 일습을 차려왔다. 부피가 적은 것만 고르고 나머지는 할 수 없이 돌려줬는데 감사하고 미안했다. 중국을 떠나는 아침 그렇게 이들과 친구가 됐다.

떠나는 날도 안심할 수 없다

계산상으로는 버스를 타고 가도 세 시간 반 정도의 여유가 있지만 불안해서 조금 일찍 자전거 상자를 찾으러 갔다. 오전 8시 45분, 식당의 현관에 셔터가 내려져 있다. 셔터를 가볍게 두드려봤지만 반응이 없다. 만약 이 셔터가 올라가지 않으면 나는 떠날 수가 없다. 조바심이 났지만 아직 시간 여유는 있다. 이윽고 중형택시 한 대가 서더니 기사가 차에서 내려 셔터를 두드린다. 식당 주인이 불러준다던 큰 차가 바로 이 택시였다. 이 택시 안에 자전거 상자가 들어가는지 확인해 보려면 셔터가 열려야 할 텐데. 이 기사는 마구 셔터를 두드리고 건물 옆에 있는 문도 사정없이 흔든다. 중국은 소리에 대해 관대하고 소리에 대해 무감각하다. 묵묵부답.

오전 9시 반이 넘어서야 겨우 주인아주머니가 부스스 잠이 덜 깬 표정으로 셔터를 열어준다. 그러자 택시기사는 셔터가 다 올라가기 전 날렵하게 식당 안으로 들어가 자전거 상자를 택시 안으로 실어날랐다. 다행히 들어간다. 큰 시름을 놨다. 주인아주머니한테 거듭 고개를 숙이며 감사드리고 택시에 올라탔다. 이제 본격적인 귀국길에 오르는 줄 알았다.

터미널에 오전 10시가 안 돼서 도착했지만 한 시간 간격으로 있다고 하던 홍차오공항행 버스는 오전 11시에야 출발한다고 한다. 그렇다면 홍차오에 도착할 시간을 계산해볼 때 비행기 출발까지 여유시간은 이제 두 시간 반으로 줄어든다. 더구나 차장도 아닌 것 같은데 어떤 아주머니가 나서서 이렇게 큰 자전거 상자를 싣지 못한다면서 나를 터미널 구석으로 데려간다. 자전거 상자를 실으려면 반표를 더 끊어야 한다면서 자기한테 돈을 주면 표를 끊어주겠다고 한다. 나는 이 아주머니가 술수를 부리고 있다는 걸 알았지만 사정이 급해서 따질 여유가 없었다. 1.5인분의 돈을 주니 표 한 장만 끊어서 준다. '내가 낸 추가요금은 버스기사와 차장과 나눠먹겠지.'

앉아서 기다리는데 제복 입은 아저씨가 맞은편에 앉는다. 인자한 표정으로 이것저것 묻기에 나도 그에게 반표를 더 끊었어야 했느냐고 묻자 그는 "그러면 안 되는데"라고 혀를 찼다. 홍차오공항까지 얼마나 걸리느냐고 물었더니 두 시간 반이라고 한다. 그렇다면 홍차오 도착 시간은 오후 1시 반. 항공기 출발시간까지 여유시간이 두 시간으로 줄어든다. 출발 두 시간 전까지는 공항에 도착해야 한다고 하던데…… 마음이 조급해진다.

버스 출발시간이 되자 제복 아저씨는 자전거 상자를 손수 들어서 버스 화물칸에 밀어넣어줬다. 버스 안에서 창밖을 내다보니 제복 아저씨가 웃으며 손을 흔들어준다. 중국은 항상 이런 식이다. 뜯어먹는 사람과 아무런 대가도 바라지 않고 도와주는 사람이 나란히 있다. 내게 차비를 받아간 아주머니가 차에 올라타더니 나보고 저 뒤로 가라고 소리지른다. 다른 사람들은 하루 전에 예약을 했는데 너는 지금 올라탔으니 뒷자리로 가라는 것이다. 좌석번호표라는 게 없다. 그리고 다른 사람들도 예약한 것 같지는 않다. 하지만 말을 못하니 밀리는 수밖에. 제일 뒷자리로 물러났다. 버스는 상하이를 향해 달리는가 싶더니 항저우의 다른 정류장으로 가서 손님을 기다렸다가 태우고 출발하는데 30분을 소비한다.

상하이로 가는 고속도로 옆 철로에서 '허시에'라는 이름을 붙인 가오테가 미끈하게 우리를 추월해간다. "저걸 탔어야 하는데……" 때늦은 후회가 밀려온다. 휴대전화에서 내비게이션 애플리케이션을 켜고 홍차오공항까지 도착 예정시간을 구해본다. 두 시간 반이면 1시 30분인데 도착 예정시각은 1시 50분으로 나온다. 버스가 좀더 속도를 내줬으면 좋으련만. 앱을 켜놓으면서 시시각각 현재의 위치와 도착 예정시각을 확인한다. 그렇게 하는 다른 이유도 있다. 버스가 예정된 코스대로 가는지 보기 위해서였다. 이 버스는 푸둥공항까지 간다. 출발 전 승객들에게 물어봤는데 나를 제외한 전원이 푸둥공항으로 간다고 손을 들었다. 푸둥으로 가려면 중간에 훙차오를 거쳐야 하는데 약간 우회하기 때문에 성가시다. 중국에서 한 사람쯤의 여행을 망치는 건 대수롭지 않은 일일 것 같다. 그래서 바로 직진해버릴까봐 내비게이션을 켜고 버스의 이동경로를 감시할 수밖에 없었다.

훙차오공항으로 들어가는 길로 빠지려면 고가도로에서 서행하면서 오른쪽으로 차선 변경을 해야 하는데 버스는 속도를 늦추지 않는다. 나는 맨 뒷자리에 앉아서 운전기사에게 말하기가 불편하다. "어, 어, 어" 하는 순간 버스는 그대로 직진해버렸다. 이미 시각은 1시 50분을 지났다. 앞으로 달려가서 운전기사에게 다급하게 나는 훙차오에 간다고 말했다. 그는 너무도 태연스럽게 아니 능청스럽게 "그러냐"면서 고가도로에서 빠져나왔다. 이미 교차로를 지났기 때문에 유턴해서 우회전을 해야 할 텐데 좌회전을 한다. 그러더니 주유소에 차를 세운다. 거기에 정차돼 있는 많은 차 중에서 작은 버스로 옮겨 타라고 한다. 자전거 상자를 옮겨 실은 뒤 이 차를 타고 훙차오공항에 도착했을 때는 2시 20분. 출발까지는 한 시간여밖에 남지 않았다.

항공사 직원은 자전거를 꺼내서 바퀴의 공기를 빼고 다시 포장하라고 한다. '어떻게 포장한 건데 그걸 다 뜯고……' 그래도 방법이 없다. 예전에 일본 나리타공항에서도 똑같은 일을 경험한 적이 있어서 실랑이해봤자 소용없다는 걸 안다. 상자를 뜯어내고 바퀴에서 공기를 빼낸 뒤 다시 집어넣고 포장하고 무게를 쟀는데 이번에는 무게 초과로 나왔다. 서울에서 출발할 때에도 무게가 초과되지 않았는데 여행을 마치고 돌아가는 길에 초과되다니…… 문제는 초과분에 대한 계산서를 다른 곳에서 발행하니까 거기서 계산하고 영수증을 가져오라는 것이다. 비행기를 못 탈 것 같은 절박한 마음에 "그동안 비행기 출발시키지 않고 기다려줄 거지?"라고 소리쳤다. 비행기를 완행버스로 격하한 듯한 내 말에 항공사 여직원은 "내가 붙잡아놓고 있을게" 하고 농담으로 받으면서 웃는다. 이 미소를 보고 오늘 하루종일 졸인 마음이 풀어진다. 탈 수 있다는 느낌이 온다.

짐을 부치고 출국장을 통과했을 때는 40분 남았다. 마지막 남은 40분만은 여유 있게 즐기고 싶었다. 출국장에 있는 식당에서 카레국수를 시켰다. 국수기행이기도 했던 이번 여행의 대미인 셈이다. 결국 비행기를 탈 수 있는데 하루종일 허둥지둥대고 갈급했던 이유가 뭘까 스스로 궁금했다. 두 달 동안 중국의 뒷골목과 외진 산길, 버려진 길, 고속도로, 국도, 성도, 현도 안 누빈 데가 없는 '역전의 용사'가 고작 항저우에서 홍차오공항 출국장까지 오는 여정에서 이렇게 약한 모습을 보이다니……

그것은 무사히 헤쳐나오기도 했고 한국보다 더 안전하다고 느낄 만한 사회라는 것도 깨달았지만 그래도 중국에서 일어날 수 없는 일은 없다는 잠재적인 불안감 때문이었다는 생각이 든다. 그 불안감의 실체가 추상적이든 구체적이든, 중국에서 태어나 수십 년을 살았든 살지 않았든 아마 중국 내에 있으면 일상적으로 공유하는 감정이 아닐까 싶다. 이 넓은 나라에, 이 많은 사람들이 우글거리고 산다면 말이다. 거기다 어쩌다 바람이 한번 일면 모든 것을 휩쓸어버린다. 지금은 경제개발이라는 바람이 불고 있지만 언제 풍향이 바뀔지 모른다.

그런 나라에선 무슨 일이든 일어날 수 있다는 가능태가 사람들의 의식을 지배하는 현실태로 존재하지 않을까. 아마 중국이라는 나라에서 사는 느낌의 정체가 이와 같을지 모른다. 여기서는 무슨 일이든 일어날 수 있기 때문에 무슨 일이든 받아들일 수 있고, 또 무슨 일이든 최종적인 것으로 받아들일 수 없을 것 같다.

여행도 그런 것일지 모른다.

에필로그

여행의 보이지 않는
수많은 동반자에게 감사를 보낸다

퐁당 몸을 담그자 수영장 회원들이 "그동안 통 안 보이던데?" 하고 물어왔다. 영화 〈스파이더맨〉의 피터 파커가 된 듯했다. 밤에는 뉴욕의 마천루를 날아다니던 파커가 아침이면 내성적 청년으로 돌아오듯 일상에 복귀했다. "어디 좀 다녀왔어요." 얼버무렸다. 얘기하면 혼자 간직하고 싶은 비밀을 잃어버릴 것만 같았다. 말을 참아내는 내 입꼬리가 올라갔다.

이 모험에 마침표를 찍는다. 미국 횡단 이후 칠 년 동안 꿈꿔왔고 직장을 그만둘 만큼 커리어까지 걸었던 일이다. 옆구리를 간질이던 현대 중국에 대한 나의 궁금증은 풀렸다. 중국 하면 먼지 나는 거리에 북적대는 얼굴들이 구체적으로 떠오른다. 여러분은? 그렇게 느끼셨기를…… 그래야 이 모험은 성공이다.

이번 여행에서는 전 직장 동료들로부터 무수한 도움을 받았다. 시안까지 와서 격려해준 최휘영, 김숙영 부부께 감사한다. 덕분에 지친 심신을 달래고 남은 여정에 집중할 수 있었다. 여행을 공모(?)했다가 자전거만 주고 발을 뺀 전 한게임 대표 김정호씨는 베어베터Bear Better라는 회사를 세우고 지적 장애를 앓고 있는 이들에게 일자리를 마련해주고 있다. 그가 여행에 동행했다면 이 훌륭한 회사의 성장이 늦어질 수도 있었기에 같이 안 가줘서 고맙다.

항상 내게 환송회를 베풀어줘야 할 운명(?)을 타고난 윤영찬씨와 헬멧, 운동화, 공기펌프, 가방 등 장비와 옷 일습을 선물해준 유봉석, 김현숙, 김수향을 비롯한 네이버 미디어서비스센터의 동료들, 멋진 윈드점퍼를 선물해주신 채선주씨, 벗지 않고도 스마트폰을 터치할 수 있는 장갑을 선물해주신 김은리씨에게도 감사한다. 네이버 카페 '자전거로 여행하는 사람들'의 매니저 개굴아재도 패니어와 '자.여.사' 유니폼을 구해주셨다. 약사인 부인에게 부탁해 특별 조제한 대장보호약을 한 뭉치 건네준 NHN 농구부의 이종현과 자칭 팬클럽회원 중 마지막까지 남아서 환송해준 '싱이' 김소영과 예정은, 향기로운 꽃다발로 환영해준 황유지, 엄미숙에게도 감사한다.

『중앙선데이』에 연재를 허락해주신 김종혁 선배와 연재를 늘려주신 이양수 편집국장님, 원고를 잘 받아주신 기선민씨께도 감사드린다. 『중앙선데이』에 연재하면서 여행의 깊이를 더할 수 있었다고 하면 미투데이에 실시간으로 글과 사진을 올리면서 수많은 미친(미투데이 친구)들과 마음으로 같이 여행할 수 있었다. 박수만과 이진백에게 감사드린다. Fmwave, 걸음마중, 다키, 바람처럼, uniquexian 님의 응원이 특히 기억난다.

보이지 않는 여행의 동반자 주저원朱哲聞은 여정에 있는 마을들에 대한 자료 조사와 때로는 숙소 예약, 미투데이에 격려 댓글 달기까지 일인다역을 맡았다. 대학원을 졸업한 그의 앞날에 서광이 비추길 기원한다. 타이완에 있는 친구 류이링劉怡伶 교수는 중문번역기를 써서 원고를 일일이 읽고 잘못된 해석을 하지 않도록 세심히 신경을 써줬다. 건강하기를.

마지막 감사 대상은 이방인에게 뜨거운 관심을 보여준 중국의 라오바이싱老百姓들이다. 그들과의 만남으로 책과 기사에서 읽지 못한 중국의 내면을 이해할 수 있었고 나라를 뛰어넘는 연대감을 느꼈다.

다음 여행지를 묻는 사람들이 많은데 이미 카카오라는 행성의 여행을 시작했다. 여기에서도 소중한 인연들을 맺어나갔으면 좋겠다.

중국 만리장정
ⓒ 홍은택 2013
1판 1쇄 2013년 5월 22일
1판 2쇄 2013년 7월 25일

지은이 홍은택
펴낸이 강병선

기획 김소영 형소진 | 책임편집 형소진 | 편집 김소영 방재숙 염현숙 | 독자모니터링 임윤정
디자인 이효진 | 사진 홍은택 | 마케팅 방미연 정유선 이동엽
온라인마케팅 김희숙 김상만 이원주 한수진
제작 서동관 김애진 김동욱 임현식 | 제작처 영신사

펴낸곳 (주)문학동네
출판등록 1993년 10월 22일 제406-2003-000045호
주소 413-120 경기도 파주시 회동길 210
전자우편 editor@munhak.com | 대표전화 031)955-8888 | 팩스 031)955-8855
문의전화 031)955-8889(마케팅) 031)955-2681(편집)
문학동네카페 http://cafe.naver.com/mhdn | 트위터 @munhakdongne

ISBN 978-89-546-2141-0 03900
* 이 책의 판권은 지은이와 문학동네에 있습니다.
이 책 내용의 전부 또는 일부를 재사용하려면 반드시 양측의 서면 동의를 받아야 합니다.
* 이 도서의 국립중앙도서관 출판시도서목록(CIP)은 서지정보유통지원시스템 홈페이지(http://seoji.nl.go.kr)와
국가자료공동목록시스템(http://www.nl.go.kr/kolisnet)에서 이용하실 수 있습니다.
(CIP제어번호: CIP2013006010)

www.munhak.com